UMA NOVA POLÍTICA DE INOVAÇÃO EM PORTUGAL

COLECÇÃO ECONÓMICAS – 2ª Série
Coordenação da Fundação Económicas

António Romão (org.), *A Economia Portuguesa -20 Anos Após a Adesão*, Outubro 2006

Manuel Duarte Laranja, *Uma Nova Política de Inovação em Portugal? A Justificação, o modelo e os instrumentos*, Janeiro 2007

COLECÇÃO ECONÓMICAS – 1ª Série
Coordenação da Fundação Económicas

Vítor Magriço, *Alianças Internacionais das Empresas Portuguesas na Era da Globalização. Uma Análise para o Período 1989-1998*, Agosto 2003

Maria de Lourdes Centeno, *Teoria do Risco na Actividade Seguradora*, Agosto 2003

António Romão, Manuel Brandão Alves e Nuno Valério (orgs.), *Em Directo do ISEG*, Fevereiro 2004

Joaquim Martins Barata, *Elaboração e Avaliação de Projectos*, Abril 2004

Maria Paula Fontoura e Nuno Crespo (orgs.), *O Alargamento da União Europeia. Consequências para a Economia Portuguesa*, Maio 2004

António Romão (org.), *Economia Europeia*, Dezembro 2004

Maria Teresa Medeiros Garcia, *Poupança e Reforma*, Novembro 2005

1ª Série publicada pela CELTA Editora.

MANUEL DUARTE LARANJA
PhD, Professor, ISEG

UMA NOVA POLÍTICA DE INOVAÇÃO EM PORTUGAL:

A justificação, o modelo e os instrumentos

UMA NOVA POLÍTICA DE INOVAÇÃO
EM PORTUGAL

AUTOR
MANUEL DUARTE LARANJA

EDITOR
EDIÇÕES ALMEDINA, SA
Rua da Estrela, n.º 6
3000-161 Coimbra
Tel: 239 851 904
Fax: 239 851 901
www.almedina.net
editora@almedina.net

PRÉ-IMPRESSÃO • IMPRESSÃO • ACABAMENTO
G.C. GRÁFICA DE COIMBRA, LDA.
Palheira – Assafarge
3001-453 Coimbra
producao@graficadecoimbra.pt

Janeiro, 2007

DEPÓSITO LEGAL
252197/06

Os dados e as opiniões inseridos na presente publicação
são da exclusiva responsabilidade do(s) seu(s) autor(es).

Toda a reprodução desta obra, por fotocópia ou outro qualquer processo,
sem prévia autorização escrita do Editor,
é ilícita e passível de procedimento judicial contra o infractor.

Prefácio

A ideia para este livro tem várias origens. Em primeiro lugar o trabalho que realizei, em 2001-2002, quando ao serviço da Secretaria de Estado da Economia no XIV Governo constitucional, como Assessor do Secretário Estado da Economia, o Prof. Oliveira Fernandes. Esse trabalho obrigou a uma observação mais detalhada, quer da realidade dos Centros e Institutos Tecnológicos em Portugal, quer das políticas de apoio à tecnologia e inovação no Ministério da Economia e dos conceitos que estavam por detrás destas.

Em segundo lugar, este livro resulta também da minha participação, na mesma altura, nas reflexões em torno do Programa PROINOV. Foi aí que germinou uma das ideias principais do livro, que é a necessidade de examinar mais de perto os problemas da governança da política e do sistema de ciência, tecnologia e inovação em Portugal.

Em terceiro lugar, este livro resulta também do trabalho e das reflexões que fiz ao longo dos anos em que estive ao serviço da Agência de Inovação. Porém, mais em concreto, este livro resulta de um trabalho que fiz, no final de 2002, para a nova administração da Agência de Inovação, acabada de entrar na sequência do XV Governo constitucional. Pedia-me a recém chegada administração da AdI, que lhe comparasse o papel das Agencias de apoio à inovação e transferência de tecnologia, na Europa e seu funcionamento no quadro da política de inovação. Esse trabalho deu origem a um relatório interno denominado "Estratégias para Agenciamento da Inovação: Revisão das Melhores Práticas". Apesar de, em grande parte, as recomendações desse relatório estarem ainda por implementar, a observação de como têm funcionado as Agências de apoio à inovação em outros países, foi particularmente pertinente para identificação dos actuais problemas da política portuguesa de ciência, tecnologia e inovação.

Por último a minha participação na Rede de Excelência PRIME-NoE, já em 2004 (no âmbito do VI Programa Quadro), colocou-me em contacto com aspectos teóricos associados à formulação da política de ciência, tecnologia e inovação, quer quando esta se encontra associada a determinados paradigmas do pensamento económico moderno, quer quando esta se encontra associada a um processo de conciliação de interesses e pressões, desligadas do formalismo teórico.

O livro reflecte assim um pouco das suas origens bem como a minha preocupação com os processos de concepção e implementação de politicas de ciência, tecnologia e inovação em Portugal. Algumas das ideias foram já parcial ou totalmente divulgadas sob a forma oral (participação em seminários e workshops vários) ou escrita (*p.e.* o artigo publicado na Análise Social em 2005).

Devo agradecer os inúmeros comentários e sugestões que recebi de exposições orais prévias, bem como, em especial, devo agradecer ao Prof. João Caraça e ao Prof. Vítor Corado Simões que leram e comentaram versões iniciais de alguns capítulos.

1.

A importância da tecnologia, da inovação e das políticas de inovação

Na política de desenvolvimento da economia e das empresas, dá-se hoje cada vez maior importância ao papel da mudança tecnológica e dos diversos tipos de aprendizagem associados à inovação tecnológica. A inovação tecnológica é o processo pelo qual as empresas introduzem novas tecnologias nos seus produtos ou processos. No sentido que lhe é conferido por Nelson e Winter (1982) trata-se de um processo que requer não só aptidões pessoais e individuais como também rotinas organizacionais para gerar, absorver, aprender e manipular grandes quantidades de conhecimentos em diferentes áreas. À definição de inovação deve-se ainda acrescentar que a "habilidade" para manipular e transformar saberes em produtos e processos novos, que constitui o processo de inovação, envolve não só conhecimentos acerca de como desenvolver e utilizar tecnologias, mas também conhecimentos acerca de como ir ao encontro de preferências, especificações e tendências dos consumidores nos seus diferentes segmentos.

Uma forma interessante de interpretar o processo de inovação é imaginar que uma empresa funciona como uma "máquina" que transforma "conhecimentos" em produtos e processos novos. Mas para transformar conhecimentos em produtos, serviços ou processos a empresa socorre-se não só da sua tecnologia mate-

8 | Uma nova política de inovação em Portugal

rializada (*i.e.* das suas máquinas e equipamentos) mas também e essencialmente, do conhecimento embutido quer ao nível dos indivíduos quer ao nível das suas rotinas organizacionais. Ora são precisamente estas duas últimas componentes que conferem à empresa capacidades específicas que a diferenciam da concorrência. E são estas duas últimas componentes, conhecimento dos indivíduos e conhecimento embutido nas rotinas organizacionais, que se adquirem, não por esforço de investimento em activos corpóreos e tangíveis, mas sim por esforço de aprendizagem na resolução de problemas concretos.

Para percorrer esse processo de transformação de conhecimento em produtos, serviços e processos as empresas utilizam extensivamente ligações de colaboração e aprendizagem com muitas outras entidades. Ou seja, na maior parte dos casos as empresas não percorrem sozinhas o processo de inovação. As relações com fornecedores, com clientes, subcontratação ou as parcerias em redes de colaboração com diferentes tipos de entidades desempenham um papel importante, quer na aquisição de conhecimentos vindos do exterior da empresa quer na sua "transformação" interior em novos ou melhorados produtos ou serviços.

É à luz desta interpretação acerca do que é a inovação, enquanto processo conhecimento-intensivo e envolvendo um esforço colectivo, que devem ser vistas as políticas de apoio à ciência, tecnologia e inovação. Quer em Portugal quer na Europa em geral, os apoios públicos à inovação sofreram poucas alterações nas últimas duas décadas. Contudo, as razões que justificam a intervenção do Estado na regulação das actividades de inovação com base científica e tecnológica, são hoje algo diferentes das que se costumava evocar há alguns anos atrás. No seguimento da Estratégia de Lisboa para uma Europa mais competitiva, e das suas consequências em termos de directrizes e orientações para as reformas e políticas estruturais em cada estado membro, nunca se falou tanto dos problemas de produtividade, competitividade, convergência e desenvolvimento económico e social da economia Portuguesa como nos últimos anos. Sucessivos governos em Portugal têm colocado as políticas de ciência, tecnologia e inovação, como uma prioridade atribuindo-lhes um papel vital no desenvolvimento económico. Contudo, na Europa e em Portugal existe a necessidade de melhorar o nosso conhecimento sobre as justificações, as adicionalidades e as formas mais adequadas de formular e implementar políticas de ciência, tecnologia e inovação. Em Portugal, em particular, fala-se hoje numa aposta clara nestes domínios. Por exemplo, o lançamento do "Plano Tecnológico" foi anunciado como uma agenda mobilizadora e um compromisso político que visa dinamizar e induzir mais inovação e modernização.

Neste livro propõe-se uma nova abordagem à análise, formulação e implementação de políticas de ciência, tecnologia e inovação. Parte-se do princípio que a Ciência, a Tecnologia e a Inovação não podem ser separadas. Isto é, a sua análise, formulação e implementação deve ser abrangente e integrada. A ideia de fundo é que a política de ciência, tecnologia e inovação deve ser reorientada considerando três questões.

Em primeiro lugar, consideramos a necessidade de reconciliar as perspectivas neoclássica e estruturalista numa abordagem integrada que conduza a um mix de medidas e instrumentos de apoio, adequado ao contexto específico de cada região ou país. Existe hoje uma clara necessidade de mudança de paradigma no pensamento de política económica no que respeita aos apoios no domínio da ciência, tecnologia e inovação. Na Europa e em Portugal tem-se apostado numa abordagem neoclássica onde, no essencial, a tecnologia é considerada como informação que circula no mercado sujeita às chamadas "falhas de mercado", falhas essas que justificam e determinam a forma de intervenção pública. Ora a evolução dos conhecimentos acerca do processo de inovação, tem vindo a mostrar que tecnologia não é apenas informação. Na verdade a tecnologia traduz-se em transmissão e partilha de conhecimento, bem como em processos de aprendizagem que nem sempre são mediados pelo mercado. Esta perspectiva que chamaremos aqui como sendo "estruturalista/evolucionista", contém outro tipo de razões pelas quais a ciência, tecnologia e inovação devem ser alvo de apoios e, consequentemente, contém outro tipo de interpretações relativamente à formatação que esses apoios devem ter, bem como à forma de analisar a adicionalidade dos mesmos. Nenhuma das perspectivas por si só fornece um quadro de referência completo, pelo que importa considerar as duas.

Em particular, a questão de como orientar a intervenção pública para efeitos de adicionalidade (*i.e.* efeitos para além do que teria acontecido na ausência de intervenção), num contexto de uma economia como a Portuguesa, composta essencialmente por PMEs com reduzida capacidade tecnológica (entendida como habilidade para utilizar e incorporar conhecimentos), adquire um significado especial. Na verdade a adicionalidade que os apoios devem visar, em primeira instância, é uma "adicionalidade cognitiva" *i.e.* uma contribuição para a mudança de comportamentos, aprendizagem e para aquisição de conhecimentos acerca de como lidar com tecnologias. Só mais tarde, no longo prazo, é que fará sentido falar em adicionalidade no seu sentido clássico, em que a intervenção pública surtiu efeito relativamente aos recursos tangíveis que os actores privados estariam dispostos a apostar, caso não tivesse havido quaisquer apoios.

Sendo assim, no actual quadro de apoios à ciência, tecnologia e inovação na Europa e em Portugal, parece haver lugar para uma maior aposta nos apoios ao desenvolvimento de capacidades "intangíveis". Essa política deve ser centrada no apoio a aptidões e conhecimentos, num espectro largo de diferentes tipos de empresas, e não apenas centrada nos apoios à I&D praticada por uma relativa minoria de empresas, ou centrada nos apoios ao investimento aplicado na compra de tecnologia materializada em máquinas e equipamentos.

Em segundo lugar, a análise deve considerar a necessidade de se passar da homogeneidade ao reconhecimento da heterogeneidade das empresas e seus contextos específicos. Frequentemente assume-se que todas as empresas são de igual capacidade tecnológica e que, portanto, o cumprimento de objectivos para a ciência tecnologia e inovação, não passa por uma diferenciação de medidas e acções de acordo com o alvo/beneficiário a que se dirigem. Ora uma nova perspectiva para este domínio passa pelo reconhecimento de que diferentes empresas apresentam diferentes níveis de capacidade tecnológica. É necessário levar em conta as diferenças entre sectores e dentro destes entre empresas. Esta diversidade contrasta com a actual relativa estandardização dos instrumentos de apoio ao desenvolvimento tecnológico, nomeadamente os sistemas de incentivo, que em larga medida se baseiam apenas no subsídio ao investimento em activos corpóreos.

Quando muito, no actual panorama das políticas Europeias em ciência, tecnologia e inovação, conseguimos identificar três grupos alvo distintos: as grandes empresas com despesas de I&D, as pequenas empresas de base tecnológica (incluindo start-ups tecnológicos) e o grande grupo das PMEs.

No que respeita ao grupo das grandes empresas com dimensão significativa nas suas actividades de I&D, note-se que em quase todos os países da Europa 80% das despesas com I&D do sector empresas são realizadas por 20% das grandes empresas que declaram I&D (CE 2003). Este grupo alvo é sem dúvida o principal cliente dos apoios públicos às actividades de investigação científica e tecnológica e não tem tido grande dificuldade em aderir aos apoios existentes.

O grupo alvo das empresas de base tecnológica é frequentemente o mais falado. Contudo, na prática, trata-se de um cliente importante dos apoios à I&D e dos apoios de outra natureza, como por exemplo os centros de incubação, parques de ciência e tecnologia, apoios ao empreendedorismo, etc.

Embora sendo o maior grupo alvo, as PMEs de menor capacidade tecnológica captam a menor proporção dos apoios públicos disponíveis para actividades inovadoras de base tecnológica (CE 2003). Na verdade para este grupo alvo os apoios públicos baseiam-se frequentemente apenas no subsídio ao investimento em factores tangíveis. A lógica dos apoios ao investimento em máquinas e equipamentos avançados, embora importante, é porém manifestamente insuficiente para aumentar as capacidades tecnológicas destas empresas e incentivá-las na prática da inovação tecnológica. A razão para isto parece estar no facto de que, ao contrário das grandes empresas ou das chamadas pequenas empresas de base tecnológica, em geral as PMEs têm poucos conhecimentos e reduzidas capacidade de absorção e aprendizagem. No grupo alvo PMEs a inovação não depende da relativa habilidade das empresas para lidar com princípios científicos, mas sim da sua capacidade para combinar "peças" de tecnologia e conhecimento já existentes, em áreas como a engenharia de produtos, gestão de operações e logística da cadeia de valor, gestão da criatividade, design, formação profissional, gestão da qualidade, etc. (Rothwell 1993, Soete 2000, Bell e Pavitt 1993).

Longe de ser uma questão menor e simples, este problema do reconhecimento que a grande maioria das PMEs, simplesmente não beneficia das medidas de apoio orientados para a ciência, tecnologia e inovação, quer a nível nacional quer europeu, está relacionado com uma outra questão mais antiga, que se traduz numa falsa dicotomia entre políticas de inovação tecnológica e políticas de difusão de tecnologia (Soete 1985). Esta falsa dicotomia era já aparente nos estudos sobre o desenvolvimento económico dos países em vias de industrialização nos anos 70, que tentaram resolver a questão criando escalas ou níveis de construção de capacidades nas empresas. No capítulo 2 iremos de forma resumida rever esses estudos, bem como outros mais recentes, e propor um modelo que possa diferenciar tipos de empresas e respectivas actividades e capacidades tecnológicas que estarão na base do processo de difusão-inovação tecnológica nas empresas.

Note-se ainda que, no seguimento desta ideia acerca das necessidade de segmentar e passar à heterogeneidade, a questão põe-se também pelo lado da oferta de apoios. A haver uma política de ciência, tecnologia e inovação que inclua uma forte componente dirigida à construção progressiva de capacidades tecnológicas no grupo alvo PMEs de menores capacidades, é necessário repensar quais são as acções e mecanismos concretos que poderiam suportar uma política desse tipo. No capítulo 3, propomo-nos analisar de forma selectiva (mas não exaustiva) como têm funcionado alguns desses mecanismos em outros países. Como veremos, quando nos dirigimos ao grupo alvo PMEs os apoios que envolvem fornecimento de serviços públicos de vários tipos, e não apenas incentivos ao investimento, são aqueles que parecem ter conseguido importantes efeitos de adicionalidade cognitiva.

Finalmente, em terceiro lugar, a análise que nos propomos fazer considera também a necessidade de haver medidas de apoio ao sistema, ao fomento da interactividade e não apenas medidas para cada tipo de agente do sistema separadamente. Um outro aspecto que tem de ser analisado no actual panorama das políticas de ciência, tecnologia e inovação é que uma diferenciação e especialização de meios, acções e instrumentos de acordo com a tipologia de grupos alvo, aumenta a necessidade de uma visão global e integrada de todo o sistema de apoios, e em particular torna mais complexa a necessária articulação dos diferentes e especializados instrumentos, bem como mais difícil a sua inserção articulada nas respectivas instituições de apoio e organismos gestores da intervenção pública. No capítulo 4 propomo-nos analisar diferentes modelos para interpretar essa necessária articulação entre instrumentos de apoio e os seus respectivos alvos.

Estas três questões atrás referidas serão apresentadas com maior detalhe nos capítulos que se seguem. No capítulo 2 fazemos uma breve revisão dos conceitos fundamentais na formulação de uma política de ciência tecnologia e inovação. Começamos por comparar as justificações para intervenção pública no quadro neoclássico com as intervenções no quadro "estruturalista/evolucionista" e a forma específica de intervenção (escolha de tipos diferentes de instrumentos) que decorre das diferenças nas duas abordagens. De seguida iremos ver que existem diferenças fundamentais no nível de capacidade tecnológica e que essas diferenças podem ser usadas para definir níveis de progresso na acumulação de conhecimentos e correspondentes níveis de necessidades de apoio. Ainda no capítulo 2 abordamos um aspecto essencial que se prende com a necessidade de articulação coerente da inserção dos diferentes tipos de instrumentos que compõem a intervenção pública, no aparato institucional que está associado à sua concepção e implementação. A ideia essencial é que essa articulação coerente depende do funcionamento do sistema de governança da política de ciência, tecnologia e inovação e das interacções horizontais e verticais que se possam estabelecer entre os vários actores, a vários níveis, que participam no processo. No capítulo 2 estabelecemos portanto o quadro de análise para a evolução da governança das políticas portuguesas de ciência, tecnologia e inovação que iremos fazer no capítulo 5. No capítulo 3 fazemos uma revisão selectiva de um conjunto de instrumentos e medidas que consideramos relevantes para o apoio ao aumento da capacidade tecnológica das empresas. Incluímos apoios às actividades de investigação e desenvolvimento (para grupos alvo de maior capacidade) e esquemas de incentivo e apoios na forma de serviço público (combinados com financiamento) que a nosso ver incidem prioritariamente nas necessidades do grupo alvo PMEs com menores capacidades. No capítulo 4 estamos interessados em estudar modelos que conduzam a uma lógica de sistema integrado de apoios, com vários tipos de instrumentos orientados a vários tipos de alvo, mas com elevado grau de coerência. No capítulo 5 fazemos uma breve análise histórica das justificações e da governança das políticas portuguesas de ciência, tecnologia e inovação. Como veremos, o argumento é o de que a política portuguesa nestes domínios enquadrou-se num modelo demasiado influenciado pela visão linear do processo de I&D e inovação e pela justificação neoclássica com base em "falhas de mercado". No essencial não tem havido integração e governaça horizontal, havendo uma excessiva compartamentalização da política nacional de ciência, tecnologia e inovação. No capítulo 6, utilizando o modelo desenvolvido no capítulo 3, fazemos uma tentativa de classificação das medidas de intervenção pública neste domínio que consideramos mais relevantes, ao longo dos últimos três quadros comunitários de apoio. Tendo em conta a composição do tecido empresarial à base de PMEs de reduzida ou média capacidade, as conclusões que tiramos é que a politica nacional de ciência tecnologia e inovação, devia ter sido desenvolvido num quadro bastante diferente daquele que tem sido posto em prática e que é essencialmente um quadro "estático" demasiado vinculado à perspectiva neoclássica, e que não leva em conta a heterogeneidade específica no tecido empresarial português e a necessidade de desenvolver uma visão global, integrada e coerente acerca do funcionamento das medidas de apoio, das entidades que as implementam, por um lado, e que delas beneficiam por outro lado. Ou seja, não é dada relevância aos instrumentos que possam induzir novas atitudes e comportamentos, novas competências individuais e colectivas, sendo que são precisamente estes instrumentos os que mas relevam para a construção de capacidades nas PMEs que não fazem I&D, mas que precisam de capacidades intangíveis mínimas para beneficiar do processo internacional de difusão das inovações tecnológicas. Com efeito, com a ajuda dos fundos estruturais, desde o final dos anos 80, Portugal desenvolveu uma complexa estrutura institucional de apoios públicos essencialmente centrados nas actividades de I&D e transferência de tecnologia (universidades, institutos universitários, laboratórios públicos, etc.), assumindo que o resto do processo de inovação e de difusão que caberia às empresas, aconteceria de forma mais ou menos automática. Ao mesmo tempo as actividades de I&D e o investimento em tecnologia materializada cresceram substancialmente. Contudo, não obstante todo este esforço, a nossa análise no capítulo 7 mostra que não se está a conseguir aumentar a prática da inovação tecnológica em Portugal e que na sua grande maioria as empresas não se envolvem ou não dão à inovação a importância esperada.

Em resumo, neste livro analisam-se os fundamentos para uma política de ciência, tecnologia e inovação. Á luz do quadro de referência utilizado, o argumento base é que têm faltado em Portugal (e na Europa em geral) iniciativas orientadas para a construção de capacidades tecnológicas nas empresas de menores capacidades. Tem faltado também um novo equilíbrio entre a governança vertical e a governança horizontal e sobretudo faltam medidas que promovam a participação dos actores nos processos de análise e formulação. É necessário centrar a política de ciência, tecnologia e inovação nos benefícios económicos e sociais e portanto, não na estrutura de apoios públicos ou nas actividades de I&D das Universidades, ou no investimento em tecnologia materializada. De certa forma, é necessário evitar políticas redutoras, fragmentadas e incoerentes.

2.

Conceitos e perspectivas fundamentais para uma política de inovação

2.1 Introdução

Neste capítulo pretende-se chamar a atenção para um conjunto de conceitos fundamentais na formulação de uma política de ciência tecnologia e inovação eficaz, com maior adicionalidade e capaz de integrar de forma articulada diferentes formas de intervenção. Começamos por traçar dois eixos fundamentais que nos acompanharão nas análises a fazer em capítulos posteriores.

No primeiro eixo colocamos os argumentos que justificam a intervenção do Estado na regulação das actividades de inovação, ciência e tecnologia (através de políticas apropriadas) e as formas particulares de que essa intervenção se pode revestir. Ou seja, iremos explicar os fundamentos e a formas de intervenção à luz de duas diferentes escolas de pensamento acerca das causas e efeitos da ciência, tecnologia e inovação na economia e na sociedade em geral, nomeadamente o quadro da economia neoclássica e o quadro da economia estruturalista ou evolucionista. Os dois quadros conceptuais são necessários para nos ajudarem a entender porquê, e quando é que medidas e acções de intervenção neste domínio são necessárias, e qual o papel que poderão desempenhar na realização de determinados objectivos económicos e sociais (por exemplo, competitividade, coesão social e regional, ambiente, emprego, etc.). Este entendimento pode, por sua vez, ajudar a perceber porque é que se deve escolher determinados meios e instrumentos em detrimento de outros, qual o seu enquadramento e quais as suas limitações. Pode também ajudar a entender, como é que as diferentes formas de implementar e por em prática os mecanismos de apoio, estão associadas ao paradigma de pensamento económico em que nos colocamos. No capítulo seguinte veremos com maior detalhe alguns dos instrumentos específicos das diferentes formas de intervenção, bem como a sua relativa operacionalização interpretada à luz dos quadros neoclássico e do quadro evolucionista. Como se verá, as medidas de apoio e sobretudo a terminologia a elas associadas, são as mesmas no quadro neoclássico e evolucionista, mas a operacionalização é diferente e exige diferentes papeis dos organismos gestores/executores das medidas de intervenção. Do nosso ponto de vista não pretendemos separar estas diferentes perspectivas de justificar a intervenção, mas sim abordá-las em simultâneo e construir um *mix* de políticas, adequado ao contexto de cada país e que recolha fundamentações de qualquer das perspectivas.

De seguida, colocando-nos num segundo eixo, chamamos a atenção para a necessidade de levar em conta a heterogeneidade do tecido empresarial. As empresas não estão todas ao mesmo nível de capacidade tecnológica. Ou seja, não têm todas o mesmo nível de "utilização" de conhecimentos em produtos ou processos novos. Em boa medida isso está associado à intensidade tecnológica do seu sector[1]. Mas dentro de cada sec-

---

[1] Por exemplo, a importância que os conhecimentos de ciência e tecnologia têm para a competitividade do sector da biotecnologia não é a mesma que têm no sector do calçado ou do cimento. Na biotecnologia a competitividade está fortemente associada à prática de investigação e desenvolvimento tecnológico, enquanto no cimento a competitividade estará essencialmente associada a outros factores como a gestão de produção e operações.

2. Conceitos e perspectivas fundamentais... | 19

tor as empresas também não são todas iguais no que respeita à capacidade de "utilização" de conhecimentos. À semelhança do que foi sugerido por outros autores (por exemplo, Vernon 1988, Noteboom *et al* 1992, entre outros), a nossa proposta é que é necessário segmentar as empresas por níveis de capacidade tecnológica, de forma a se poderem diferenciar os instrumentos de apoio à inovação por segmento alvo. Exploram-se, portanto, neste capítulo, alguns quadros conceptuais que justificam a diferenciação com base na teoria de recursos e capacidades dinâmicas ("dynamic capabilities") (Penrose 1959, Barney 1986, Teece e Pisano 1994), e sugerem-se diferentes possibilidades de classificar as empresas de acordo com o nível das suas capacidades de acumulação de conhecimentos tecnológicos (Arnold e Thuriaux 1997, Arnold *et al* 2000) ou de acordo com tipologias propostas por Rothwell e Dodgson (1989) e mais recentemente por Clarysse e Duchêne (2000)[2].

Por último, olhamos para a necessidade de dar coerência e eficácia às medidas de intervenção pública. Á medida que se torna necessário articular diferentes modos e justificações da intervenção pública, bem como diferentes instrumentos dirigidos a diferentes tipos de empresas e instituições públicas de apoio, e instrumentos dirigidos ao seu funcionamento enquanto sistema, aumenta a necessidade de integração e articulação coerente, quer das medidas de intervenção quer do aparato institucional que está associado à sua concepção e implementação. A capacidade de articulação coerente depende, porém, do funcionamento da governança da política de ciência, tecnologia e

---

[2] Recordamos aqui que em vários estudos sobre desenvolvimento económico de países em vias de desenvolvimento nos anos 80, havia já alguma preocupação com a necessidade de segmentar capacidades tecnológicas numa perspectiva de fases de desenvolvimento das empresas ao longo de uma trajectória. Ver por exemplo Westphal, L., Y. Rhee, G. Pursell (1981), Dahlman e Westphal (1982), Dahlman, Ross-Larson e Westphal (1987), Sanjaya Lall (1992) e Bell e Pavitt (1993).

20 | Uma nova política de inovação em Portugal

inovação e das interacções horizontais e verticais que se possam estabelecer entre os vários actores, a vários níveis, que participam no processo.

2.2 As falhas de mercado como princípio orientador de uma política de ciência, tecnologia e novação

Começamos por uma breve revisão do quadro neoclássico e da justificação para intervenção do Estado no processo de inovação, com base nas falhas de mercado. O que distingue o quadro neoclássico é que a tecnologia é tratada como se fosse "informação", que é preciso comunicar e transmitir a diferentes agentes. É certo que depois de Arrow (1962) a tecnologia passou a ser tratada como um factor endógeno *i.e.* como um factor gerado pelo sistema económico, mas no essencial continuou a ser definida como informação sobre questões técnicas e científicas que os agentes necessitam de trocar entre si.

Contudo, na linha de argumentação neoclássica, reconhece--se que as actividades endógenas de produção de tecnologia-informação não têm as mesmas propriedades que as outras actividades do sistema económico e, portanto, não se ajustam a uma teoria económica baseada em princípios de optimização das decisões dos agentes. Nomeadamente, na produção de tecnologia-informação existem indivisibilidades nos inputs bem como nos outputs, existem incertezas e indefinições relativamente ao horizonte temporal em que decorrem as actividades de transmissão e comunicação de informação tecnológica, e a tecnologia-informação tem propriedades de um bem não-exclusivo. Isto é, os ganhos de actividades de angariação de tecnologia-informação são de difícil apropriação e podem eventualmente ir parar às mãos de um concorrente ou de um cliente. A tecnologia-informação é, portanto, um bem público com apropriabilidade parcial e limitada.

O resultado desta interpretação é o bem conhecido argumento da ausência de incentivos para os agentes inovarem, já que a actividade é arriscada, recheada de incertezas, tem custos elevados e apropriabilidade parcial. Se a rentabilidade privada para o inovador é incerta e potencialmente baixa, embora os benefícios colectivos possam ser potencialmente elevados, isso significa que os mecanismos de distribuição de recursos mediados pelo mercado, não parecem ser capazes de dar resposta do ponto de vista do óptimo colectivo. O investimento de cada agente em actividades tecnológicas é, portanto, inferior relativamente ao nível óptimo do ponto de vista colectivo, ou seja; estamos na presença de "falhas de mercado". A política de inovação no quadro neoclássico justifica-se pela presença dessas falhas de mercado, e assenta na noção de que a intervenção pública deve adoptar um conjunto de medidas e acções que visam corrigir o funcionamento dos mercados. Grosso modo, na perspectiva neoclássica a intervenção pública deve (Georghiu *et al* 2002):

– diminuir a escassez de informação e melhorar a circulação de informação, entre os agentes contribuindo assim para a redução de incertezas;
– tentar substituir (parcial ou totalmente) o mercado, quer pelo lado da oferta (chamando a si as actividades inovadoras em falta, ou incentivando actividades de I&D através de subsídios, créditos fiscais, etc.), quer pelo lado da procura (utilizando a política de aprovisionamentos públicos – encomendas e concursos dirigidos a agentes inovadores), contribuindo também por esta via para a redução de incertezas, redução de custos e/ou riscos para os agentes económicos envolvidos. Note-se que "substituir" significa que acções públicas, tomam o lugar das acções privadas em ambiente competitivo, que teriam sido necessárias para atingir o óptimo social. Presume-se que a redução de custos e incertezas nas empresas, compensa de alguma forma as suas perdas devido a défices de apropriação e, portanto, o investimento público não deve ser superior à soma dessas perdas;

- promover mecanismos de regulação para remover ou diminuir as barreiras à apropriação parcial, facilitando a sua internalização e incentivar a utilização dos resultados do esforço em inovação nos cálculos de optimização que os agentes fazem. Isto poderá ser feito através de, por exemplo:

  a) dar melhores garantias de protecção de propriedade da tecnologia ao inovador, de forma a que ele possa ser devidamente ressarcido dos seus esforços;
  b) promover a colaboração vertical entre produtores e utilizadores de tecnologia, permitindo assim a partilha de resultados e redução de incertezas;
  c) promover a colaboração horizontal entre produtores de tecnologia, conseguindo assim uma maior partilha de conhecimentos e de custos associados com os riscos de desenvolvimento de tecnologias.

As consequências desta interpretação acerca das causas e efeitos da inovação, ciência e tecnologia na economia e na sociedade em geral, é que ela conduz quase sempre a medidas generalistas. Por exemplo, no que respeita a tentar substituir (parcial ou totalmente) o mercado pelo lado da oferta, chamando para a esfera pública as actividades inovadoras em falta, esta perspectiva conduz a medidas de apoio a infraestruturas tecnológicas capazes de realizar as actividades científicas e de inovação tecnológica que as empresas não fariam por si só. Conduz também aos incentivos a actividades de I&D nas empresas através de subsídios ou de créditos fiscais. Um outro exemplo de medidas generalistas que resultam do quadro neoclássico, é a intervenção das agencias públicas através de sistemas de intermediação para simples recolha e transmissão de informação, visando assim contribuir para melhorar a circulação de informação entre quem fez a investigação pública (que os privados por si só não fariam) e as empresas que dela poderão benefi ciar. Dentro do quadro neoclássico, é também muito vulgar encontrar uma forte aposta nos mecanismos de regulação de protecção da propriedade da tecnologia, contribuindo assim para mitigar os efeitos da tecnologia-informação com apropriabilidade limitada. Um outro exemplo típico da escola neoclássica é a ideia de que o capital de risco público deve colmatar a ausência de capital de risco privado para iniciativas empresariais de base tecnológica, ou que devem ser dados incentivos financeiros ou fiscais aos investidores de risco privados, de forma a se resolver "falhas de mercado" na distribuição do capital de risco.

Por vezes, na perspectiva neoclássica, é também recomendado que se faça uma distinção entre falhas de mercado que se relacionam com actividades científicas e falhas que se relacionem com actividades mais próximas da introdução nos mercados de novos produtos (inovação). Esta distinção deve ser feita por razões que se prendem com os custos/incertezas associados aos dois tipos de actividades (mais elevados para as actividades científicas do que para as actividades de desenvolvimento tecnológico), e com as práticas associadas com os diferentes esquemas de incentivos à circulação de informação. Por exemplo, na esfera da ciência recomenda-se a abertura do sistema científico à escala global, enquanto que na esfera da inovação e desenvolvimento tecnológico, recomenda-se a eficácia do sistema de protecção de propriedade da tecnologia.

No essencial podemos dizer que para a perspectiva neoclássica no domínio da ciência, a intervenção do Estado deverá ser directa e essencialmente através de financiamentos. No domínio da inovação e do desenvolvimento tecnológico, a intervenção deverá ser através de subsídios ao investimento e ao incentivo para utilização de mecanismos de protecção de propriedade industrial. Note-se que nesta perspectiva, a política científica é vista no sentido que lhe é dado pelo modelo linear da inovação. Isto é: há distinção entre processos de inovação e de difusão. A ciência é tomada como necessária para alimentar o sistema económico com "bons inputs", neste caso boa informação científica, bem como com bons investigadores (cientistas, engenheiros, etc.). A política tecnológica é vista como política de difusão de informação, no sentido em que visa facilitar a apropriação da informação produzida pelas actividades científicas, ajudando os agentes privados a adoptar inovações.

Vistas as medidas e acções generalistas que resultam da perspectiva neoclássica, há ainda dois aspectos que importa referir.

Em primeiro lugar a forma como as questões de selectividade são tratadas no quadro neoclássico. Como facilmente se percebe, a natureza dos incentivos e das medidas acima mencionados é normalmente acompanhada de critérios de selectividade baseados em factores institucionais, financeiros ou administrativos. Não há, portanto, especial cuidado com a natureza idiossincrática e não linear do processo de inovação, bem como com os aspectos não tecnológicos associados ao processo de inovação.

Em segundo lugar, importa também referir a interpretação que é dada à questão da adicionalidade. No quadro neoclássico existe adicionalidade quando se intervém ao nível das actividades que os actores não estariam dispostos a realizar, e desde de que essas actividades se possam de algum modo considerar desejáveis, do ponto de vista da maximização da inovação a nível colectivo. Considera-se, portanto, a adicionalidade em factores input e em factores output – resultados e impactos. No que respeita à adicionalidade de inputs (para além do que os actores teriam utilizado mesmo se não houvesse intervenção pública), o raciocínio é que se os investimentos em processos de inovação são inerentemente arriscados, a disponibilidade de fundos públicos de apoio aos processos de inovação, pode induzir os privados em actividades de maior risco (maior potencial retorno). Ou seja, assume-se que estes recursos financeiros input são um complemento aos investimentos (e não uma substituição) que os agentes estariam dispostos a realizar em qualquer caso. Acontece que não é fácil avaliar essa adicionalidade-input e, para além do problema da incerteza que é inerente a todos os projectos de inovação tecnológica, a questão pode complicar-se ainda mais, no sentido em que os gestores dos financiamentos públicos têm tendência a aprovar projectos com mais fácil taxa de retorno (menor risco), de forma a lhes ser mais fácil comprovar o sucesso das suas medidas e programas de apoio. Por outro lado, também se pode considerar a adicionalidade de outputs-resultados, mas a sua avaliação deve ser encarada no longo prazo e, portanto, há também muitas dificuldades na identificação e medição de resultados que possam ser única e inequivocamente atribuídos às medidas de intervenção.

2.3 As falhas de aprendizagem como princípio orientador de uma política de ciência, tecnologia e inovação

Passamos agora ao resumo das principais justificações para a intervenção pública no domínio das políticas de ciência, tecnologia e inovação que resultam do quadro evolucionista[3].

Ao contrário do quadro neoclássico nesta perspectiva é dada atenção, não às questões de *comunicação de informação*, mas sim à *transmissão e transformação de conhecimentos* e, consequentemente, às capacidades cognitivas e de aprendizagem dos diferentes agentes públicos e privados. Esta capacidade de absorver/gerar conhecimentos tácitos e codificados é entendida como sendo um processo cumulativo que funciona, quer ao nível das organizações (e ao nível das pessoas dentro das organizações), quer ao nível do colectivo (grupos de diferentes entidades que interagem em rede). Ao nível das organizações este

---

[3] Nesta perspectiva cabem um conjunto largo de áreas aparentemente tão diferentes como a sociologia, a história da economia e da tecnologia, psicologia, gestão, epistemologia, biologia, e outras, ancoradas de alguma forma no trabalho de Schumpeter, e no desenvolvimento recente de quadros conceptuais baseados no estudo do "conhecimento", da "aprendizagem" nas suas múltiplas formas, e também no que tem sido conhecido pela teoria dos recursos "resource-based theory" e das capacidades dinâmicas "knowledge based capabilities approach".

26 | Uma nova política de inovação em Portugal

quadro terá contribuições importantes que emanam das teorias das capacidades dinâmicas (Teece e Pisano 1994), enquanto que ao nível sistémico podemos encontrar contribuições relacionadas com os sistemas nacionais de inovação (Freeman 1987, Lundval 1992).

Por outro lado, ao colocar o conhecimento e a aprendizagem (e não a informação), como central a todo o processo de inovação passamos a ter, não um processo de inovação estandardizado mas sim um processo de inovação que depende do contexto e das circunstâncias, *i.e.* varia de agente para agente, varia entre grupos de agentes, varia entre sectores económicos e entre "clusters", entre regiões, instituições, etc. Ou seja, ao contrário do que acontece com o modelo neoclássico, não há uma situação que possa corresponder a um estado óptimo, nem tão pouco uma tendência pré-definida para o estado óptimo do ponto vista colectivo. O que existe é a noção de que o sistema económico deve possuir um nível mínimo de diversidade de empresas, agentes públicos, instituições, conhecimentos, etc., de forma a que forças selectivas (o mercado, as instituições, o meio social, ou as medidas de política de inovação) possam actuar, garantindo coesão e coerência no sistema.

De facto, face à ausência *ex-ante* de um estado de referência, não faz sentido falar de falhas relativamente a esse estado óptimo, mas sim de *"bloqueios"*, *"disfunções"* ou *"incoerências"*, que conduzem a dilemas e trade-offs entre possíveis diferentes estados do sistema (ver Smith 1996, Lundvall e Borras 1997, Metcalfe 1998, Teubal 1998).

Iremos considerar, portanto, que o que importa para justificar e determinar a intervenção pública no processo de inovação é considerar precisamente esses potenciais bloqueios e disfunções, a que chamamos "falhas de aprendizagem", quer ao nível dos agentes quer ao nível das suas interacções enquanto sistema *i.e.* consideramos problemas que limitam a manutenção e/ou aprofundamento (melhoria) da capacidade cognitiva dos actores e das suas interacções, a todos os níveis. Assim, algumas situações de falhas de aprendizagem, ou falhas no crescimento da capacidade cognitiva dos actores e das suas interacções em diferentes contextos e diferentes níveis de análise, podem ser resumidas no seguinte (Georghiu *et al* 2002):

- falhas de exploração e utilização de tecnologia, que resultam de uma menos boa distribuição de esforços, ou menos atenção cognitiva a uma determinada actividade em detrimento de outra;
- falhas na selecção de boas práticas e de tecnologias *de facto* superiores em termos da sua potencial performance;
- falhas no aparecimento de empresas (novas empresas de base tecnológica, por exemplo) de facto melhores do que as existentes;
- falhas onde processos selectivos resultaram na eliminação da melhor inovação-tecnologia demasiado cedo, por critérios errados (por exemplo critérios institucionais, financeiros ou administrativos), ou resultaram em inovações tecnológicas mantidas até demasiado tarde, ou mesmo seleccionadas quando nunca o deveriam ter sido;
- falhas de sistema que resultam da falta de coordenação, articulação e complementaridade entre actividades ou entre diversos tipos de actores;
- falhas que resultam da rigidez das estruturas de colaboração e cooperação, da ausência de instituições adequadas para a criação e difusão de conhecimentos, ou de uma deficiente sincronização entre a evolução das instituições e a rápida evolução das tecnologias (à semelhança do argumento de desajustamento institucional avançado por Freeman e Perez nos anos oitenta [4]);
- falhas no processamento do conhecimento ou falhas de codificação e descodificação do conhecimento, que podem resultar num défice de plataformas-produto, num défice

---

[4] Referimo-nos ao artigo Freeman e Perez (1986).

na adopção de standards de qualificação técnica e de qualidade, ou em excesso de rigidez relacionada com estandardização;
- falhas de apropriabilidade pela via do insucesso na codificação ou descodificação de conhecimentos;
- falhas que resultam da ausência de controlo sobre a capacidade de absorção dos actores, ou do défice de capacidades para articular vários tipos de conhecimento que vêm de diferentes fontes (por exemplo internas e externas à empresa), ou ainda;
- falhas na estrutura do conhecimento mal adequada à necessidade de o partilhar distribuir e apropriar.

Como acima sugerido, as consequências negativas destes diferentes tipos de falhas são a criação de um défice de capacidade cognitiva, défice esse que resulta na não existência de condições mínimas para que os processos de geração de diversidade e selecção possam funcionar adequadamente. Por exemplo, uma baixa diversidade torna ineficaz o processo de selecção de novas tecnologias e de novos actores em novas trajectórias, bem como a transição entre o velho e o novo paradigma organizacional associado à mudança tecnológica e, portanto, o sistema económico pode ficar "bloqueado" sem conseguir sair da sua trajectória menos boa. Fica-se também com a existência de hiatos de conhecimentos em áreas que podem vir a ser essenciais no futuro; fica-se com défice de interacção entre actores, e em geral, com o que se poderia chamar uma evolução desequilibrada do sistema.

Parece pois que o principio básico para uma política de apoio à inovação com base na perspectiva evolucionista é o de orientar as medidas e acções para o desenvolvimento da capacidade cognitiva dos actores, bem como o de fornecer as condições mais adequadas para a utilização eficaz dessa capacidade.

As consequências que decorrem desta perspectiva são várias e vastas pelo que, no que se segue, iremos apenas referir aquelas que nos parecem ser as essenciais.

Uma primeira consequência, que decorre desta perspectiva, é a não separação entre processos de inovação e de difusão de tecnologias que encontramos na escola neoclássica. No mundo neoclássico há empresas de elevada tecnologia que são inovadoras e são, portanto, o alvo natural dos apoios à inovação; e depois há todas as outras (a grande maioria) empresas de menor capacidade que não participam no desenvolvimento da tecnologia, mas sim no processo de difusão, sendo que para estas últimas existem apoios financeiros ao investimento em adopção de tecnologias. Para a perspectiva evolucionista não existe essa dicotomia entre inovação e difusão, ou entre quem participa no desenvolvimento de tecnologia mais avançada e quem participa na sua difusão. No mundo evolucionista a difusão não é apenas um processo de compra de equipamentos (que pode portanto ser facilmente apoiado por programas de incentivos financeiros ao investimento em tecnologias tangíveis), mas também um processo igual à inovação tecnológica na medida em que envolve, tal como a inovação, transformação de conhecimentos em processos, produtos ou serviços novos ou mais eficientes. Ou seja, se por um lado a inovação tecnológica é um processo que se baseia na "transformação" de conhecimentos, por outro lado a difusão enquanto processo de adopção de tecnologias desenvolvidas no exterior da empresa, é um processo que está também condicionado pela capacidade da empresa aplicar e utilizar conhecimentos. Não há, pois, grande distinção entre processos de inovação e de difusão, pois quer um quer outro estão condicionadas pela capacidade das empresas "transformarem" conhecimentos (Bell e Pavitt 1993).

Em segundo lugar, uma outra consequência importante do quadro evolucionista, é que as fronteiras entre política científica, política de inovação e tecnologia e outras políticas como educação, território, fiscal, etc., são esbatidas. Como os diferentes agentes estão a interagir a vários níveis do sistema económico, o conhecimento pode ser produzido em qualquer parte do sistema, pelo que não existe uma separação clara de funções entre os actores no que respeita à criação de conhecimento, transformação de conhecimento em inovações e difusão. Ou seja, coordenação, coerência e complementaridade das acções políticas entre os domínios da ciência, inovação e outros domínios são essenciais para que o sistema seja capaz de evoluir e aprender.

Por outro lado, e em terceiro lugar, tratando-se de questões que têm a ver com o fomentar da aprendizagem e aquisição de conhecimentos (nos indivíduos, nas empresas, e nas interacções), então a operacionalização das diferentes medidas de apoio deve ser adaptada aos contextos definidos pela região/ /país, sector industrial, factores de mercado, factores institucionais, etc. Mais ainda, as formas específicas que as medidas podem tomar são determinadas pela necessidade de intervir ao nível de desenvolvimento da capacidade cognitiva dos actores e do sistema. Por exemplo, a promoção da adopção de normas técnicas e de qualidade nas empresas, pode ser vista como uma forma de "ensinar" e aumentar a capacidade cognitiva das empresas. Do mesmo modo, a inserção de quadros qualificados nas empresas, tendo em atenção as suas necessidades estratégicas, é seguramente uma outra forma de contribuir para o aumento de capacidades cognitivas nas empresas. Um outro exemplo é que a promoção da utilização do sistema de protecção de propriedade da tecnologia, que é uma das medidas preferidas no quadro neoclássico, pode ser aqui utilizada enquanto mecanismo de aprendizagem. A diferença poder estar no facto de não se trabalhar apoios genéricos, como no quadro neoclássico, mas sim de se distinguir as empresas e sectores onde o regime de apropriação por recurso ao uso do sistema de protecção de propriedade da tecnologia, prove ser o mais adequado. Um outro exemplo é que, tal como na perspectiva neoclássica, para os evolucionistas também faz sentido a promoção de infra-estruturas tecnológicas públicas e semi-públicas. A diferença está em que estas devem ser encaradas, não como mecanismo de substituição parcial das actividades tecnológicas que o sector privado não realiza e não como pólos de difusão de informação tecnológica sobre a suas actividades, mas sim como entidades

2. Conceitos e perspectivas fundamentais... | 31

"tradutoras" de conhecimento. É portanto requerido que as infraestruturas tecnológicas públicas actuem de uma forma proactiva *i.e.* sem esperar que haja solicitações de mercado, procurando em conjunto com as empresas *traduzir* ou *transformar* desenvolvimentos científicos relevantes em aplicações práticas e úteis para as empresas. Um último exemplo, é o apoio a empresas infantes. Na perspectiva evolucionista a criação de empresas é justificada como contribuição para a necessária diversidade do sistema, estando em causa o aumento da relativa qualificação das empresas criadas. Na perspectiva neoclássica o apoio à criação de empresas é justificado por questões de estímulo à concorrência e por falhas no mercado de financiamento a novas empresas.

Em quarto lugar, uma outra consequência importante deste quadro de análise, é que as questões da adicionalidade são fundamentalmente diferentes das que vimos para o quadro neoclássico. No quadro evolucionista, não estamos preocupados com a questão da adicionalidade de inputs em termos de substituição parcial ou total. O que conta é a forma como a acção de apoio é operacionalizada e o contexto específico em que é utilizada pelos actores. Ou seja, o argumento é que os factores-input podem ajudar a construir a base de conhecimentos e a capacidade de absorção dos actores, o que por seu turno irá ter consequências no seu aumento de rentabilidade. Por outras palavras, por causa da natureza cumulativa do conhecimento, apoios pelo lado dos inputs irão aumentar a eficiência de futuros investimentos próprios em processos de inovação. A ideia fundamental nesta perspectiva é saber se as medidas e acções de intervenção pública alteram alguma das diferentes dimensões da capacidade cognitiva dos actores. Uma vez que uma mudança de comportamentos não pode deixar de estar relacionada com modificações ao nível da base de conhecimentos e capacidade cognitiva da empresa, a adicionalidade de comportamentos é muita vezes encarada como uma aproximação à adicionalidade cognitiva. No domínio dos comportamentos, a questão a colocar é se o actor alterou o seu comportamento em resultado da intervenção e se, no seu conjunto, os actores alteraram a sua forma de interagir. Ou seja, questão da adicionalidade centra-se no impacto que a intervenção pública terá tido no actor (e no sistema) e demarca-se da mera contagem de outputs cuja causa terá sido precisamente a intervenção pública.

Do ponto de vista analítico esta questão da adicionalidade de comportamentos fornece uma explicação para a existência ou ausência de outros tipos de adicionalidade. Por exemplo, se assumirmos que os objectivos de uma determinada acção no âmbito da intervenção teriam sido atingidos (embora talvez mais tarde) mesmo sem apoios, só que de forma diferente, então a diferença que se deve procurar na análise de adicionalidade será uma diferença de comportamentos. Por outras palavras, este tipo de análise enriquece o entendimento de como decorreu o próprio processo de inovação e permite comparar diferentes formas de alcançar resultados semelhantes.

Deve-se reconhecer que as dificuldades de passar este conceito à prática estão na dificuldade de definir todas as dimensões que constituem a capacidade cognitiva, e respectiva alteração de capacidade. Certamente que na prática apenas algumas peças do puzzle poderão ser captadas. Algumas das dimensões mais importantes da capacidade cognitiva de um actor seriam por exemplo: a sua habilidade em utilizar as novas linguagens de conhecimento codificado, a sua habilidade em articular conhecimento existente e novos conhecimentos emergentes, a sua capacidade de interagir com o meio envolvente, etc.

2.4 A necessidade de segmentar a intervenção pública dirigida a empresas

Na perspectiva neoclássica, como vimos, as empresas são consideradas como elementos racionais que procuram optimizar resultados. Por outro lado as empresas, no contexto do modelo linear da inovação, são o "lado da procura" para tecnologias que são geradas nas universidades ou nos institutos de I&D. Sobretudo as PMEs são quase sempre tomadas como receptoras de tecnologias e raramente como detentoras de recursos e capacidades próprias. Ora na perspectiva evolucionista, uma parte substancial das actividades de geração e utilização de conhecimentos necessários para alimentar o processo de inovação tecnológica, tem lugar nas empresas e nas interacções entre empresas. Precisamos, portanto, de saber um pouco mais acerca da natureza desses conhecimentos e de como estimular as empresas a desenvolverem a sua capacidade tecnológica própria.

Para isso iremos nesta secção recorrer à teoria da empresa enquanto depósito de recursos e capacidades ("resource based view", ver Penrose 1959, Barney 1986, Teece e Pisano 1994), em vez da teoria da empresa racional que utiliza recursos humanos e financeiros para maximizar resultados. Esta perspectiva conduz-nos numa outra direcção de reflexão que importa considerar na análise e formulação de políticas de ciência, tecnologia e inovação, e que tem a ver com o reconhecimento da heterogeneidade das empresas. Ou por outras palavras, tem a ver com a diversidade de empresas e respectivas capacidades para participar e beneficiar dos apoios públicos orientados ao processo de inovação. No panorama actual a diversidade de capacidades do lado das empresas contrasta com uma relativa estandardização dos instrumentos de apoio à inovação e ao desenvolvimento tecnológico, quase sempre baseados apenas no subsídio ao investimento em activos corpóreos ou em apoios dirigidos a empresas mais avançadas que executam actividades de I&D.

O ponto de partida é o conceito de capacidade tecnológica. Definida de uma forma simplificada a capacidade tecnológica corresponde à *forma como a empresa coordena recursos associados à criação, aplicação ou gestão de conhecimentos, de forma a fazer deles o melhor uso prático, na produção e no desenvolvimento dos seus produtos, serviços ou processos*. A partir deste conceito podem-se definir diferentes graus de domínio efectivamente alcançado pelas empresas, relativamente à coordenação de conhecimentos teóricos e práticos, relevantes para as actividades de produção e desenvolvimento de produtos exercidas pela empresa.

34 | Uma nova política de inovação em Portugal

Em sectores mais dinâmicos e intensivos em tecnologia, essa capacidade exige uma estreita interacção com fontes de conhecimento especializado nas universidades e centros de investigação. Nesses sectores a capacidade tecnológica, da empresa depende dos seus cientistas e engenheiros, assim como da intensidade de interacção que estes possam estabelecer com centros de I&D exteriores à empresa. Contudo, para outros sectores, a capacidade tecnológica dependerá menos da I&D e mais de recursos e conhecimentos em áreas como design, engenharia de produto, gestão da produção e operações, bem como da forma eficaz como a empresa interactua com fornecedores que lhe sirvam de "intermediários" na tradução de conhecimentos, e com utilizadores finais dos seus produtos capazes de disponibilizar informação relevante sobre as suas necessidades. Ou seja, para sectores com menores capacidades tecnológicas, uma parcela importante dos factores que induzem inovação são factores externos à empresa e portanto a capacidade tecnológica está fortemente associada à envolvente próxima em que a empresa está inserida.

Ou seja, uma questão central nas políticas de apoio à inovação, é a segmentação dos beneficiários alvo. A ideia não é nova. Vernon (1998) por exemplo, utilizou os padrões de inovação propostos por Pavitt (1984) como ponto de partida para políticas de apoio à transferência internacional de tecnologia para países menos desenvolvidos. Na mesma linha de raciocínio Nooteboom, Coehoorn and Van der Zwaan (1992) também propuseram que seriam as empresas "dependentes do fornecedor" o alvo natural dos serviços de apoio à difusão dos Centros de Apoio à Inovação na Holanda. Sobretudo no domínio das PMEs que não fazem I&D, e que na tradição neoclássica são tratadas como receptoras da difusão e não como potenciais empresas inovadoras, a segmentação de capacidades tem sido uma questão recorrente que originou vários estudos sobre possíveis tipos de empresas e capacidades nas PMEs.

Um desses primeiros estudos foi baseado num inquérito promovido pelo IRDAC – *Industrial R&D Advisory Committee*, para a Comissão Europeia em 1988. Considerando apenas as Pequenas e Médias Empresas o inquérito resultou na identificação de três tipos de PMEs (Rothwell e Dodgson 1989). Em primeiro lugar, as empresas que podiam ser classificadas como start-ups tecnológicos (1%-3% da população de PMEs) e que, segundo os autores, apesar de serem uma clara minoria, deviam ainda assim ser alvo de programas de apoio específicos. As novas empresas de base tecnológica não têm normalmente problemas em termos da sua capacidade tecnológica, mas os apoios justificam-se com base no argumento neoclássico das falhas de mercado, em que os elevados riscos associados a este tipo de negócio, impedem o aparecimento deste tipo de empresas em maior número e dificultam o acesso a financiamentos privados. Em segundo lugar, o inquérito identificou cerca de 10-15% de pequenas empresas que se podiam considerar avançadas na utilização de tecnologia. Mesmo se em muitos casos não se pudesse considerar estas empresas como tendo capacidade própria de investigação científica e tecnológica, segundo os autores estas empresas possuíam aptidões e conhecimentos que lhes permitiam a identificação e utilização com sucesso de tecnologias relevantes para o seu negócio. Os autores alertaram ainda para o facto de estas empresas possuírem ou não actividades de I&D ser irrelevante para a sua posição de liderança relativa, no manuseamento de tecnologias. Em terceiro lugar, os autores classificaram as restantes empresas (cerca de 80 a 85%) como seguidoras ("technology-followers"). Apesar de serem um grupo bastante heterogéneo, a maioria das empresas neste terceiro grupo tem capacidades muito reduzidas e inserem-se numa lógica de imitação de produtos e processos.

Como facilmente se percebe o ponto fraco desta classificação é que o terceiro grupo, que corresponde a mais de 80% das PMEs, é ainda um grupo muito heterogéneo que requer subdivisões mais apuradas. Assim, na tentativa de chegar a tipologias com base na capacidade de inovação das PMEs, Clarysse e Duchêne (2000), utilizando os resultados de um inquérito realizado a 3000 PMEs na Holanda, referem uma outra classificação com 4 tipos de PMEs. No essencial os diferentes tipos propostos nas duas primeiras categorias coincidem com os de Rothwell e Dodgson, mas o terceiro grupo de seguidoras de tecnologia aparece agora mais discriminado. Os 4 grupos propostos são:

1. start-ups tecnológicos (1%-3% da PMEs);
2. empresas líder na utilização de tecnologia, com ou sem capacidade própria de I&D (10-15% da PMEs);
3. empresas potencialmente inovadoras (40% das PMEs);
4. empresas não inovadoras (40% a 45% das PMEs).

Nesta classificação o alvo natural de políticas de apoio à inovação em PMEs são os três primeiros grupos, deixando portanto de fora 40 a 45% das empresas que não mostram potencial para poderem fazer uso eficaz dos instrumentos de apoio disponíveis.

Assim, e segundo as recomendações de Clarysse e Duchêne (2000), os apoios a *start-ups tecnológicos*, devem orientar-se para os problemas específicos destas empresas nos seus estágios iniciais de desenvolvimento. Em alguns países da Europa, prevalece ainda a ideia de que o apoio a estas empresas terá a ver com o papel do capital de risco nos estágios iniciais, supostamente necessário para colmatar a tradicional falta de capital social neste tipo de empresas. Porém, alguns estudos (Roberts 1991) têm mostrado que para este tipo de empresas os tradicionais apoios a projectos de I&D desempenham um papel mais importante, e que as deficiências destas empresas estão sobretudo associadas à falta de conhecimentos em gestão.

No grupo da *empresas lideres na utilização de tecnologia*, e embora a sua capacidade de absorção não seja suficiente para as colocar na fronteira dos mais recentes avanços tecnológicos, os apoios devem ser orientados para a introdução destas empresas às actividades de I&D (como por exemplo, apoio à inserção de doutorados e cientistas nas empresas). Segundo os autores, os efeitos deste tipo de apoios podem ser surpreendentes conseguindo-se aumentos significativos no número de empresas envolvidas em I&D. O segredo parece estar em que estes programas tem de ser geridos no âmbito de uma estrutura de proximidade (*i.e.* com contacto directo e pró-activo com potenciais beneficiários), e com poucos ou nenhuns entraves administrativos e burocráticos, até porque na maior parte dos casos se trata de pequenos projectos com financiamentos de relativo baixo valor.

As *empresas potencialmente inovadoras* podem ser definidas como empresas que (a) por vezes empregam pessoal com formação universitária ou equivalente; (b) que em média introduziram pelo menos um produto novo no mercado; (c) têm uma atenção especial à satisfação dos clientes e valorizam os estudos de mercado; (d) estão disponíveis para trabalhar em parceria com outras empresas; (e) raramente usam subsídios ou detém patentes. As *empresas potencialmente inovadoras* não executam, portanto, actividades de I&D. São empresas que vêm de uma grande variedade de sectores económicos, mas que têm em comum uma orientação externa acentuada, o interesse no lançamento de produtos novos e na inovação organizacional. Segundo Clarysse e Duchêne, os problemas que este tipo de empresas enfrentam são complexos e multi-dimensionais, o que dificulta a sua interacção com programas e infraestruturas de apoio, normalmente mais focalizadas por áreas tecnológicas uni-dimensionais. Em muitos casos as dificuldades destas empresas podem ser vencidas com a adopção de soluções tecnológicas standard, imediatamente disponíveis, sendo que também em muitos casos é difícil convencer a empresa que a solução indicada é realmente essa. Como este tipo de empresas não pratica I&D, não faz muito sentido esperar que as políticas e programas de apoio a I&D tenham qualquer aderência nestas empresas. Para estas empresas, é mais indicado apoiar actividades de "intermediação" executadas por agências (ou associações) que saibam codificar/descodificar conhecimento tecnológico, induzindo assim novos comportamentos nas empresas alvo. Faz também mais sentido apoiar consultores e/ou centros de tecnologia semi-públicos, que disponibilizem serviços de apoio tecnológico a este tipo de empresas. Tal como atrás referimos, a legitimação deste tipo de apoios não se fundamenta numa lógica de falha de mercado, mas sim na necessidade de manter uma actividade de intermediação proactiva, verdadeiramente orientada à colocação da empresa em contacto com os peritos (privados ou públicos) que detém as competências necessárias para ajudar a empresa no seu processo de aumento de capacidade tecnológica. Porque se trata de um segmento particularmente importante na actual realidade da economia portuguesa, voltaremos a este assunto no próximo capítulo quando analisarmos alguns mecanismos de apoio especializados neste tipo de intermediação.

Finalmente, no último grupo e em contraste com as restantes, as *empresas não inovadoras* são definidas pelos autores como (a) por vezes usam sistemas de fabrico ultrapassados e antiquados relativamente aos standards da sua indústria; (b) raramente colaboram com outras empresas; (c) não sentem a necessidade e não têm actividades de desenvolvimento; e (d) raramente introduzem produtos novos no mercado. Para estas empresas os mecanismos neoclássicos de difusão de informação, promoção de tecnologia ou acções de demonstração podem ser um primeiro passo para despoletar o interesse da empresa pela prática da inovação.

Na mesma linha de argumentação acerca da necessidade de reconhecer a heterogeinidade das empresas e caminhar para uma progressiva segmentação dos instrumentos de apoio, Arnold e Thuriaux (1997), propõem também uma definição de níveis de capacidade – Figura 2.4.1.

2. Conceitos e perspectivas fundamentais... | 39

Empresas Executoras de I&D
- Praticam I&D
- Têm uma estratégia tecnológica e de inovação

Empresas Tecnologicamente competentes
- Equipas técnicas – fazem desenvolvimento
- Têm orçamento para aquisição/desenvolvimento
- Participam em redes, parcerias tecnológicas

Empresas de Capacidade mínima
- Têm um engenheiro
- São capazes de adoptar/adaptar tecnologia incorporada
- Manifestam as suas necessidades de apoio

PMEs Contingentes
- Capacidade tecnológica muito reduzida
- Não conseguem especificar as suas necessidades tecnológicas
- Acham que não necessitam de tecnologia

Fonte : Arnold e Thuriaux 1997

Figura 2.4.1 – Níveis progressivos de capacidade tecnológica

Contudo, num outro modelo mais recente e mais detalhado (Arnold *et al* 2000) propõem que a capacidade tecnológica das empresas, seja definida em torno de três tipos de actividades: *actividades de aquisição de tecnologia, actividades de desenvolvimento tecnológico e actividades de investigação e desenvolvimento*[5]. A tabela 1 categoriza os diferentes tipos de actividades tecnológicas e de inovação das empresas numa escala 1 a 10 de complexidade crescente.

---

[5] O texto que se segue é baseado na análise efectuada a este modelo e publicada em Laranja (2005)

40 | Uma nova política de inovação em Portugal

Tabela 1 – Actividades subjacentes à aquisição e ao desenvolvimento tecnológico

	AQUISIÇÃO DE TECNOLOGIA
1	Procurar, seleccionar e investir em tecnologias incorporadas em máquinas e equipamentos para utilização na fábrica e nas operações da empresa em geral.
2	A introdução de novos materiais ou componentes já incorporando novos designs e especificações.
3	Investimento em tecnologia que já vem incorporada em infraestruturas de produção novas: expansão, substituição ou infraestruturas completamente novas.
4	Introdução de tecnologias existentes e documentadas no design e especificações de produtos ou processos novos.
	DESENVOLVIMENTO TECNOLÓGICO
5	Melhoria incremental e contínua baseada em engenharia de produção (tecnologia de produção e métodos de organizar a produção e operações), de forma a contribuir para o aumento da competitividade através do aumento da produtividade do trabalho e do capital, aumento da eficiência na utilização de materiais, componentes e energia, aumento da qualidade no produto ...
6	Melhoria incremental contínua e diversificação baseada em design e diferentes especificações de produto, de forma a manter as quotas de mercado e/ou capturar novos nichos quer a nível nacional quer internacional.
7	Melhoria contínua nas operações e tecnologias ligadas à logística necessária para ligar as várias etapas da cadeia de valor, incluindo hardware (p.e. sistemas de transporte automáticos) e métodos organizacionais.
8	Design e métodos de engenharia reversível, de forma a abrir novas oportunidades para aprovisionamento de componentes, materiais e equipamento de fornecedores locais, ou para diversificar a gama de produtos podendo levar à formação de spin-outs.
	INVESTIGAÇÃO E DESENVOLVIMENTO
9	Procura de tecnologias (talvez envolvendo alguma investigação) necessária para a aquisição e absorção nas empresas de tecnologias avançadas.
10	Investigação e Desenvolvimento Tecnológico orientada à descoberta de novos conhecimentos e/ou à introdução de novos tecnologias que permitam o lançamento de novos produtos ou processos.

Fonte: Adaptado de Arnold et al 2000

De acordo com o modelo, para atingir níveis mais elevados de capacidade tecnológica, uma empresa começa por actividades simples que envolvem procurar, seleccionar e investir em tecnologia incorporada em equipamentos tipo "chave na mão", e evolui progressivamente para capacidades mais avançadas que lhe permitem a modificação, adaptação e alteração dos seus produtos e processos.

Antes de vermos em maior detalhe cada uma das fases, refira-se que o modelo pode ser usado, não só para retratar a evolução progressiva de uma empresa no tempo, mas também como ilustração da diversidade de capacidades que é possível encontrar num dado sector. Por outro lado, note-se que, embora a capacidade tecnológica crescente implícita no modelo tenha um sentido essencialmente estático, que corresponde a um dado nível de conhecimentos e experiências acumuladas, podemos também dar-lhe um sentido dinâmico semelhante ao do conceito de *capacidade tecnológica* introduzido na secção anterior *i.e.* corresponde à capacidade para despoletar e gerir o processo de subida de um patamar para o outro.

O grupo de actividades 1-4 define o primeiro nível de capacidade tecnológica. Este primeiro nível corresponde à capacidade para aquisição de tecnologias que já vêm incorporadas em designs estandardizados ou nas máquinas e equipamentos que foram desenvolvidos por fornecedores locais (ou no estrangeiro). Estas actividades incluem, portanto, o investimento em novas máquinas e equipamentos, novos tipos de materiais e componentes, investimento em capacidade produtiva ou a introdução de tecnologias existentes em novos produtos e processos. Em todos estes casos, trata-se de procurar, seleccionar e utilizar tecnologias que já existiam. É certo que todas estas formas de aquisição de tecnologia são formas de melhorar a competitividade das empresas. Contudo, o que parece ser hoje evidente é que a aquisição de tecnologia para processos de produção (ou enquanto componentes, licenças e sub-sistemas para incluir nos produtos ou serviços) será apenas uma primeira fase na trajectória de desenvolvimento tecnológico das empresas (Lall 1992).

42 | Uma nova política de inovação em Portugal

Com um mínimo de competências, é hoje relativamente fácil para qualquer empresa, procurar tecnologia incorporada e importá-la directamente do fornecedor estrangeiro adequado, esteja ele onde estiver. Será talvez no âmbito das actividades 5-10, onde é necessário que as empresas comecem a criar capacidades próprias de desenvolvimento tecnológico que os "verdadeiros" problemas do desenvolvimento tecnológico e inovação se começam a colocar.

De acordo com o modelo, nas actividades 5-8 incluiu-se o "desenvolvimento tecnológico" por esforço próprio. A ideia base é que as empresas não conseguem praticar a inovação se se mantiverem no primeiro patamar, concentradas apenas na compra de tecnologia incorporada em máquinas e hardware, ou na compra de conhecimentos por fornecimentos de consultoria. Ou seja, as capacidades e competências necessárias para alcançar um desempenho razoável na inovação têm de existir no interior da empresa. Ao contrário do que à partida se possa pensar, as diferentes formas de melhoria incremental incluídas nas actividades 5-8, não são uma qualquer forma menos boa de desenvolvimento de capacidade tecnológica. Alguns destes tipos de melhoria incremental podem influenciar substancialmente a competitividade das empresas. Sobretudo as mudanças incrementais tipo 7 e 8 são particularmente importantes no contexto de países relativamente atrasados, nos seus processos de desenvolvimento tecnológico, como é o caso de Portugal. Por exemplo, alguns tipos de mudança tecnológica preconizados nas actividades tipo 7, centram-se nas tecnologias de logística e na gestão integrada das cadeias de valor, factor frequentemente apontado como um dos principais pontos fracos da economia portuguesa. No mundo da suposta "nova economia" isto pode envolver variações do chamado e-business, e-procurement, e-market places, etc. Note-se que mudanças do tipo 8 podem também afectar outras empresas, pois são a base para o aparecimento local de novas ligações a fornecedores ou a novas actividades de produção e distribuição, e portanto alargam a cadeia de valor e ampliam os clusters onde a empresa está inserida. Na grande maioria das situações e em particular para o contexto dos países menos avançados, as actividades de *desenvolvimento tecnológico* centradas na utilização de conhecimentos de engenharia aplicada e sua integração em produtos ou processos existentes, são as mais frequentes.

Nos casos em que o conhecimento necessário à produção e/ou ao desenvolvimento de novos produtos e processos, não está imediatamente disponível, será necessário fazer projectos de I&D. Ou seja, se é verdade que as actividades 5-8 são muito importantes no contexto do desenvolvimento da capacidade tecnológica de muitas empresas, é também verdade que as actividades de I&D nos níveis 9-10 terão a sua importância, sobretudo para empresas em sectores de alta tecnologia, onde a base de conhecimentos que alimenta o processo de inovação muda muito rapidamente.

Por outro lado, à medida que uma empresa/indústria for praticando actividades 5-8 e se aproximar do estado da arte internacional, é natural que comece a ser mais difícil aumentar a capacidade tecnológica apenas com base na melhor utilização incremental de tecnologias existentes. Ou seja, as tecnologias existentes podem não ser suficientes para continuar com uma lógica de melhoria incremental, sobretudo se já se adivinham ganhos marginais decrescentes no seu desenvolvimento. Nestes casos a I&D torna-se necessária no sentido de criar opções para uma transição (disrupção) entre tecnologias diferentes ou de gerações diferentes, por vezes denominada inovação radical. A I&D torna-se necessária também por questões relacionadas com a criação de competências para absorção, utilização e eventual modificação de tecnologias desenvolvidas por outros (Cohen and Levinthal 1989). Ou seja, é através da I&D que as empresas podem ganhar conhecimentos necessários para actividades que vão muito para além da produção e desenvolvimento de novos produtos e que incluem: seleccionar novos fornecedores e parceiros tecnológicos; adquirir elementos de conhecimento tácito necessário para o domínio de produtos ou processos produtivos que os concorrentes já têm; para convencer os detentores da tecnologia a entrarem em acordos de licenciamento; para desencorajar concorrentes, etc.

Em resumo existem hoje várias formas de incluir a heterogeneidade de recursos e capacidades como critério para segmentar o alvo da política de ciência, tecnologia e inovação e respectivos instrumentos de apoio.

A necessidade de ter em conta a variedade de empresas e respectivas características aparece essencialmente associada à teoria da empresa enquanto depósito de recursos e esta é normalmente associada ao que chamamos teoria económica evolucionista ou estruturalista. Contudo, mesmo no quadro neoclássico, onde as empresas são tratadas como elementos perfeitamente racionais, fará também sentido diferenciar as medidas não só por causa das diferenças entre empresas, mas também, como veremos a seguir, por causa da necessidade de haver medidas se dirigam não para tipologias de actores mas sim para o funcionamento dos actores enquanto sistema.

2.5 Coerência da intervenção pública e governança da política de Ciência, Tecnologia e Inovação

Vistas as motivações que justificam a intervenção pública no domínio da ciência, tecnologia e inovação, bem como a necessidade dessa intervenção reconhecer a heterogeneidade de capacidades tecnológicas nas empresas, colocamos agora duas outras questões.

Em primeiro lugar, independentemente do racional teórico que justifica e determina a forma de intervenção, a política que chega a ser implementada pode não ser o corolário de um qualquer paradigma, mas sim o resultado de um processo complexo, de articulação e negociação entre a expressão dos interesses de variados grupos e tipos de actores. Ou seja, o que determina a forma de intervenção é mais o resultado de um processo de governança[6] e menos a tradução em instrumentos concretos de uma abordagem teórica seja ela a neoclássica ou a evolucionista/estruturalista.

Em segundo lugar, à medida que se torna necessário articular diferentes modos e justificações da intervenção pública neste domínio, bem como diferentes instrumentos dirigidos a níveis distintos de capacidade tecnológica nas empresas, aumentam também as dificuldades de eficácia, coerência e integração, bem como dificuldades em obter uma visão estratégica prospectiva para o sistema como um todo. A governação da política de ciência, tecnologia e inovação, enquanto processo de articulação e interacção entre as diferentes organizações que participam no sistema de inovação (e portanto que participam nos processos de concepção e implementação da intervenção pública) é, portanto, um factor determinante para a eficácia da intervenção pública.

A governança tem, como se sabe, várias funções importantes. Em primeiro lugar tem a função de inteligência estratégica que consiste em descobrir e escolher opções estratégicas para a evolução do sistema. Em segundo lugar, tem a função de coordenação da produção e aplicação de conhecimento científico e tecnológico no progresso económico e social. Em terceiro lugar, a governança deve também coordenar a análise dos entraves ao progresso e a leitura das tendências de mudança nos modos de angariar conhecimento. Finalmente, uma outra função da governança é a de conduzir e/ou arbitrar a defesa dos interesses de diferentes agentes tendo em vista os objectivos colectivos.

---

[6] A noção de governança que iremos usar está associada ao processo ou efeito de governar. A perspectiva que nos interessa é a governança enquanto forma de governação baseada no equilíbrio entre os diversos sectores do estado (ou domínios de política) e entre estes, a sociedade civil e o mercado, quer ao nível nacional quer ao nível das interdependências entre política nacional e política europeia.

O modelo simplificado dos processos de governação em ciência, tecnologia e inovação utilizado por Boekholt e Arnold (2002) – ver Figura – 2.5.1, poderá aqui ser utilizado para ilustrar diferentes funções de governação a diferentes níveis. Assim, por exemplo, ao nível 1 existe uma importante relação entre a estratégia global (inspirada ou não por processos prospectivos de inteligência estratégica), a estrutura de governo e as políticas que são implementadas nos níveis 2 e 3. O nível 1 tem a seu cargo a coordenação intersectorial ou interministerial, de forma a garantir que o racional (justificação da intervenção) se transforma num conjunto coerente de acções; ou que, como acima se referiu, o processo de articulação e negociação de interesses não resulta em objectivos demasiado desfocados ou até contraditórios entre si. Ao nível 2, tem-se as políticas sectoriais. Como a inovação é verdadeiramente um domínio horizontal, a eficácia muito depende de como as acções dos vários sectores (*p.e.* Agricultura, Pescas, Indústria, Saúde, Ensino Superior) se reforçam, complementam ou mesmo se há colaborações e ligações formais e institucionais entres as diferentes tutelas. Ao nível 3, deve-se olhar não só os objectivos de cada sector, mas também a gestão e distribuição de recursos, criação de institutos e agências de missão nas ópticas intra- e intersectorial bem como a implementação das acções e medidas em cada sector. Finalmente ao nível 4, tem-se as entidades mais directamente envolvidas na execução das medidas e acções.

2. Conceitos e perspectivas fundamentais... | 47

Figura 2.5.1 – Modelo genérico para análise da governança das políticas de ciência, tecnologia e inovação

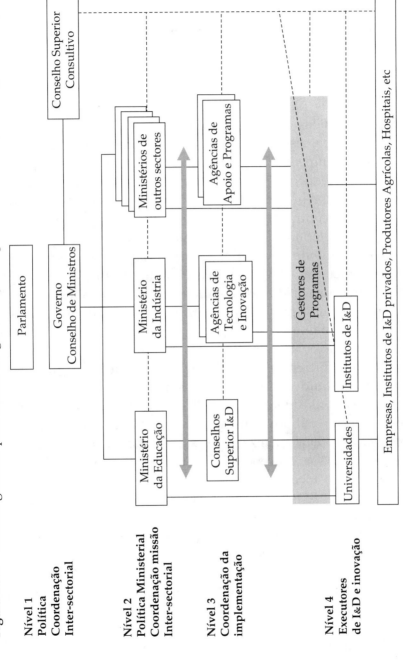

Nível 1
Política
Coordenação
Inter-sectorial

Nível 2
Política Ministerial
Coordenação missão
Inter-sectorial

Nível 3
Coordenação da
implementação

Nível 4
Executores
de I&D e inovação

Fonte: Boekholt e Arnold (2002)

2.6 Sumário conclusivo

Uma primeira conclusão da análise atrás apresentada, é que as políticas de ciência, tecnologia e inovação podem-se relacionar com qualquer uma das duas perspectivas enunciadas – a neoclássica e a evolucionista/estruturalista. As duas abordagens são necessárias para nos ajudarem a entender porquê, como e quais as medidas e acções de intervenção pública a usar, para estímulo ao processo de inovação, bem como qual o papel que poderão desempenhar na realização de determinados objectivos económicos e sociais (competitividade, coesão social e regional, ambiente, emprego, etc.). Como vimos, a consideração dos dois quadros conceptuais pode ajudar a perceber como se faz a escolha de determinados instrumentos em detrimento de outros.

Uma segunda conclusão, da breve análise apresentada nas secções anteriores, é que as acções políticas (no concreto) que decorrem duma e doutra abordagem não são necessariamente incompatíveis. Antes pelo contrário, elas podem ser vistas como complementares. O ponto essencial é que uma dada medida ou acção comum aos dois quadros de análise encontra justificações diferentes, uma vez que é desenhada para diferentes fins. Contudo, como veremos no capítulo seguinte, em alguns casos, as diferenças entre o enquadramento que é dado à intervenção pública num ou noutro quadro, está sobretudo ao nível da operacionalização específica das medidas e acções e não tanto na sua concepção ou definição. Por exemplo, no caso de acções de incentivo à I&D nas empresas em colaboração com universidades, a diferença entre os dois quadros poderá estar na natureza e na atenção dada à eficácia dos procedimentos de selecção, orientados a recursos financeiros no quadro neoclássico ou orientados a factores cognitivos no quadro evolucionista.

Na prática, as políticas que chegam a ser implementadas não são exclusivamente de um dos quadros, são dos dois. Cada medida e acção pode ser formulada, interpretada e avaliada à luz de um ou de outro quadro conceptual. Por essa mesma razão há que tentar conciliar as duas abordagens. O mesmo pode ser dito para a questão da adicionalidade. A adicionalidade é relevante nos dois quadros conceptuais, mas tem significados diferentes em cada um, o que conduz possivelmente a noções complementares de adicionalidade. A *adicionalidade de inputs e outputs* (contagem de recursos durante a após a intervenção) é mais relevante no quadro neoclássico, enquanto que a *adicionalidade cognitiva* é mais relevante no quadro evolucionista.

Por outro lado, um outro aspecto importante na análise, concepção e implementação das políticas de ciência, tecnologia e inovação, é que a eficácia das medidas orientadas à indução de comportamentos e conhecimentos requer duas orientações distintas.

Em primeiro lugar, requer uma melhor segmentação de beneficiários alvo, sobretudo quando se considera o grande universo das pequenas e médias empresas que não fazem I&D. Existem várias formas de segmentar capacidades tecnológicas. Umas com base em níveis de progresso ou aptidões da empresa para lidar com conhecimento tecnológico e convertê-lo em produtos e processos orientados ao mercado, outras com base em padrões e fontes de comportamento inovador, etc. Seja qual for a segmentação de capacidades utilizada, o que a discussão atrás apresentada sugere é que, não se pode tomar as empresas como um todo homogéneo. As diferentes capacidades devem ser tomadas como o ponto de partida para a concepção e implementação de diferentes políticas e programas de apoio à inovação tecnológica. Parece razoável supor que, enquanto a maioria das empresas necessita apoio para procurar, escolher e manter os seus conhecimentos tecnológicos, outras empresas (de capacidade mais evoluída), necessitam de apoios dirigidos aos seus esforços específicos para lidarem com investigação e desenvolvimento científico e tecnológico, como principal meio de aprendizagem e construção de capacidades tecnológicas.

Por último, e em segundo lugar, a eficácia das políticas de ciência, tecnologia e inovação requer uma actuação, não ao nível das tipologias de actores, mas sim ao nível da governança de ciência, tecnologia e inovação. Enquanto que no capítulo 3 iremos expandir em maior detalhe um conjunto de medidas de intervenção enquadrando-as nas perspectivas acima menciona-das, no capítulo 4 apresentaremos diferentes ferramentas para orientar a visão global da governança programática da política de ciência, tecnologia e inovação. Em particular, no capítulo 4 voltaremos ao quadro central da nossa análise baseado nos 2 eixos que distinguem, por um lado o equilíbrio relativo aos dois paradigmas considerados e, por outro lado, a diferenciação de empresas e restantes actores, bem como o funcionamento do sistema como um todo.

3.

Estudo selectivo de instrumentos de apoio à inovação e difusão tecnológica

3.1 Introdução

No capítulo anterior fizemos uma revisão das justificações e formas de intervenção para incentivar o processo de inovação, nos quadros neoclássico e evolucionista. De seguida vimos que se deve tomar as empresas como um depósito de recursos e capacidades e que, assim sendo, existem diferenças fundamentais no nível de capacidade tecnológica e que essas diferenças podem ser usadas para definir níveis de progresso na acumulação de conhecimentos e correspondentes níveis de necessidades de apoio.

Socorrendo-nos de exemplos e analogias com o que tem sido praticado em outros países, apresentamos neste capítulo um conjunto de instrumentos e medidas que consideramos relevantes para o apoio ao aumento da capacidade tecnológica das empresas, incluindo não só apoios ao financiamento das actividades de *investigação e desenvolvimento* (para empresas nos níveis 9-10 da escala que apresentamos no capítulo 2), mas também esquemas de incentivo e apoios na forma de serviço público, que a nosso ver incidem prioritáriamente nas actividades de *desenvolvimento tecnológico* (nos níveis 5-8). Ou seja, não esquecendo os apoios às empresas executoras de I&D, este capítulo procura mostrar como se constroem outro tipo de apoios que servem uma politica para aumento de capacidade tecnológica em empresas de menores capacidades, em particular nas PMEs.

Em alguns casos, os instrumentos seleccionados são formas de intervenção que se enquadram claramente numa justificação neoclássica, noutros casos enquadram-se melhor no quadro evolucionista. Contudo, há medidas de intervenção que podem facilmente ser enquadráveis quer num quer noutro quadro de referência, uma vez que a diferença não está na definição do tipo de apoio em si, mas sim na forma de o implementar, e sobretudo na forma como a medida é orientada para os diferentes tipos de adicionalidade que referimos no capítulo 2. Ou seja, o mesmo tipo de apoio pode ser operacionalizado de formas diferentes, sendo que o seu impacto depende também da implementação. Uma vez que estamos preocupados com políticas de ciência, tecnologia e inovação, que abrangam também empresas de menor capacidade tecnológica, tentaremos observar como é que a operacionalionalização das medidas pode ser orientada para efeitos de adicionalidade cognitiva e indução de mudança de comportamentos nesse tipo de empresas alvo.

Enquanto neste capítulo apresentamos diferentes formas de apoio com alcances e âmbitos muito variados, reservamos para o capítulo 6 uma análise dos apoios à ciência, tecnologia e inovação em Portugal, à luz das formas de apoio aqui descritas e ilustradas com exemplos em outros países. No capítulo 4 também usaremos os diferentes tipos de apoio aqui apresentados, mas na perspectiva de classificação de medidas e instrumentos de apoio, de forma a se poder ter uma visão global do seu enquadramento e do seu funcionamento conjugado e integrado, *i.e.* do seu funcionamento enquanto sistema coerente de medidas e apoios.

Como mais à frente se verá, o nosso principal interesse nesta revisão é também ilustrar qual o tipo de beneficiários alvo a que estes apoios estão dirigidos, bem como analizar como podem os diferentes instrumentos contribuir, não só para beneficiários individuais mas também para as interacções no quadro do Sistema Nacional de Inovação. No que se segue, a época em que os apoios escolhidos funcionaram (ou funcionam) não constitui critério de selecção[1]. Incluímos programas antigos (mas não menos interessantes) como o programa Canadiano IRAP que remonta a 1948, a par de sistemas de incentivos e serviços criados na década de 90 em diferentes países da Europa, como os Programas de Clínicas Tecnológicas na Finlândia. Como acontece sempre que se faz escolhas, deixamos de fora determinados tipos de apoio e serviços que também têm um potencial impacte na construção de capacidades tecnológicas nas empresas de menores capacidades. Referimo-nos por exemplo aos apoios pela via da educação e formação profissional orientada para as empresas, que é obviamente um mecanismo de contrução de capacidades, mas que por si mesmo merecia um tratamento aprofundado, que está fora do âmbito deste capítulo. Também deixamos de fora o detalhe dos serviços de consultoria pública em gestão para PMEs e que podem incluir, por exemplo, planeamento de recursos humanos, planeamento estratégico, marketing, etc.

---

[1] As fontes secundárias consultadas para selecção dos diferentes mecanismos de poio seleccionados foram várias. Contudo, tiveram particular relevância, o estudo realizado pelo autor em 1995 para o Gabinete de Apoio Técnico da AIP e um trabalho de comparação internacional de Agências de apoio à inovação realizado pelo autor em Dezembro de 2002 para a administração da Agência de Inovação. Foram também consultadadas fontes diversas como a bases de dados de boas praticas em políticas de inovação na Europa RINNO e WIPO (www.wipo.int/sme/enbest_practi-ces). Consultaram-se também os relatórios TrendChart no servidor Cordis, e relatórios publicados pela Associação Europeia de Agências de Inovação – Taftie.

3.2 Criação e reforço de infrestruturas de apoio à tecnologia e à inovação

A criação e reforço de infraestruturas tecnológicas está obviamente relacionada com as actividades que se pretende que as infraestruturas desempenhem e, portanto, de certo modo, este é um tipo de apoio indirecto. Justman e Teubal (1995, p.260) definem infraestrutura tecnológica como "um conjunto de capacidades tecnológicas públicas e relevantes para as empresas". Estas capacidades podem ser disponibilizadas através de equipamentos de uso colectivo ou através de outros recursos institucionais e pessoal qualificado. Os autores distinguem dois tipos de infraestruturas tecnológicas – ITs: infraestruturas básicas, servindo PMEs de baixa e média tecnologia que necessitam de informação ou apoio em design, testes, gestão ambiental, ou novas tecnologias de gestão de operações e processos; e infraestruturas avançadas que servem os sectores de elevada tecnologia fornecendo apoio a projectos de I&D.

Historicamente, este tipo de apoio insere-se na perspectiva neoclássica onde as ITs são encaradas como um substituto das actividades de desenvolvimento tecnológico que as empresas não realizam por si próprias. Ou seja, acredita-se que as ITs podem acumular capacidades tecnológicas em nome das empresas e que essas capacidades podem depois ser facilmente transferidas para o mundo empresarial. A ideia de que a missão das ITs seria de geração de conhecimentos científico e tecnológicos avançados, bem como a sua difusão, cabendo às empresas o papel de "recipientes" do trabalho realizado pelas ITs, assenta claramente no modelo linear *technology-push* do modelo de inovação. O erro de base era que se assumia que estas infraestruturas se podiam de facto substituir às actividades de desenvolvimento tecnológico que as empresas não realizavam por si próprias e que a transferência de resultados e consequentes benefícios para as empresas seria mais ou menos automática. Segundo Bell (1993) (Rush *et al* 1999), este modelo entrou em claro declínio nos anos 80 e, ao longo das últimas décadas, à medida que as actividades de I&D e desenvolvimento tecnológico no sector público se tornavam mais dispendiosas, muitos países da Europa iniciaram um profunda reforma na missão e no posicionamento das ITs (em particular nos chamados laboratórios públicos), incentivando-os a se colocarem no mercado de prestação de serviços, não só serviços de I&D, mas também muitos outros tipos de pequenos serviços que iremos abordar mais à frente. Ou seja, uma das questões que se põe na Europa nos últimos anos é, qual a melhor forma de incentivar as infraestruturas públicas já existentes, sobretudo no que respeita aos grandes laboratórios do estado, a se colocarem no mercado da "contract research" e da prestação de serviços de apoio tecnológico, sendo que estas actividades devem ser combinadas com a investigação científica e tecnológica fortemente apoiada por programas a nível nacional e Europeu.

No exemplo que se segue – ver caixa 3.2.1 – escolhemos um caso de uma infraestrutura pública que parece ter conseguido implantar-se com sucesso no mercado da prestação de serviços técnicos.

3.3 Incentivos ao investimento em modernização

A justificação neoclássica para a intervenção ao nível dos apoios à modernização tecnológica das empresas, assenta na ideia de que há falhas de mercado associadas à incerteza e transmissão de informação, acerca das boas oportunidades para investimento, que levam a que o investimento fique abaixo do óptimo colectivo. Assume-se que as incertezas associadas à rentabilidade privada do investimento em modernização impedem que cada agente invista por si só o suficiente. Por outro lado, são também as incertezas, as falhas na transmissão de informação e a pequena dimensão das empresas, que impede que o sector financeiro privado preste um maior apoio à modernização tecnológica das empresas.

Caixa 3.2.1 – TNO – uma rede de laboratórios públicos

O TNO, rede de laboratórios e centros do Estado na Holanda, foi fundado em 1932 para apoio às empresas e aos serviços públicos do Estado que não tivessem capacidade para realizar I&D. Hoje, a missão do TNO é a de fazer com que o conhecimento científico seja aplicado de forma a fortalecer as capacidades das empresas e do Estado e contribuir para a inovação. O TNO tem cerca de 5500 pessoas, agrega 15 institutos, 32 centros de conhecimento e 6 centros empresariais e de negócios, organizados em 5 grandes áreas nucleares de actividade:

- Condições de Vida
- Defesa e sergurança pública
- Produtos Processo e Sistemas avançados
- Ambiente natural e artificial
- TIC e serviços

No TNO as atividades de I&D são financiadas pelo governo através de contratos programas em áreas pré-definidas como por exemplo "sistemas e biologia", "nanotecnologias", "tecnologia de micro-sistemas" e "sistemas de transportes sustentáveis". O financiamento através dos Programas Quadro da Comunidade Europeia desempenha também um papel fundamental, sendo que em 2001-2002 o TNO participava em cerca de 250 projectos do 6º Programa Quadro. Para promover a colaboração com Universidades Holandesas o TNO criou 32 centros de conhecimento dedicados a áreas e projectos específicos de mútuo interesse. As actitividades de aplicação de conhecimento são financiadas pelos clientes privados ou públicos a nível nacional ou internacional, e envolvem contractos de I&D ou prestação de serviços e pequenos projectos de assistência técnica. Na grande maioria dos casos são os clientes do TNO que exploram comercialmente os resultados da investigação, mas através do grupo de empresas TNO Management BV, o TNO pode introduzir e explorar directamente no mercado os resultados das suas actividades de investigação científica e tecnológica. Apesar de se tratar de uma instituição pública, o TNO é gerido como uma empresa privada que facturou em 2002 cerca de 524 Milhões de Euros tendo optido resultados de cerca de 6,6 Milhões de Euros.

Fonte: www.tno.nl

Embora se trate de um tipo de apoio fortemente condicionado pelos regulamentos comunitários no âmbito da politica de concorrência, sobretudo no que respeita à intensidade da ajuda que pode ser fornecida, este tipo de apoio continua a ser um dos mais utilizados no âmbito das políticas de inovação e tecnologia em qualquer país da Europa, e um dos mais procurados pelas pequenas empresas de menor capacidade tecnológica nos níveis 1-4 da escala que apresentamos no capítulo 2. Normalmente inclui-se neste tipo de apoios, os incentivos que abrangem a compra de máquinas e equipamentos de tecnologia avançada[2], por vezes com consequências a nível das necessárias alterações organizacionais.

Recentemente, a tendência na Europa é para que este tipo de apoios inclua critérios orientados aos factores intangíveis da inovação, priviligiando estratégias de risco associadas a processos de desenvolvimento e introdução no mercado de novo produtos. Aliás, estes critérios são fundamentais se quisermos que este tipo de apoios se possam justificar, não só no quadro neoclássico, mas também possam ter algum efeito indutor de novos comportamentos no quadro das justificações da intervenção pública associadas ao paradigma evolucionista/estruturalista.

Na caixa 3.3.1 selecionamos um conjunto de casos, em outros países da Europa, que parecem indicar que os actuais apoios à modernização não se orientam apenas para uma adicionalidade de recursos, mas incluem cada vez mais uma preocupação com adicionalidade de comportamentos.

---

[2] O investimento em modernização de equipamentos e estruturas de organização empresarial deve, portanto, ser aqui entendido no sentido lato, incluindo: aquisição de máquinas e equipamentos em áreas como a gestão da produção; projectos de gestão da qualidade, segurança e higiene no trabalho; gestão ambiental; design; introdução de tecnologias de informação e comunicação na gestão, logística, comercialização e marketing; aquisição de marcas, patentes e alvarás, etc.

Uma nova política de inovação em Portugal

Caixa 3.3.1 – Apoios ao investimento em modernização

Irlanda – Enterprise Ireland

Na Irlanda a Enterprise Ireland introduziu uma nova abordagem nos apoios ao investimento, reduzindo a tipologia de investiments e exigindo que o investimento na expansão da capacidade produtiva seja condicionados por critérios de demonstração de subida da empresas na cadeia de valor e nos mercados internacionais.

Inglaterra – RSA

Na Inglaterra os tradicionais subsídios ao investimento regional (os chamados – RSA Regional Selective Assistance), foram recentemente substituídos por um Fundo de Financiamento Selectivo. As regras de funcionamento do fundo, embora variáveis consoante as regiões, ditam que a maioria dos investimentos apoiados terão de se dirigir a projectos de elevada qualidade, que demonstrem capacidade de criação de emprego qualificado, ou onde o aumento de produtividade na empresa, se fique a dever à estruturação da base de qualificações dos recursos humanos.

Noruega

Na Noruega os apoios ao investimento foram redireccionados para empresas em áreas menos desenvolvidas, com regras de elegibilidade que envolvem a inovação e criação de ligações entre a empresa, as infraestruturas tecnológicas e/ou os estabelecimentos de ensino.

Grécia

Na Grécia houve também mudanças recentes na tipologia de subsídios ao investimento. Dá-se agora maior preferência a empresas que apresentem projectos de desenvolvimento de produtos state-of-the-art, investigação científica em áreas consideradas high-tech, como por exempo software.

Fonte: Bachtler, J. e Brown, R. (2004)

3.4 Incentivos às actividades de I&D

Os limites de apropriabilidade das actividades de I&D, que estão na origem de níveis de investimento privado em I&D abaixo do óptimo colectivo, são o principal argumento neoclássico para que haja apoios públicos à I&D. Porém, começa hoje a ser aceite a noção de que as actividades de I&D nas empresas (ou nas universidades e infraestruturas que com elas colaborem), não contribuem directamente para a inovação (introdução no mercado) e, portanto, a justificação para a intervenção pública assente no argumento dos limites de apropriabilidade e ausência de incentivos fará pouco sentido. No quadro evolucionista (ver Salter *et al* 2000), justifica-se a intervenção com base nos potenciais efeitos da I&D, em termos do: aumento do stock de conhecimentos de domínio público; fornecimento de pessoas qualificadas sobretudo ao nível do doutoramento; criação de novos instrumentos e metodologias; desenvolvimento de redes de colaboração; aumento da capacidade de resolver problemas técnicos complexos; criação de novas empresas de base tecnológica; e fornecimento de conhecimentos sobre fenómenos sociais. Ou seja, os apoios à I&D justificam-se por ser necessário maximizar a geração de competências, bem como por serem uma forma de promover a utilização eficaz dessas competências, promovendo assim capacidades necessárias para gerar diversidade no sistema económico.

Com maior ou menor referência a um ou a outro quadro conceptual, que justifica e determina a forma de operacionalizar a intervenção existem, portanto, em quase todos os países da Europa apoios a actividades de I&D em empresas. Estes apoios dirigem-se essencialmente a empresas no topo da escala de capacidades tecnológicas (níveis 9-10 da escala que apresentamos no capítulo 2). Há, contudo, exemplos de sistemas de incentivo à I&D, dirigidos a empresas que (ainda) não fazem I&D (ou não o fazem de uma forma formal e reiterada), mas que estão em níveis de capacidade tecnológica elevados, e que constituem, portanto, um grupo alvo especial pois são estas empresas que poderão mais rapidamente se tornar executoras regulares de projectos de I&D.

Das diferentes formas de apoiar estas actividades é normal distinguir apoios na forma de subsídios às actividade de I&D e incentivos fiscais à I&D. Nos subsídios às actividades de I&D, podemos ainda distinguir subsídios a consórcios de I&D entre empresas e entidades do sistema científico e tecnológico, havendo aqui vantagem de se estimular a transferência de tecnologia e a aprendizagem interactiva.

Do ponto de vista da adicionalidade os apoios à I&D, na forma de subsídios ou na forma de incentivos fiscais, podem ser examinados, quer do ponto de vista do reforço de recursos (despesas e recursos humanos), quer do ponto de vista da adicionalidade conseguida em termos de competências ganhas nas empresas para praticarem e/ou utilizarem resultados de I&D. No entando, as avaliações de programas de incentivo às actividades de I&D (sobretudo as realizadas com a metodologias recomendadas para avaliação dos Fundos Estruturais), baseiam-se quase sempre na contagem e na complementaridade de recursos utilizados pelo Estado e pelas entidades beneficárias, e não nos ganhos de competência e efeitos adicionais que daí decorrem [3].

No que respeita a adicionalidade dos incentivos fiscais à I&D, os estudos da OCDE (1996) têm chamado a atenção para a menor adicionalidade dos incentivos fiscais face aos tradicionais subsídios uma vez que em muitos casos os incentivos fiscais são atribuídos a actividades que as empresas iriam realizar mesmo se não beneficiassem do desconto fiscal. Uma forma de aumentar a adicionalidade é limitar os incentivos fiscais ao incremento das despesas com I&D e não à totalidade dessas mesmas depesas com I&D, ou então usar taxas diferenciadas, em que as taxas mais altas são aplicadas a incremento de despesas.

Dois exemplos que podem ajudar a ilustrar como se geram efeitos de adicionalidade de comportamentos no quadro evolucionista, através da assistência às empresas que fazem I&D, são os dos Fundos FFF e do Programa FMW na Austria e na Alemanha respectivamente – ver caixa 3.4.1.

---

[3] Uma excepção é a metologia de avaliação "on-going" do programa Eureka, onde entidades abrangidas pelo programa são visitadas para identificação de resultados até 5 anos após a intervenção ter tomado lugar (ver http://www.eureka.be/)

3. Estudo Selectivo de instrumentos de apoio... | 61

Caixa 3.4.1 – Fundos e Programas de Apoio à I&D

Áustria – FFF – Fundo de Investimento em Investigação e Inovação

Com cerca de 34 pessoas para gerir orçamentos na ordem dos 250 milhões Euros, o fundo de promoção de investigação e inovação, é a principal fonte de financiamento para projectos de Investigação e Desenvolvimento na Austria. O fundo foi lançado em 1967 como consequência da Lei de Investigação Austriaca desse mesmo ano, e constitui-se como uma entidade juridica própria. Desde a sua fundação o FFF já financiou cerca de 2,2 biliões de Euros correspondendo a 16.890 projectos de investigação. Em 2001 o fundo financiou 227 milhões de Euros, onde se incluem fundos distribuidos só para investigação nas empresas industriais, 28,8 milhões de Euros, e garantias para empréstimos bancários como a mesma finalidade, cerca de 48,2 milhões de Euros. O FFF apoia cientistas que trabalham no desenvolvimento de novos produtos em parceria com as empresas e fornece apoios às empresas através de avaliações e pareceres objectivos acerca das possibilidades de sucesso. O FFF promove também um conjunto de iniciativas especiais nas áreas da Microtecnologia, Alimentação e Nutrição, Dinâmica de I&D, Estudos de viabilidade, e Apoio a Investigadores Jovens.

Alemanha – Forschungskooperation
in der Mittelständischen Wirtschaft – FMW

O objectivo deste programa é facilitar a colaboração entre PMEs de nível tecnológico avançado. O programa define o beneficiário alvo como sendo PMEs até 500 pessoas cujo capital não seja detido a mais de 50% por grandes empresas (com mais de 1000 pessoas). Os apoios estão orientadados essencialmente para as actividades de I&D em colaboração entre empresas. A colaboração que o programa pretende estimular tem duas direcções distintas: colaboração entre empresas e colaboração entre as empresas e as entidades do sistemas científico e tecnológico, sendo nesta última que se incluem apoios à mobilidade de pessoas qualificadas entre as PMEs e as instituições científicas e tecnológicas. Os apoios a projectos de I&D variam entre 25 a 40% dos custos elegíveis dependendo do número de pessoas e da localização da empresa, sendo limitados a um máximo de 400.000 Euros. O programa disponibiliza ainda cerca de 200.000 Euros adicionais para os projectos de colaboração internacional. Os apoios à mobilidade de pessoas qualificadas, no âmbito deste incentivo cobrem a transferência de pessoas nos dois sentidos. Entre as empresas e as universidades mas também entre as universidades e as empresas. No caso de investigadores das empresas a trabalhar nas universidades, o programa cobre 40% dos seus salários brutos até ao limite de 100.000 Euros. O pagamento a investigadores universitários a trabalhar em empresas é de cerca de 3000 Euros / mês. Os financiamentos podem ser reforçados no caso de se tratar de mobilidade internacional até ao limite de mais 100.000 Euros.

Fontes: www.fff.co.at, Arnold et al 2000

3.5 Medidas de incentivo à utilização do sistema de protecção de propriedade industrial

No quadro neoclássico uma das formas de reforçar a apropriabilidade dos esforços do sector privado com I&D e com inovação, é a utilização dos direitos de protecção de propriedade industrial, que são portanto encarados como fundamentais na estratégia das empresas. No quadro evolucionista este tipo de apoios tem também a sua importância mas por motivos diferentes. Com efeito, é reconhecido que nem sempre a apropriabilidade depende apenas do registo da inovação no sistema de protecção, havendo casos onde o sucesso da introdução das inovações no mercado, independentemente de serem protegidas, vai depender essencialmente do acesso que a empresa possa desenvolver, relativamente a activos complementares (Teece 1986) em áreas como, por exemplo, a comercialização ou o esforço de desenvolvimento rápido de grandes volumes de produção (Pisano 1996). Por outro lado, na perspectiva evolucionista o acesso ao sistema de protecção é também encarado como uma forma de estimular a aprendizagem.

Os apoios deste tipo dirigem-se portanto a todos os tipos de empresas. Para as de menores capacidades tecnológicas é a utilização de modelos de utilidade, desenhos, marcas e outros sinais distintivos que fará mais sentido, enquanto para as empresas com maiores capacidades tecnológicas as patentes e os direitos de autor podem ser um meio de proteger os resultados dos projectos de I&D.

Neste tipo de apoio importa, porém, distinguir os potenciais efeitos de adicionalidade. Se considerarmos apoios que se limitam a distribuir informação acerca do funcionamento do sistema de pedidos, registo e concessão de patentes ou modelos de utilidade, então o aumento no número de patentes e modelos de utilidade que decorre desses apoios, acima do aumento que se teria conseguido sem apoios, pode-se considerar como sendo adicionalidade de outputs. Por outro lado, se considerarmos apoios públicos que que vão mais além do que o fornecimento de informação, colocando à disposição do beneficiário um serviço integrado de apoios, ao longo de todo o processo de invenção – desde a ideia até aos testes, implementação e registo – então os efeitos de adicionalidade vão para além dos outputs e podem incluir importantes efeitos de indução de novos comportamentos e adicionalidade cognitiva. Um bom exemplo desse tipo de serviços é Centro de Invenções na Dinamarca – Caixa 3.5.1.

3.6 Serviços de liasion, intermediação e transferência de tecnologia

A origem do conceito de intermediação tecnológica (também denominado Brokerage ou Liasion) está associada ao quadro neoclássico. Como a perspectiva neoclássica privilegia o modelo linear e a separação entre actividades de inovação e actividades de adopção/difusão de tecnologias, a ideia base é que é necessário apoiar a difusão de tecnologia, criada nas infraestruturas tecnológicas, nas universidades ou em sectores high-tech. Os primeiros gabinetes especializados em transferência de tecnologia nasceram nos anos 60 nos EUA ligados a grandes centros de investigação em áreas como engenharia aeroespacial (por exemplo gabinetes associados à NASA), ou ligados às universidades – por vezes denominados "liaison offices" (Cohendet 1996). Nas universidades estes gabinetes deveriam procurar empresas interessadas em utilizar os resultados da I&D, através da venda de patentes ou de royalties sobre direitos de comercialização ou de propriedade intelectual sobre uma determinada tecnologia.

Um outro mecanismo de intermediação e apoio à transferência de tecnologia, ainda bastante usado, são os apoios com base no conceito de demonstração. Normalmente, um problema com este tipo de apoios à demonstração é que não distinguem entre a situação onde se trata de demonstrar tecnologias e resultados de I&D conseguidos através da iniciativa privada e

64 | Uma nova política de inovação em Portugal

Caixa 3.5.1 – Centro de Invenções da Dinamarca

Dinamarca – Centro de Invenções

O DIC – Danish Invention Centre foi criado em 1972 como um departamento do DTI – Danish Technological Institute, para apoiar a criação e comercialização de ideias. O objectivo deste centro é dar apoio aos inventores, cientistas e PMEs ao longo de todas as fases do processo de invenção, desde o nascimento da ideia até à sua implementação com sucesso na forma de novos negócios. O centro disponibiliza os seguintes serviços:

- pagina na Web com conselhos para os inventores, FAQs, listas de questões a usar na avaliação de ideias, modelos de licenciamento, contratos e acordos de não revelação;
- linha verde de atendimento ao inventor onde este pode obter aconselhamento competente para todas as fases da comercialização de novas ideias. O atendimento pode ser feito pelo telefone ou por email. Em média, por ano, o DIC faz cerca de 1500-2000 atendimentos;
- disponibilização de informação e campanhas de promoção dirigidas a grupos de cientistas ou inventores, incluindo visitas guiadas dos investores a potenciais parceiros;
- distribuição por email de uma newsletter com os últimos tópicos acerca da Propriedade Industrial, tecnologias de prototipagem e legislação relevante sobre licenciamento;
- organização de sessões, workshops temáticos em áreas onde necessidades sociais carecem de invenções e criatividade com base em novas tecnologias;
- cursos de fim-de-semana para PMEs e inventores, abrangendo todos os aspectos do registo de patentes e do processo de inovação de uma forma mais geral;

Para além destes serviços e mediante pagamento os inventores, cientistas e PMEs, podem ainda ter acesso a:

- sessões de gestão de criatividade para empresas. Como facilitar a criação de novos produtos através de métodos de focalização da criatividade e gestão das dinâmicas de grupo;
- cursos sobre técnicas de gestão de criatividade, a nível do trabalhador individual e a nível de equipas de trabalho;
- serviços de prototipagem, utilizando as oficinas do centro;
- serviços de consultoria em negociação de contratos de licenciamento para PMEs (por ano o Centro apoia em média 20-30 contratos de licenciamento através deste serviço).

Fonte : www.teknologisk.dk/

sem apoios públicos, da situação onde se pretende demonstrar resultados obtidos através de projectos que foram alvo de apoios públicos à I&D e que, como tal, segundo o argumento neoclássico, deviam ser amplamente divulgados, para prevenir eventuais falhas de transmissão de informação (do público para o privado).

Na nossa perspectiva, é no âmbito da utilização de meios públicos nos esforços de I&D que se justificaria uma política pública de incentivo a eventuais externalidades económicas. Ainda assim, e como acima se referiu, o apoio público, na perspectiva da visão linear do processo de inovação-difusão, seria sempre uma forma pouco eficaz de apoiar a difusão. Com efeito a ideia que existe uma "fase de demonstração", que sucede à realização de um anterior projecto de I&D com financiamento público, assenta na ideia que é necessário e possível "valorizar" projectos de I&D que já estejam concluídos. Ora muito dificilmente se conseguem resultados de intermediação actuando desta forma.

Com efeito, sobretudo no que respeita às empresas de menores capacidades este tipo de apoios tem uma adicionalidade muito reduzida[4]. Isto resulta da intermediação no quadro neoclássico assumir que a tecnologia se reduz a "informação" e que a informação se difunde de uma forma uni-direccional, desde a I&D científica avançada até às múltiplas aplicações nos mais diversos sectores. Ora a questão é que aumentar a divulgação de informação técnica e tecnológica sobre o "lado da oferta", é certamente uma tarefa importante mas manifestamente insuficiente, pois o problema é que se parte do princípio que o receptor tem suficientes capacidades de absorção. Ou

---

[4] Como exemplo dessa reduzida eficácia, refira-se que Brokers privados de transferência internacional de tecnologia, que operam à escala global, como por exemplo a empresa Americana DeltaTech ou a empresa inglesa Technology Exchange, referem que por cada 1000 contactos efectuados, consegue-se um contracto efectivo de transferência de tecnologia.

seja, o mediador, seja ele um liasion office na universidade ou um Innovation Relay Centre – IRC da rede Europeia, não precisa fornecer qualquer tipo de serviços orientados à capacidade de absorção e qualificação do receptor. Na perspectiva neoclássica a transferência de tecnologia é, portanto, reduzida a uma operação de "transmissão de informação" entre a oferta e procura e dá origem a conceitos como "centros de valorização de I&D nas universidades", "oficinas de tecnologia", etc.

Por outro lado, no quadro evolucionista, os apoios à intermediação justificam-se, não por razões de falha de transmissão de informação (público-privado), mas sim por razões que se prendem com falha de aprendizagem recíproca entre diferentes tipos de actores. A transferência de tecnologia é aqui encarada como um processo, envolvendo uma rede de relações de "aprendizagem" entre emissor-mediador-receptor, e onde o agente mediador deve intervir ao nível do apoio aos complexos processos específicos de adopção, adaptação e aprendizagem nas empresas receptoras. De certa forma os actores emissor--mediador-receptor poderão desempenhar diferentes papeis ao longo do processo, intervindo como consumidores, como mediadores ou como produtores de conhecimentos. Em resumo, na perspectiva evolucionista os apoios à "transferência" de tecnologia devem ser encarada como apoios à "transformação" de tecnologia e envolvem uma "intermediação cognitiva", que deve ser implementada através de serviços públicos orientados ao aumento das aptidões técnicas e organizacionais do receptor.

A maior parte dos exemplos que hoje podemos encontrar na Europa para tipo de apoios, enquadram-se quase sempre na perspectiva neoclássica, sendo frequente a sua focalização em "transmissão de informação" sem qualquer valor adicionado na forma de aconselhamento; e que, portanto, encontram pouco sucesso junto das empresas de menor capacidade e um sucesso muito limitado junto das empresas de maior capacidade. Ainda assim selecionamos – ver caixas 3.6.1 e 3.6.2- alguns exemplos que ilustram diferentes implementações deste tipo de apoios.

Caixa 3.6.1 – OTRI Oficinas de Transferência de Resultados de Investigacion

Espanha – Oficinas de Transferência de Resultados da Investigação

A missão das OTRI Oficinas de Transferência de Resultados de Investigacion, em Espanha, é reforçar a interface entre ciência, tecnologia e sectores industriais.

Existem hoje diferentes OTRI em quase todas as principais universidades espanholas. Contudo, as actividades e serviços mais comuns em todas elas, para a universidade e paras as empresas são:

Serviços para a Universidade:

- Difusão de informação sobre programas europeus de financiamento de I&D e possíveis parcerias;
- Gestão de contractos de I&D;
- Gestão de patentes universitárias e contractos de licenciamento e transferência de tecnologia;
- Selecção, avaliação e comercialização de tecnologias ou produtos e serviços nascidos das actividades de I&D na universidade.

Serviços para as empresas:

- Organização de bases de dados sobre resultados de I&D gerados por diferentes grupos de investigação;
- Difusão de informação sobre programas europeus de financiamento de I&D e possíveis parcerias;
- Procura de parceiros para projectos e/ou peritos na universidade (e em algumas das OTRI a procura é extensível ao universo dos IRC na Europa.

Embora o funcionamento em concreto deste tipo de serviços seja muito variável de universidade para universidade, em alguns casos as OTRI fornecem também alguma assistência às empresas na negociação de contractos de I&D ou no estabelecimento de registo de patentes. Em alguns casos as OTRI em Espanha podem também facilitar a mobilidade de pessoas entre as universidades e as empresas, no âmbito de projectos de parceria que estejam a decorrer. Há ainda casos onde foi por iniciativa da OTRI que a universidade criou novos centros especializados em transferência de tecnologia para as empresas.

Fontes: entre outras //ortri.unizar.es   www.ucm.es/info/otri

68 | Uma nova política de inovação em Portugal

Caixa 3.6.2 – Programa SBIR
– Small Business Innovation Research Programme

O SIBR – Small Business Innovation Research Programme foi criado em 1982 nos E.U.A. com o objectivo de estimular a comercialização dos resultados dos projectos de investigação e desenvolvimento através de pequenas e médias empresas. À data de criação foi estipulado que as Agências Federais de apoio à I&D deverim reservar 0,2% dos seus orçamentos de apoio à I&D para o SIBR. Após 1992 essa percentagem foi elevada para 2,5%. A estrutura do programa é a seguinte:

Fase I – a agência financia montantes até $100 000 para durante 6 meses os projectos de investigação avaliarem o mérito e viabilidade de uma ideia, bem como para a agência avaliar a qualidade da empresa recipiente e respectivo projecto de acolhimento da ideia.

Fase II – são financiados projectos da fase I com maior potencial, durante 1 ou 2 anos para desenvolvimento da ideia, com subsídios que podem ir té $750 000.

Fase III – corresponde á fase de comercialização onde a agência pode ajudar a trazer investimentos privados para começo de produção e introdução no mercado, mas não financia directamente.

Fonte: Cooper 2003

O exemplo das *Oficinas de Transferência de Resultados de Investigacion* – OTRI em Espanha, sugere que apesar destes gabinetes poderem fornecer assistência técnica às empresas, o grosso do seus esforços vai para a organização e difusão informação sobre resultados de projectos de I&D nas universidades. Um outro exemplo mais interventivo, no sentido evolucionista e, portanto, com uma maior adicionalidade cognitiva, é o programa SIBR implementado desde 1982 pelas Agências Federais Americanas. Note-se que, por um lado, o SIBR tem como objectivo a colocação de resultados de I&D em empresas existentes, servindo portanto de ilustração sobre "intermediação". Por outro lado, o SIBR tem também como objectivo a criação de novas empresas e, portanto, também poder servir de ilustração para este tipo de apoios que veremos com mais detalhe mais à frente.

3.7 Incubação, criação de novas empresas de base tecnológica e geração de spin-offs

O incentivo ao empreendedorismo tem sido, desde há longa data, encarado como uma componente importante da política de ciência, tecnologia e inovação orientada para as empresas. Em muitos países o empreendedorismo de base tecnológica é visto como essencial para a renovação do tecido empresarial e, portanto, é hoje mais ou menos consensual que, embora as chamadas *Novas Empresas de Base Tecnológica* – NEBT, representem uma pequena proporção do total das pequenas e médias empresas, elas são essenciais para o desenvolvimento económico. As NEBT são empresas criadas por um núcleo de empreendedores de elevadas qualificações (frequentemente ao nível do Doutoramento), para comercialização de novos produtos e serviços de elevada intensidade tecnológica. Em alguns casos, as empresas são criadas por (ex)-investigadores universitários e têm, portanto, tendência para manter ligações de colaboração com a instituição de I&D de onde saíram os fundadores, pelo que, embora no total o número deste tipo de empresas possa ser relativamente reduzido, estas empresas podem contribuir significativamente para o aumento das interacções entre empresas e instituições públicas de investigação.

A justificação neoclássica para a intervenção ao nível dos apoios à incubação e criação de novas empresas de base tecnológica, assenta na ideia de que há falhas de mercado associadas à incerteza e transmissão de informação, acerca das boas oportunidades para novos negócios, que levam a que o número de empresas criadas fique abaixo do óptimo colectivo. No quadro evolucionista, porém, o apoio à criação de empresas com base em novas tecnologias, é considerado como essencial para criar diversidade no sistema económico, tornando mais difícil o aparecimento de bloqueios em tecnologias antigas, ou para impedir que a economia possa optar por tecnologias, que embora mais recentes, possam vir a revelar menor performance. Nos apoio à criação de NEBT podemos identificar, portanto, dois tipos de adicionalidade. Por um lado, a adicionalidade neoclássica em termos de mais ciência e tecnologia transferida para o mercado no quadro do modelo linear. Por outro lado, a adicionalidade de comportamentos, no sentido em que as novas empresas, criadas por novos empreendedores, podem constituir-se como modelos de negócio, referência para empresas imitadoras.

Existem várias formas de apoiar este tipo de empresas. Em primeiro lugar, um tipo de apoio bastante utilizado é a criação de centros de incubação (em alguns casos associados a Parques de Ciência e Tecnologia). Este tipo de apoio enquadra-se na criação e reforço de infraestruturas que atrás referimos. Em geral, os centros de incubação disponibilizam espaço e equipamentos de uso partilhado, para instalação de pequenas empresas. Através da localização do centro, procura-se estimular a interacção entre as empresas e entidades do sistema científico e tecnológico, incluindo universidades. É hoje claro que o desenvolvimento deste tipo de apoios na Europa, foi inspirado no relativo sucesso do modelo americano de parques de ciência e tecnologia associados aos campus universitários (Quintas *et al* 1992). Na verdade, vários estudos (Westhead e Storey 1994) sobre o efeito dos centros de incubação e parques, na criação e desenvolvimento de empresas de base tecnológica na Europa parecem sugerir que:

a) as empresas de base tecnológica que se localizam em centros ou em parques têm as mesmas taxas de incussesso que as que não se localizam ou não beneficiam desses apoios indirectos;

b) as empresas de base tecnológica que se localizam e recebem apoios de centros e parques têm taxas de crescimento apenas ligeiramente superiores relativamente aquelas NEBT que não se localizam ou não beneficiam desses apoios.

Ou seja, embora este tipo de apoio indirecto pareça não ter grande influência no crescimento e desenvolvimento com sucesso das NEBT, a sua a existência numa determinada região actua por vezes como estímulo à formação de empresas que de outro modo não teriam sido formadas, constituindo assim, por esta via, um mecanismo que pode ter importantes efeitos de adicionalidade no desenvolvimento económico local. Um bom exemplo dos efeitos de adicionalidade conseguidos por esta via é o centro de incubação e capital semente criado pelo INESC em 1986, que se manteve fiel ao seu modelo original até 1994, tendo posteriormente evoluído para uma holding de pequenas empresas tecnológicas – ver Caixa 3.7.1.

Em segundo lugar, em alguns países, existem regimes de incentivo específicos para este tipo de empresas incluindo subsídios, prémios e empréstimos a taxas de juro subsidiadas[5]. Existem relativamente poucos países que tenham apoios específicos para este tipo de empresas, sendo que na maior parte dos casos, os apoios às NEBTs estão incluídos em apoios mais genéricos dirigidos a PMEs em qualquer nível de capacidade tecnológica. Contudo, prova-se pela análise dos resultados de países que implementaram incentivos específicos para este tipo de empresas, que a focalização dos apoios em NEBTs, sobretudo no caso em que há serviços de aconselhamento que acompanham o financiamento, contribui substancialmente para o sucesso deste tipo de empresas (ver Storey 1997a e Fahrenkrog et al. 1993). Na caixa 3.7.2 resumimos a experiência dos programas BTU e TOU na Alemanha, especificamente dirigidos para pequenas empresas de elevada capacidade tecnológica, bem como o caso dos apoios fornecidos pelo Nutek na Suécia e o programa SMART no Reino Unido. Na secção anterior já havíamos também referido o interessante caso do programa SIBR nos EUA.

---

[5] Em alguns casos existem também medidas legislativas que facilitam o acesso privilegiado destas empresas aos incentivos existentes para PMEs em geral. Ou seja, criam-se critérios que dão preferência a projectos destas empresas relativamente a projectos de PMEs de menor capacidade.

72 | Uma nova política de inovação em Portugal

Caixa 3.7.1 – Centros de incubação com intervenção
na gestão das empresas.

Portugal – AITEC

A AITEC S.A. foi primeiro centro de incubação de empresas em Portugal, criado em 1986 pelo INESC – Instituto de Engenharia e Sistemas de Computadores em associação com o então grupo IPE – Investimento e Participações do Estado. Na sua origem a AITEC tinha como missão funcionar como uma agência de apoio ao empreendedorismo e à criação de empresas que pudessem nascer das actividades de investigação do INESC nas áreas das tecnologias de informação e electrónica. Localizada nas instalações do INESC em Lisboa e no Porto, a AITEC oferecia apoios na forma de espaço, apoio administrativo, serviços de contabilidade, consultoria e formação em gestão no decurso da elaboração pelos empresários do seu plano de negócios. Para além disso, uma das características únicas deste centro de incubação é que fornecia capital semente, financiando as iniciativas empresariais antes da sua constituição jurídica, e participando minoritariamente com capital start-up na altura da formação legal da empresa. Desde a sua fundação até 1996 a AITEC analisou mais de 2000 planos de negócios, ajudou a lançar mais de 50 empresas, investindo em todas as empresas e vendendo as suas participações, quase sempre aos empresários fundadores, após a implantanção no mercado com sucesso. A AITEC foi incubadora de empresas de sucesso como a NovaBase, Intersis, SMD/Para-Rede, SetCom, Tecmic, Octal, SOL-S, Solsuni, IP-Global/Sonae.com, Tape, Vantec, Imediata, Medidata, Mailtec, Vegatrom, Mind e muitas outras.

Fontes: www.aitec.pt, www.inesc.pt

Uma outra forma de apoio, que tem vindo a ser desenvolvida mais recentemente, é o apoio dado à criação de empresas mas na forma de cursos de formação sobre gestão e lançamento de novos negócios. Este tipo de apoios pode aparecer apenas como curso de formação ou combinado com apoio financeiro através de prémios, ligação a financiamento privado (bancos ou sociedades capitais de rico), ou até com ligações a financiamentos públicos.

3. Estudo Selectivo de instrumentos de apoio... | 73

Caixa 3.7.2 – Fundos e Programas de Apoio especificamente dirigidos para Novas Empresas de Base Tecnológica.

Alemanha – FUTOUR

O BTU (Investimento no Capital de Pequenas Empresas Tecnológicas) data do início dos anos 80 e consiste num sistema de apoio nacional que incentiva investidores privados a participar no capital start-up e desenvolvimento de pequenas empresa de base tecnológica. O sistema garante até 90% das perdas dos investidores que participem no capital de novas empresas de base tecnológica. Os investidores fornecem aconselhamento em gestão, contabilidade, marketing e outras áreas onde as empresas mostrem carências. O sistema recomeçou em 1995 com o nome de BJTV e sofreu várias alterações tendo em vista aumentar a adicionalidade. Refira-se que os Estados Federais têm também desde 1983 sistemas de apoio a NEBT conhecidos pelos TOU/ABL e TOU/NBL que combinam financiamento com aconselhamento. Desde de 1997 estes esquemas de apoio foram reagrupados num programa denominado FUTOUR.

Suécia – NUTEK

A Agencia de Inovação Sueca (NUTEK) fornece capital semente para o desenvolvimento de novos produtos em empresas de base tecnológica. O incentivo é dado na forma de acesso a taxas de juro subsidiadas.

Reino Unido – SMART

No Reino Unido podemos citar dois sistemas de apoio com enorme sucesso. Em primeiro lugar o SMART – Small Firms Merit Award Scheme que constitui um prémio a ideias de projecto. O prémio pode cobrir até 75% dos custos do projecto no 1º ano, dando acesso a outros possíveis prémios nos anos seguintes. Em segundo lugar refira-se o programa SPUR – Support for Products under Research, que fornece um empréstimo sem taxa de juro, para cobrir até 30% dos custos até um máximo de £250,000

3.8 Capital de risco

A perspectiva dominante no que respeita ao uso do capital risco e do capital semente enquanto mecanismos de financiamento da inovação é a perspectiva neoclássica. Segundo esta perspectiva, para bons planos de negócio há sempre um mercado de financiamentos disponível. Contudo, existem falhas de mercados *i.e.* existem vários factores que podem impedir que o mercado funcione adequadamente, a saber: externalidades que impedem os investidadores de apropriar a criação de valor só para si; assimetrias e falhas na circulação de informação entre quem procura investidores e quem procura oportunidades para investir; e níveis elevados de risco e incerteza[6] que desencorajam os investidores privados. São estes tipos de falhas que justificam a intervenção pública no sector de capital de risco, através de operadores próprios ou através de esquemas de incentivo ou colaboração com operadores privados.

No quadro evolucionista o apoio à inovação tecnológica por via do capital de risco/semente, a iniciativas inovadoras de base tecnológica, tem uma outra justificação. Enquanto que no quadro neoclássico, o empreendedorismo é visto apenas como resposta a oportunidades de mercado, no quadro evolucionista o empreendedorismo é visto como um processo em que o empreendor estabelece relações de aprendizagem interactiva com outras empresas e instituições do meio ambiente. Para quem fornece capital de risco, a questão principal parece ser que a apreciação qualitativa do risco requer um conhecimento especializado das tecnologias e dos mercados (ainda mal definidos), em que poderão ser aplicadas, bem como dos ciclos de vida associados às tecnologias e aos novos produtos que elas alimentam, e do grau de inovação-disruptiva das novas propostas de negócio, relativamente aos negócios existentes. Do lado dos empreendedores, as iniciativas de novas empresas sofrem quase sempre de *falha de credibilidade*, e em muitos casos há também *falha de aprendizagem* que se traduz numa relativa "má qualidade" dos planos de negócios. Ou seja, entre empreen-

---

[6] Referimo-nos não só ao nível de incerteza mas também à sua natureza. Em domínios científicos e tecnológicos trata-se de uma incerteza epistémica, ou não probabilística, de impossível quantificação, o que torna ainda mais difícil, se não mesmo impossível, a atracção de investimento privado.

dedores e investidores, gera-se uma alguma dissonância cognitiva que é preciso vencer e que justifica a intervenção pública.

Note-se que o apoio na forma de capital risco é necessário, não só para a criação de novas empresas, mas também para lançamento de negócios inovadores em empresas existentes, em diferentes fases do seu ciclo de vida, mas que pretendam implementar projectos inovadores e de maior risco. Os apoios ao acesso a capital de risco podem, portanto, aplicar-se a qualquer empresa em diferentes níveis de capacidade tecnológica e não apenas nas empresas de elevada intensidade/capacidade tecnológica.

Decorre do que acima foi dito que há dois tipos de adicionalidade que se pretende com apoios deste tipo. Em primeiro lugar pretende-se uma adicionalidade de resultados na forma de uma maior e melhor circulação de informação entre potenciais investidores e empreendedores. Pretende-se também obter uma maior quantidade de capital efectivamente investido em iniciativas mais arriscadas e tecnologicamente inovadoras. Em segundo lugar, pretende-se um efeito de adicionalidade de comportamentos nos empreendedores e nos investidores. Este útimo aspecto tem sido por vezes conseguido através do fornecimento de cursos de formação na área da gestão e elaboração de planos de negócios, a par dos apoios em capital. Por outro lado, o apoio em competências de gestão para empreendedores, pode também fazer-se criando "ligações" de aprendizagem entre o investidor e a empresa financiada. Isto implica, porém, que o capital de risco seja visto como um investimento interventivo (*hands-on*), onde o investidor coloca quadros de gestão nas administrações das suas empresas participadas. Ou seja, na perspectiva evolucionista o operador fornece não só financiamento mas também "aconselhamento" ao empreendedor, intervindo na gestão estratégica e operacional dos negócios. Isto contrasta claramente com a prática generalizada na Europa onde, na maior parte dos casos, não há qualquer tipo de intervenção do investidor na gestão da sua empresa participada.

Na Europa, os mecanismos de apoio à inovação que fazem uso do capital de risco, podem classificar-se em dois tipos, nomeadamente: *capital de risco público* através de empresas ou fundos de capital risco controladas maioritáriamente pelo Estado, a quem é dada a missão de facilitar o acesso das empresas a financiamentos para projectos de maior risco – ver Caixa 3.8.1, e; *mecanismos de partilha de risco*, onde se incentivam os operadores de capital de risco do sector privado a investir em projectos inovadores de maior risco, propocionando-lhes uma forma de partilha de risco através, por exemplo, da formação de sindicatos de investimento público-privados, redes de investidores ou esquemas de garantia. Em qualquer dos casos, para o domínio da política de ciência, tecnologia e inovação, o que

Caixa 3.8.1 – Exemplos de Fundos de Capital Semente

Áustria – AWS

A Agência AWS na Austria é uma entidade pública encarregue de promover empresas inovadoras e a comercialização de novas tecnologias. Um dos serviços disponíveis nesta agência é o acesso das empresas a um fundo capital semente. O objectivo do fundo capital semente é o financiamento de novos negócios inovadores, através de uma oferta à medida das necessidades da empresa. O financiamento é fornecido na base de um plano de negócios e respectivas estimativas de custo – financiamento "mezzanine" *i.e.* os juros e a reposição do capital dependem da performance da empresa.

A AWS para além de capital semente fornece, também serviços de acompanhamento, gestão e consultoria às empresas em que participa. Estes serviços incluem aconselhamento em marketing, contabilidade, controlo de gestão e estrutura organizacional. Os serviços de consultoria podem ser utilizados durante os primeiros três anos da empresa.

A eligibilidade está limitada a empresas com menos de 25 pessoas e a iniciativas empresariais onde menos de 25% do capital seja detido por empresas com mais de 50 pessoas, com mais de 7 Milhões de Euros de volume de vendas, ou com mais de 5 Milhões de Euros de Activos no seu balanço.

Fonte: www.awsg.at

parece ser importante é a complementaridade do financiamento com outro tipo serviços. Isto é, o importante é ter um capital de risco *"hands-on"* que intervenha na gestão dos negócios inovadores (OCDE 1997, 2003). Acontece porém que, um capital de risco interventivo (quer público quer privado) é um capital de risco menos rentável, uma vez que há que contar com maiores despesas de intervenção e acompanhamento, que mesmo em negócios de pequena dimensão se podem tornar demasiado elevadas.

Finalmente, uma outra questão tem a ver com a distinção que é habitual fazer entre capital de risco para start-ups e capital semente. Trata-se de instrumentos diferentes mas igualmente importantes. Enquanto que no primeiro caso se trata do capital inicial para constituição formal da empresa, no segundo caso considera-se o capital necessário para as fases que antecedem a constituição da empresa, e portanto, não havendo empresa esse tipo de apoios é normalmente entregue directamente aos empreendedor(es).

3.9 Colocação de técnicos e investigadores nas empresas e apoios à mobilidade

Um outro mecanismo, que contribui para a construção de capacidades tecnológicas nas empresas, é a colocação/mobilidade de técnicos e pessoal qualificado. A justificação neoclássica para este tipo de apoios assenta na existência de falhas no mercado de recrutamento, ou falhas na circulação de informação entre a procura e a oferta de quadros qualificados. A justificação evolucionista está, porém, associada às falhas de aprendizagem nas empresas e à consequente ausência de competências para identificar oportunidades e iniciativas inovadoras.

Este apoios dirigem-se, quer para as empresas de menor capacidade tecnológica quer para as empresas no topo da escala. No primeiro caso, estamos a incluir uma vasta gama de esque-

78 | Uma nova política de inovação em Portugal

mas de incentivo à mobilidade de estudantes, técnicos ou enge-nheiros em PMEs, como é o caso do programa STEP no Reino Unido, ou dos programas Quadros e InovJovem no POE e no PRIME. No segundo caso, temos por exemplo o programa TEPs na Holanda que incentiva a mobilidade de estudantes e docentes que queiram criar as suas empresas, permitindo neste último caso que os docentes trabalhem em part-time – ver Caixa 3.9.1.

Caixa 3.9.1 – Exemplos de apoios à mobilidade de técnicos

Holanda – Programa TEPs

A Universidade de Twente na Holanda, gere um sistema de incentivos chamado "Temporary Entrepreneurial Places (TEPs)", financiado pelo Ministé-rio dos Assuntos Económicos. Os estudantes e pessoal docente da universidade são incentivados a trabalhar em part-time, dedicando o resto do tempo à criação das suas empresas no parque tecnológico da universidade. Recebem um incentivo de 15.000 Euros e podem utilizar serviços de aconselhamento de um "mentor" designado para esse efeito.

Reino Unido – STEP

No Reino Unido, o program STEP (Shell Technology Enterprise Programme) existe há mais de 10 anos. Neste programa, aos estudantes do ensino supe-rior é oferecida a possibilidade de fazerem projectos comerciais em PMEs da região da sua universidade. O objectivo é fazer como que os estudantes fiquem sensibilizados para as oportunidades de trabalho existentes, ao mesmo tempo que as PMEs ficam mais conhecedoras do valor de um quadro qualificado. As avaliações efectuadas a este programa sugerem que os estudantes que nele participam, obtém emprego mais facilmente do que os que não participam.

Noruega – Competência PME

Incluído no âmbito do Programa BRIDGE na Noruega, este programa tem como objectivo elevar o nível de competências formais nas PMEs através do apoio ao recrutamento de jovens licenciados. A ideia é que ao apoiar a inserção de jovens licenciados, está-se a reforçar as condições que permitem às PME renovar a sua base de conhecimentos. Os licenciados recrutados devem estar na empresa por um período de um ano, desenvolvendo um pro-jecto concreto.

3. Estudo Selectivo de instrumentos de apoio... | 79

Quer se trate de pessoal técnico ou de pessoal altamente qualificado ao nível dos mestrados e doutoramentos, este tipo de incentivos tem uma adicionalidade cognitiva potencialmente elevada, já que são mecanismos que ao qualificarem as empresas alvo, incidem directamente no comportamento da procura. Para economias como a nossa, onde ainda existe um défice de qualifcações e habilitações nas empresas (Kovacs *et al* 1994, Moniz e Kovacs 1997), este tipo de incentivos torna-se essencial para que, no longo prazo, empresas com pessoal mais qualificado possam dispor de melhores condições para se "ligarem" e utilizarem as capacidades disponíveis nas infraestruturas tecnológicas de apoio e nas universidades.

3.10 Medidas de apoio a clusters e redes de colaboração

Existem hoje, em muitos países, medidas de apoio para o desenvolvimento de vantagens competitivas ao nível regional ou local, focando sectores específicos de actividade económica e as condições que facilitam a sua afirmação no mercado global. É hoje vulgar classificar este tipo de apoios como medidas de "clusterização", apoios a redes de inovação, pólos de competitividade, etc. Na perspectiva neoclássica este tipo de apoios justifica-se porque a distância relativa dos actores ou a sua localização pode ter influência nos custos de transacção e, portanto, os efeitos de aglomeração são interpretados em termos de melhor eficiência na transmissão da informação-tecnologia. No quadro evolucionista o argumento para a intervenção pública é mais elaborado. Parte-se do principio que a localização e o efeito de aglomeração não é determinado por factores custo, ou facilidade de transmissão de informação, mas sim pela presença de externalidades de vários tipos na mesma localização. Assume-se também que, a acumulação de práticas e/ou recursos locais, pode dar origem a trajectórias específicas de aprendizagem local, contribuindo para a formação de cadeias de valor especializadas.

Os apoios a clusters e redes de colaboração a nível regional envolvem diferentes medidas de incentivo à interacção local entre empresas e infraestruturas de apoio. Podem envolver desde apoios à formação de pequenas redes de empresas com uma focalização particular, até grandes programas mobilizadores de longo prazo focando aspectos regionais, sectoriais e/ou tecnológicos mas numa lógica de concentração geográfica de recursos (Benneworth *et al* 2003). Incluem-se, portanto, neste tipo de apoios uma grande variedade de acções incluindo, por exemplo: acções de diagnóstico estratégico regional e identificação de necessidades e oportunidades para intervenção pública; organização de serviços de proximidade em torno de questões e interdependências associadas às PMEs e aos negócios em geral; acções de disseminação de informação e as chamadas "one-stop cluster hubs", para facilitar o acesso regional a serviços públicos e a ligações externas internacionais; acções de apoio à formação e especialização da mão de obra qualificada a nível regional; acções de atracção de investimento para a região; estímulo ao desenvovimento do empreendedorismo a nível local e; marketing e construção da imagem de marca a nível regional.

Um dos países Europeus pioneiro neste tipo de políticas foi a Áustria. Contudo, um pouco por toda a Europa, é hoje comum encontrar novas estruturas de governança da política de ciência, tecnologia e inovação, onde as medidas de apoio a clusters numa perspectiva regional/sectorial desempenham um importante papel – ver Caixa 3.10.1. Mesmo em Países tradicionalmente mais centralizados, como a França ou o Reino Unido, existem exemplos de que, em muitos casos, embora as políticas sejam desenhadas a nível central (com algum grau de participação dos actores regionais/sectoriais), são depois descentralizadas em sede de implementação. O caso dos pólos de Competitividade em França é um bom exemplo disso mesmo, envolvendo vários Ministérios no desenho da iniciativa e descentralizando o processo de implementação.

Caixa 3.10.1 – Exemplos de medidas de apoio
a clusters e pólos regionais

Áustria

Com o objectivo de melhorar o sistema de inovação o governo Austríaco lançou um Programa de "Centros de Impulso Regionais". Estes centros iniciam projectos e promovem a cooperação regional entre empresas, institutos de investigação e universidades. Os Centros de Impulso Regionais financiam directamente a construção de capacidades em PMEs, a formação profissional e a mobilidade de técnicos, bem como acções de empreededorismo. Também na Austria, os Centros de Competência KPlus, numa perpectiva temática em diferentes áreas de ciência e tecnologia, recebem fundos do Governo Federal para estabelever programas de longo prazo, para colaboração entre empresas avançadas e centros de saber, com a intenção de criar ou reforçar clusters de competência científica orientados a áreas com necessidade de crescimento rápido.

Finlândia

O Programa de Centros de Especialização é um sistema de 14 centros especializados por regiões e duas redes nacionais para apoio a especializações regionais em I&D e promoção da cooperação inter-regional. Em conjunto com Universidades e outros centros de saber, empresas e associações empresariais, estes Centros de Especialização visam explorar o conhecimento a nível regional, manter ou melhorar a competitividade das empresas da sua região, criar novas empresas e novos postos de trabalho. Visam também melhorar a capacidade regional para explorar recursos e possibilidades de financiamento nos programas de apoio à I&D nacionais e europeus. O financiamento destes Centros é realizado através do Ministério do Interior e dos Conselhos Regionais. O financiamento proveniente de fontes centrais nacionais, está sujeito a critérios de ligações internacionais do Centro, impactos efectivos nas empresas da sua região e dimensão das actividades e recursos bem como o seu potencial para reprodução em outras regiões/sectores.

França

Em 2005 a França lançou um programa inovador baseado num conceito de "pólos de competitividade". Um pólo de competitividade é uma aglomeração regional de empresas, estabelecimentos de educação ou formação profissional públicos ou privados, unidades de I&D (também públicas ou privadas), que propõe uma parceria ou um compromisso de desenvolverem em conjunto projectos inovadores. Os Pólos de Competitividade organizam-se numa região e em torno, ou de mercados finais comuns ou de domínios científicos e tecnológicos de interesse comum. Os três ingredientes principais dos Pólos de Competitividade são: Empresas; Entidades associadas à qualificação de recursos humanos; Entidades de investigação/inovação. Estes três ingredientes devem estar comprometidos em torno da formação de parcerias regionais público-privado, formulação e implementação de projectos comuns e melhoria da visibilidade internacional. No modelo Francês poderá haver Pólos de Competitividade dois tipos: (a) *Pólos de Competitividade de base Científica*, caracterizados pelas fortes ligações entre as empresas e os centros de excelência em I&D e trabalhando em redor de uma área científica e tecnológica. A competitividade deste tipo de pólos é determinada pelas aplicações práticas com valor económico que decorrem da investigação científica e tecnológica; (b) *Pólos de Competitividade Industrial*, caracterizados pelo conjunto de empresas que desempenham actividades de desenvolvimento aplicado e inovação, mais próximas do mercado. A competitividade neste tipo de pólos é, também, em grande parte, determinada pelas competências e qualificações existentes nas empresas, em áreas que apesar de não serem de elevada intensidade científica e tecnológica são no entanto determinantes para a inovação.

Fonte: Bachtler, J. e Brown, R. (2004)

3.11 Serviços de apoio tecnológico

Particularmente relevantes, no contexto das economias como a nossa, onde predominam PMEs de menores capacidades tecnológicas, são os apoios na forma de serviços públicos de consultoria técnica de curta duração. Definimos este tipo de apoios como serviços que consistam na provisão de conhecimento tecnológico para resolução de problemas *i.e.* o conhecimento a fornecer às empresas não é criado no decurso do serviço, como acontece nos projectos de I&D, sendo por isso serviços de curta duração, orientados a questões concretas e com base em conhecimentos imediatamente disponíveis. Este tipo de serviços tem várias variantes. Por exemplo: serviços de consultoria-diagnóstico e plano de acção para implementação de soluções (também conhecidos por auditorias tecnológicas e de inovação); serviços de consultoria-formação onde ao diagnóstico se segue um plano de formação desenhado à medida das necessidades da empresa; e pequenos serviços de consultoria e apoio técnico, incluindo estudos de viabilidade técnica, testes de conformidade, serviços de certificação técnica e de qualidade, etc.

Na perspectiva neoclássica a intervenção, através deste tipo de serviços, justifica-se pela lógica da falha de informação e substituição do mercado. Por um lado, as PMEs não recebem informação acerca dos fornecedores e suas capacidades. Por outro lado, os fornecedores de equipamentos e consultoria têm normalmente tendência a priveligiar as grandes empresas, já que a maior parte das PMEs não têm recursos financeiros para gastar com serviços técnicos especializados. Na perspectiva evolucionista, a justificação para a intervenção através de serviços públicos de consultoria técnica especializada é bem diferente. Parte-se do princípio que, mesmo que as PMEs recebam informação acerca da oferta disponível, não sabem tratar essa informação. Ou seja, existe falha cognitiva no receptor e na sua interacção com outros agentes. Empresas pouco qualificadas não têm competências para interpretar a informação que lhes chega e não sabem como especificar as suas próprias necessidades de apoio (Dankbaar 1993).

Um das questões relevantes em Política de Inovação para PMEs de menores capacidades é, portanto, como estimular um maior interesse por parte das infraestruturas públicas, como por exemplo os Laboratórios do Estado ou os Centros Tecnológicos a reservar algumas das suas capacidades para oferecer este tipo de serviços ao mercado das PMEs de menores capacidades tecnológicas.

Porque se trata de um dos apoios chave em economias de nível tecnológico intermédio onde predominam PMEs, escolhemos vários exemplos que ilustram diferentes formas de operacionalizar este tipo de apoios. Os países do norte da Europa têm sido mais adeptos do apoio a PMEs através de serviços públicos de consultoria técnica, em complemento do tradicional apoio através de subsídios ao investimento, pelo que abundam exemplos de programas públicos de consultoria bem conhecidos. Referimo-nos, por exemplo, ao programa BUNT dos anos 80 na Noruega, ao qual sucedeu o actual programa BRIDGE, ou ao Programa "The Entreprise Initiative" promovido pelo DTI no Reino Unido entre 1988 e 1995. A ideia base é que estes programas incidem no desenvolvimento de capacidades de solução de problemas, bem como em questões de organização e de gestão associadas à produtividade na utilização de novas tecnologias.

Um dos melhores exemplos na Europa de sistemas de serviços públicos de apoio deste tipo é a Fundação Steinbeis em Baden-Württenberg no sul da Alemanha. A Steinbeis – ver Caixa 3.11.1 – organiza sessões de "consultoria-diagnóstico" para PMEs, em questões que podem ir desde a escolha de materiais, componentes e equipamentos, escolha de fornecedores, apreciação de planos de viabilidade, conformidade com standards técnicos, etc.

Um outro exemplo de grande sucesso é o conhecido programa IRAP organizado pelo Conselho Nacional de Investigação do Canadá. O programa existe desde 1948 e, embora se dirija prioritariamente a PMEs industriais de reduzida capacidade tecnológica – ver Caixa 3.11.2 – não exclui o fornecimento de subsídios a projectos de I&D em empresas de maior intensidade tecnológica (IRAP M), actuando assim como um verdadeiro sistema integrado de apoio à inovação, abrangendo empresas em diferentes níveis de capacidade. Note-se também como neste caso o programa combina com sucesso o fornecimento de subsídios ao investimento, com acções de aconselhamento e consultoria técnica, conseguindo assim elevados efeitos de adicionalidade. Note-se também que os Programas IRAP C e H poderiam ser vistos como concorrência desleal às empresas de consultoria (ou aos centros e institutos tecnológicos). Contudo, uma vez que o programa abrange apenas as primeiras fases de identificação e diagnóstico, não existe verdadeiramente concorrência. Nestes casos, o IRAP actua como um "intermediário" para consultores privados ou públicos, introduzindo estes últimos a potenciais clientes.

Caixa 3.11.1 – A Fundação Steinbeis na região de Baden Württenberg

Fundação Steinbeis

A Fundação Steinbeis tem como missão trabalhar em conjunto com a Ciência e a Indústria de modo a construir uma rede global de transferência de tecnologia, assente nos conhecimentos de peritos de todas as áreas de tecnologia e de organização e gestão. O volume de vendas em 2000 foi de 174,4 Milhões DM.

O âmbito de actuação da fundação cobre quase todo o globo. Estão associados ao Steinbeis cerca de 436 centros de transferência de tecnologia em 42 países. A rede de peritos contém mais de 4000 peritos em todos os campos tecnológicos e de gestão. Em 2000 a organização executou 19,630 projectos. O Steinbeis, sediado em Baden-Würtenberg pretende identificar problemas das PMEs e depois configurar meios adequados de assistência técnica e formação profissional. O Steinbeis, para além dos serviços directos, tem também um importante elemento de re-direcionamento para serviços de outras insituições, centros de I&D, Universidades, etc.

Os serviços prestados pelo Steinbeis podem-se dividir nos seguintes tipos:

- Serviços de consultoria para empresas e projectos nos estágios iniciais da cadeia de valo. Quando uma empresa PME solicita os serviços, o staff do Steinbeis entrevista a empresa com intenção de diagnosticar problemas e formular opções. A consultoria pode abranger adopção de tecnologias, estratégias de diversificação, formação de parcerias etc. Normalmente o primeiro dia de consultoria é gratis. Os dias seguintes são pagos, mas normalmente a taxas subsidiadas;
- I&D a contracto enquanto venda de capacidades de I&D em várias áreas científicas e tecnológicas;
- Relatórios de avaliação, peritagem e estudos de viabilidade sobre o futuro potencial de tecnologias, empresas mercados;
- Transferência internacional de tecnologia, na forma de apoio ou participação directa em Joint-Ventures internacionais;
- Formação Profissional; Serviços de Pos-Graduação MBE/MBA na Universidade de Berlim;
- Agencia de Biotecnologia de Baden-Württemberg, enquanto representação e apoio às actividades de Biotecnologia naquela região.

Fonte: www.stw.de

Caixa 3.11.2 – O Programa IRAP no Canadá

Programa IRAP – Industrial Research Assistance Programme

Organizado pelo Conselho Nacional de Investigação do Canadá (NRCC), o IRAP é um programa de actividades de apoio em I&D e serviços técnicos especializados a PMEs. O objectivo do programa é a disseminação e apoio à dopção de tecnologias nas PMEs. A assistência técnica é fornecida prioritáriamente a empresas pouco sofisticadas ou pouco informadas sobre tecnbologias mais adequadas para as suas necessidades. O programa é orientado às necessidades das empresas e não às tendências tecnológicas, no sentido em que se procura encontrar solução para problemas identificados. O programa nasceu em 1948 como apenas um serviço de informação. Só em 1962 é que lhe foi adicionada a capacidade de financiar empresas. Em meados dos anos 80 o programa tinha um orçamento que rondava os 85 Milhões de dollars. Deste orçamento cerca de 2/3 são fundos canalizados directamente para apoio financeiro às empresas. O NRCC controla o Programa IRAP a nível nacional bem como o seu orçamento e execução. Para a sua execução o programa criou uma rede de 220 conselheiros industriais (peritos cientístas e engenheiros) em 80 instiuições diferentes – de forma descentralizada do ponto de vista geográfico. Este peritos pertencem a organizações como os Institutos Regionais de I&D, Laboratórios do Governo, universidades, empresas de engenharia, e fornecedores de serviços especializados em geral. Estes conselheiros são um ponto de contacto entre a empresa e a infraestrutura do Programa IRAP. A um nível regional existem estruturas de coordenação destes peritos, que tentam promover a formação de redes de parceria e colaboração.

O programa tem dois tipos de serviços:

– serviços orientados à melhoria de tecnologias;
– serviços de I&D e adopção/adaptação de tecnologias.

O primeiro é organizado numa base regional e é orientado para o apoio a uma grande variedade de pequenos problemas técnicos, que requerem assistência técnica externa, até um máximo de $15000. O IRAP poderá apoiar até 75% dos custos elegíveis.

O segundo é organizado à escala nacional e inclui apoios na gama entre $15000 e $350000 para projectos de I&D envolvendo I&D aplicada, bem como adaptação de tecnologias. Neste sistema o IRAP poderá apoiar até 50% de todos os custos elegíveis.

> A gama total de programas IRAP é a seguinte:
>
> IRAP – C: Programa de Consultoria técnica para empresas. O programa subsidia consultoria-introdutória, *i.e.* consultoria que visa identificar e diagnosticar problemas. Se o problema não ficar resolvido (devido à sua complexidade), o IRAP remete a empresa para um fornecedor (incluindo centros e institutos tecnológicos) adequado.
>
> IRAP – H: Este programa fornece fundos para a empresa contractar técnicos durante 3-4 meses para trabalhar em problemas específicos, com a supervisão do IRAP.
>
> IRAP – L: Apoio pequenos projectos onde as empresas necessitem de fazer testes de laboratório ou projectos de investigação.
>
> IRAP – M: Este programa apoia projectos de I&D de média dimensão, orientados para empresas que já possuem capacidades de I&D em sectores de relativa intensidade tecnológica.

Fonte: http://irap-pari.nrc-cnrc.gc.ca

Outro programa de consultoria técnica de curta duração orientado para PMEs de reduzidas capacidades tecnológicas que tem conhecido também um sucesso notável é o Technologie-Transfer Ring Handwerk – NRW- TTH na Alemanha – ver Caixa 3.11.3. O sucesso do programa parece residir no facto de se dirigir a empresas sócias da Câmara de Comércio e Indústria da região norte Rhine-Whestphalia, e oferecer uma quantidade significativa de consultoria técnica grátis em áreas chave de extrema relevância para PMEs.

Finalmente, um outro tipo de serviço público de consultoria técnica são os programas de auditorias tecnológicas e/ou de inovação. Enquanto que as auditorias tecnológicas se orientam para avaliação dos activos tecnológicos tangíveis bem como dos conhecimentos explíticos e implícitos na empresa, as auditorias de inovação centram-se na revisão sistemática de vários tipos de actividades relacionadas com o processo de inovação na

88 | Uma nova política de inovação em Portugal

**Caixa 3.11.3 – Programa de Transferência
de Tecnologia na Alemanha**

Technologie-Transfer Ring Handwerk – NRW- TTH Alemanha

Este sistema de apoio da região do Norte Rhine-Whestphalia é dirigido a PMEs tradicionais. Resulta da colaboração da Câmara de Comercio local com várias associações de empresas artesanais. É necessário a empresa tornar-se membro da Câmara de Comércio local e pagar as devidas quotas, para ter acesso a serviços de consultoria que abrangem desenvolvimento de novos produtos, gestão de valor e gestão da qualidade. Os beneficários podem ter acesso até um máximo de 15 dias de consultoria gratis fornecida, na grande maioria dos casos, por consultores da TTH. Por outro lado, o Estado financia parcialmente o fornecedor de consultoria de acordo com o seguinte esquema:
Dias 1-4, 75% do custo,
Dias 5-7, 50% do custo,
Dias 8-10, 35% do custo.

O sucesso do programa parece residir no facto de se dirigir a empresas sócias da Câmara de Comércio e Indústria, e oferecer uma quantidade significativa de consultoria em áreas chave.

Fonte: www.hwk-duesseldorf.de, www.tth-nrw.de

empresa. Devido à sofisticação das metodologias (algumas delas envolvendo a recolha de centenas de indicadores), a realização deste tipo de auditorias requer o apoio de um consultor devidamente qualificado. Aliás, neste tipo de auditorias (e independentemente da dimensão da bateria de indicadores), é o consultor e não a sua ferramenta, que desempenha o papel principal, quer como orientador da recolha de dados e sua respectiva interpretação, quer utilizando a sua experiência para encontrar o melhor plano de acção para cada empresa (Laranja 1999, Veloso 1996, Storey 1997b).

Um outro exemplo de grande sucesso em termos dos efeitos de adicionalidade de outputs e comportamentos, foi o NPAT Programa Nacional de Auditorias Tecnológicas levado a cabo pela agência de inovação da Irlanda nos anos 90 (Forbairt) – ver Caixa 3.11.4. Este programa inspirou muitas outras iniciativas semelhantes em outras regiões da Europa, nomeadamente no contexto das várias gerações dos chamados Planos Regionais de Apoio à Inovação – PRAI apoiados pela Comissão Europeias desde meados dos anos 90.

Associado aos programas nacionais de auditorias tecnológicas é também possível encontrar uma variante deste tipo consultoria, mas em áreas temáticas associadas à gestão da inova-

Caixa 3.11.4 – Programa de Auditorias Tecnológicas na Irlanda

---

NTAP-Nactional Technology Audit Programme – Irlanda

Criado em 1989 na Irlanda, o NTAP foi gerido pela Agência Forbairt (hoje fundida na Enteprise Ireland). O programa tinha como alvo empresas com menos de 50 pessoas e volume de vendas anual menor que £3 Milhões. Desde a sua criação, o programa auditou cerca de 1000 empresas. A Forbait desenvolveu a sua própria metodologia de análise dividida em duas fases.

Na fase 1 a empresa é diagnosticada sendo produzido um relatório detalhado acerca das oportunidades para melhoria em função do negócio da empresa. Cada empresa participante contribui com cerca de £1000 para os custos da fase 1, o que equivale, grosso modo, a cerca de 20% dos custos totais, sendo o restante financiado por fundos públicos.

Na fase 2 são chamados especialistas nas áreas tecnológicas de carência identificadas, para trabalhar com a empresa na implementação das soluções. Nesta fase os apoios públicos comparticipam com 50% dos custos.

Ao longo da história do programa verifica-se que embora o programa se concentre em questões tecnológicas em mais de 75% dos casos as questões a resolver eram questões de organização e gestão. No início do programa, por exemplo, muitas das empresas nunca tinham utilizado um consultor e em geral muitos dos problemas resolvidos situavam-se na área da certificação ISO e dos modelos de gestão de qualidade. Á medida que o programa evoluiu apareceram com maior frequência questões ligadas à compra, adaptação e utilização de novas tecnologias e sistemas de informação, electrónica e software nos processos produtivos e administrativos das empresas.

As avaliações realizadas a este programa confirmam um elevado grau de adicionalidade sendo que em média as empresas beneficiárias subiram 19% o seu volume de vendas e 59% a sua margem bruta de lucro.

Fonte: Forbait

ção nas empresas. A Finlândia, por exemplo, tem um programa deste tipo conhecido por *"Technology Strategy Consulting Services"*, promovido pela Tekes-Agência de Inovação Filandesa e que inclui serviços de consultoria em diferentes técnicas de gestão de inovação, com o objectivo de induzir nas empresas efeitos "organizacionais" a médio longo prazo, que se traduzam na alteração de processos e rotinas, que decorrem da assimilação e da aprendizagem de novos conhecimentos em gestão da inovação.

3.12 Serviços de referência e encaminhamento

Como vimos na secção anterior, as medidas de apoio à inovação orientadas para PMEs de menores capacidades tecnológicas, nem sempre envolvem directamente os fornecedores de serviços de consultoria técnica. Em alguns casos (por exemplo no IRAP-C, ou nas auditorias tecnológicas), a intervenção é implementada através de uma operação de atendimento público para primeiro contacto, que serve como intermediário entre a empresa e o fornecedor adequado de consultoria técnica. Trata--se de uma diferença importante na forma de operacionalizar este tipo de apoio, e que se justifica com a noção neoclássica de que bastará actuar na falha de circulação de informação entre procura e oferta, já que não se trata propriamente de uma falha do lado da oferta, uma vez que existem consultores públicos (nos centros tecnológicos ou laboratórios do estado) disponíveis para esse serviço. Na perspectiva evolucionista o que está em causa, não é a transmissão de informação mas sim a aprendizagem e transmissão de conhecimentos, pelo que a acção do intermediário só terá sentido se for uma acção interventiva do ponto de vista dos ganhos cognitivos na empresa alvo.

Nesta secção exploramos em maior detalhe um tipo de apoios a montante da consultoria técnica, a que chamamos serviços públicos de referência e encaminhamento. Para além do IRAP-C, do NRW-TTH, das auditorias tecnológicas (e das clínicas tecnológicas que veremos em mais detalhe na secção seguinte), podemos citar como exemplos deste tipo de programas a inicitiva "Business Links" do DTI no Reino Unido. Não havendo um formato específico para este tipo de "redes" públicas de intermediação de serviços, pode-se no entanto identificar um conjunto de características que parecem ser comuns a todas.

Em primeiro lugar, há sempre uma divisão clara entre tarefas "front-office" ao nível do primeiro atendimento a PMEs e "back-office" a nível do fornecimento de soluções para problemas concretos.

Em segundo lugar, o front-office consiste num atendimento para primeiro despiste de problemas. Após esse 1º atendimento os pedidos de assistência são reencaminhados para as diferentes entidades especialistas no tipo de apoio pretendido. Tal como no caso da Fundação Steinbeis ou do IRAP C, as entidades especialistas são previamente acreditadas e protocoladas junto do gestor da rede. Ou seja, há uma função clara de referenciamento para um 2º atendimento mais demorado e personalizado, em sede da entidade referenciada para resolver o problema colocado pelo cliente-empresa.

Em terceiro lugar é frequente o back-office ser constituido não só por institutos públicos de novas tecnologias, departamentos de universidades, centros tecnológicos etc., mas também por fornecedores privados de serviços especializados e equipamentos. Em qualquer dos casos, as entidades referenciadas fizeram prova prévia de que possuem competências para realizar os serviços pretendidos, estando obrigadas por contracto a respeitar parâmetros mínimos de qualidade no 2º atendimento.

Em geral o modelo de funcionamento de um serviço deste tipo é o da Figura 3.12.1.

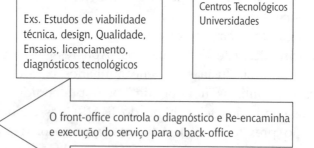

Figura 3.12.1 – Serviços de referência e encaminhamento

3.13 Programas de visitas e comparação de empresas

Trata-se de um serviço público que consiste na organização de missões tecnológicas de empresários e engenheiros nacionais a empresas consideradas "best-practice" em outros países. Tal como no caso dos programas de consultoria técnica ou de auditorias, este tipo de intervenções são organizadas por Agências de Inovação, Centros Tecnológicos ou Institutos Públicos de Investigação e Desenvolvimento Científico e Tecnológico.

Este tipo de intervenção tem uma justificação essencialmente evolucionista. O que se pretende é muito mais do que expor as empresas a informações de que não poderiam dispor se não participassem neste tipo de missões. A ideia é que melhorar a circulação de informação é certamente um benefício deste tipo de iniciativas, mas a verdade é que, ao participar nestes programas, as empresas embarcam num processo de aprendizagem por imitação da melhor prática e, portanto, existem adicionalidades ao nível de possíveis alterações organizacionais e posicionamento estratégico das empresas. Para terem algum impacto na aprendizagem e na capacidade cognitiva das empresas, estes programas de visitas devem ser acompanhados por peritos, que, ao longo do processo, vão reunindo com os participantes, testando a sua capacidade de percepção e apoiando a formação de ideias de como as práticas e tecnologias observadas poderiam ser transpostas para cada empresa.

O alvo ideal para este tipo de medidas são as empresas já com alguma capacidade tecnológica intermédia, mas também é frequente encontrar casos onde o alvo são as PMEs de menores capacidades tecnológicas. Um bom exemplo de um programa deste tipo que conhece um enorme sucesso no Reino Unido é o programa IUKE gerido pelo DTI – Department of Trade and Industry – ver Caixa 3.13.1

Tal como os programa de visitas, os programas de apoio a actividades de benchmarking são hoje reconhecidos como essenciais para estimular a imitação e adopção de melhores práticas. Em geral, as empresas que participam em programas públicos de benchmarking afirmam que estes actuam como um catalizador da mudança organizacional e como um importante factor de motivação, contribuindo para os processos de melhoria contínua. Tal como nas secções anteriores, os apoios públicos na forma de Programas de visitas e benchmarking competitivo são, portanto, formas alternativas de estimular a aprendizagem em empresas de capacidades tecnológicas médias ou em alguns casos nas PMEs de capacidades mais

94 | Uma nova política de inovação em Portugal

Caixa 3.13.1 – Programas de visitas e benchmarking

IUKE – Inside UK Enterprise

Trata-se de um programa de demonstração da melhor prática que o DTI implementa desde 1994 e que consiste na organização de programas de visitas às empresas industriais mais avançadas em tecnologia. O DTI identifica e selecciona as empresas que irão ser alvo da visita e publica um guia que explica como é que essas empresas obtiveram sucesso em determina das práticas, p.e. introdução de células de produção flexível, técnicas JIT, escalonamento da produção com MRPII, gestão da qualidade, corte por raios laser, utilização de sistemas CAD no design, introdução de técnicas de engenharia simultânea, etc. Os participantes têm visitas guiadas seguidas de reuniões e workshops para discussão sobre como transpor as técnicas observadas para as suas próprias empresas. O programa é gerido por uma pequena equipa no DTI e a identificação de casos de sucesso envolve técnicas de Benchmarking. A promoção do programa está a cargo do CBI – Confederation of British Industries, que se encarrega também de aceitar inscrições de empresários interessados em participar nas visitas.

UK – Benchmarking index

Em meados dos anos 90 o DTI – Department of Trade and Industry, lançou no Reino Unido um Programa para a realização do primeiro índice nacional de Benchmarking. O objectivo do programa é difundir a prática de técnicas de benchmarking junto de pequenas empresas com reduzidas capacidades tecnológicas e de gestão. O alvo foi definido como empresas com menos de 250 empregados.

O programa é disponibilizado através dos serviços de atendimento "Business Link" – serviço de referência e encaminhamento. Uma empresa pode entrar no índice nacional de benchmarking inscrevendo-se nos gabinetes Business Link. Terá depois de realizar uma avaliação e medição de vários indicadores de performance nas áreas financeira, gestão de operações e produção, marketing e organização. Se a empresa não souber realizar a medição por si só, pode pedir assistência de um consultor. Será depois elaborado um relatório que compara a performance das empresas nos indicadores relevantes com a do indíce de melhor prática no seu sector.

Fonte : http://www.iuke.co.uk/ www.dti.gov.uk, http://www.benchmarkindex.com/

reduzidas. Dos programas de benchmarking realizadas um pouco por todo mundo é também hoje claro que o seu sucesso depende de um certo número de condições, entre as quais:

- o empenho da gestão de topo da empresa e determinação para actuar em todas e quaisquer oportunidades para melhoramento;
- a realização de pequenas acções de formação, para fornecer aos empregados das empresas participantes os conhecimentos de que necessitam para analisar a "melhor prática" e as possibilidades de a empresa a atingir;
- a autorização para os empregados das empresas utilizarem tempo normal de expediente para executar medições necessárias à acção de benchmarking.

Um exemplo de um programa público de benchmarking de grande sucesso onde partipam milhares de PMEs desde meados dos nos 90 é o programa UK benchmarking index – ver Caixa 3.13.1

3.14 Inteligência estratégica em colaboração

Tal como as auditorias, as clínicas tecnológicas envolvem diagnósticos prévios, e tal como os serviços de referência, envolvem a ligação das empresas beneficiárias alvo ao fornecedor adequado. Uma clínica tecnológica é um projecto implementado por uma infraestrutura tecnológica (ou uma agencia de inovação) que visa determinar as prioridades de desenvolvimento de capacidade tecnológica num grupo de empresas. Normalmente, as clínicas tecnológicas têm uma lógica sectorial ou temática e orientam-se para a identificação de questões tecnológicas que possam ter relevância para solucionar problemas comuns a todas as empresas do sector.

A justificação para este tipo de intervenção está muito para além do quadro neoclássico. Com efeito, uma clínica tecnológica pode ser encarada como uma intervenção que visa colmatar "falhas" de mercado entre empresas receptoras de tecnologia e fornecedores de equipamentos e/ou conhecimentos e consultoria tecnológica. Contudo, uma vez que pela sua natureza uma clínica consiste num processo colectivo, que envolve um diagnóstico inicial de alguma profundidade prospectiva (olhando não só os problemas de hoje, mas também os problemas a curto-médio prazo), a justificação para este tipo de intervenção está mais do lado da oportunidade para actuar nas "falhas de aprendizagem", empurrando as empresas para um processo evolutivo e para a formação de parcerias necessárias à resolução de problemas actuais e futuros.

Em termos muito genéricos – ver Caixa 3.14.1, para lançar uma iniciativa deste tipo, começa-se pela selecção prévia de uma ou várias questões tecnológicas estratégicas de grande relevância para as empresas de um sector. De seguida trabalha-se no sentido de ajudar as empresas a entender essas questões, adoptar novas tecnologias e implementá-las com sucesso. Uma clinica tecnológica pode ter focalizações bastante diferentes, por exemplo: pode-se pensar num programa dirigido a uma tecnologia específica, a um tema tecnológico de âmbito mais vasto, a questões relacionadas com regulamentação técnica ou ambiental, pode-se fazer uma clínica em metodologias ou técnicas de gestão e organização de empresas, ou pode-se pensar em clínicas orientadas à demonstração de tecnologias.

A Finlância, a região de Gales e a Suécia embora utilizando modelos ligeiramente diferentes, implementaram com sucesso clínicas tecnológicas em diferentes sectores. Na Finlândia a Agência de Inovação – Tekes iniciou em 1992 um programa de clínicas em vários sectores, para promover a adopção de tecnologias e o aumento de competência tecnológicas, bem como aumentar o conhecimento das PME sobre serviços externos de apoio técnico e de I&D. Desde o início do Programa a Tekes activou dezenas de "clínicas", envolvendo centenas de ligações com PMEs.

Caixa 3.14.1 – Clínicas Tecnológicas. Um nova forma de implementar Programas Tecnológicos para PMEs

Finlândia – Metodologia para implementação de uma clínica tecnológica

1. Preparação: definição da clínica

Na 1ª fase a infraestrutura fará várias visitas a associações e empresas líder para identificar questões técnicas e tecnológicas estratégicas que possam ser alvo de projectos de desenvolvimento e/ou adopção. Nesta fase são consultados peritos para identificar áreas tecnológicas estratégicas para o futuro. Do confronto entre as duas acções será escolhido o tópico tecnológico base que define a clínica. Poderá mesmo ser organizada uma matriz de tópicos tecnológicos versus aplicações e soluções para problemas identificados. Serão identificados os apoios relevantes em cada área.

2. Lançamento da clínica

Na fase seguinte faz-se o contacto com uma amostra representativa de empresas no sector escolhido para chamar a atenção para a importância do(s) tópicos identificados. Esta promoção pode ser feita em formato de Workshop-debate, por exemplo, com o apoio das Associações Empresariais relacionadas com o sector e/ou região em causa. Após o Workshop serão abertas inscrições para empresas que queiram participar na iniciativa, tendo em vista a adopção de tecnologias e implementação de soluções.

3. Implementação

Na fase de implementação a infraestrutura organizadora da clínica apoia as empresas inscritas na formulação dos seus projectos redirecionando-as para os forncedores de tecnologia relevantes. Este podem ser privados ou públicos, neste último caso incluem-se todos os institutos, centros tecnológicos ou universidades com competências nas áreas relevantes e empenhamento em prestar apoio a PMEs. A infraestrutura organizadora pode ainda prestar também apoio e informações relativas a fontes de financiamento possíveis, para a implementação de projectos específicos empresa a empresa, de adopção e desenvolvimento tecnológico nos tópicos identificados.

Fonte: www.tekes.fi | www.rinno.com

3.15 Conclusões

Neste capítulo selecionamos alguns dos instrumentos e medidas utilizados em vários países no âmbito das suas políticas de ciência, tecnologia e inovação. Embora de forma alguma os instrumentos e medidas sejam representativos de todas as formas de intervenção eles servem, contudo, para ilustrar tendências e preferências, quer no enquadramento que é dado às medidas e respectivos quadros conceptuais, quer na forma particular que foi escolhida para a sua implementação. Da revisão selectiva de tipos de apoios seria importante realçar as seguintes características mais salientes.

Em primeiro lugar, parece hoje evidente que a criação de infraestruturas de apoio à inovação tecnológica nas empresas, é relativamente menos importante do que as medidas de incentivo à intermediação activa e à disponibilização de serviços de apoio tecnológico, em muitos casos fornecidos pelas infraestruturas já criadas.

Em segundo lugar, os grandes programas de incentivo ao investimento em factores de modernização parecem estar a mudar a sua orientação. De apoios ao investimento em activos corpóreos (máquinas e equipamentos tecnológicos avançados), estes programas incluem cada vez mais critérios orientados ao apoio aos factores intangíveis da inovação e a estratégias de risco, associadas a processos de desenvolvimento e introdução no mercado de novo produtos.

Uma outra conclusão que importa realçar é que, pelo menos em alguns casos, valerá a pena estudar a operacionalização dos apoios de forma a se obter "pacotes de incentivos" que simplifiquem procedimentos de elegibilidade e selectividade. Por exemplo, programas como o SIBR são pensados para que o beneficiário não tenha de se candidatar várias vezes a diferentes medidas para várias finalidades. Ou seja, o que se entende por "integração" de medidas, não é concentração da gestão de medidas de apoio à I&D e inovação na mesma entidade, mas sim potenciar uma lógica de participação longitudinal do mesmo beneficiário, ao longo de várias fases utilizando diferentes instrumentos.

Em geral, uma outra importante conclusão que salientamos da breve revisão de instrumentos e medidas neste capítulo, é que algumas das medidas não estão formatadas *apenas* em função do beneficiário *mas também* em função de objectivos colectivos. Isto é, pretende-se privilegiar interacções entre actores e não actores individualmente. Tradicionalmente, os apoios à I&D e à inovação têm-se centrado nos actores (empresas ou infraestruturas tecnológicas), descurando a necessidade de estimular "interacções" entre diferentes tipos de actores e de promover os efeitos sistémicos associados ao processo de inovação. Note-se que isto é completamente diferente das tradicionais medidas associadas ao modelo neoclassico linear, que em alguns casos incluem majorantes e incentivos à colaboração bilateral entre dois actores. O que parece ser importante é que haja também medidas orientadas a uma lógica de "sistema" de interacções. Ou seja, a política de ciência, tecnologia e inovação deve conter instrumentos que promovam uma lógica de "pólos" (de capacidades e funções, clusters de sectores, etc.) ligados em "rede", que funcione de forma suplementar à lógica dos tradicionais apoios dirigidos a actores individuais. Dito isto, refira-se que a tipologia de instrumentos, que poderá dar corpo a uma programação que também inclua como alvo o "sistema", e não apenas actores individuais, tem características muito específicas e incluem, por exemplo, Programas como as Clínicas Tecnológicas na Finlândia. O mesmo, por consequência, com o tipo de gestão operacional, que deverá ser pedida aos gestores envolvidos na gestão das medidas.

Acrescente-se também que, em muitos dos casos que seleccionamos, as medidas estão orientadas a uma tipologia de capacidades tecnológicas. Isto é, parece importante que nos apoios dirigidos a empresas individuais haja um modelo de segmentação de beneficiários alvo por níveis de capacidade tecnológica.

Como se viu, os incentivos à I&D são praticados em muitos países da Europa, mas sempre dirigidos a um alvo muito específico e encorajando a I&D realizada em colaboração.

Já os incentivos ao investimento em modernização, tradicionalmente centrados em activos tangíveis, parecem estar a utilizar critérios que favoreçem a acumulação de recursos e activos intangíveis, mas nas empresas de menores capacidades. Nesse sentido, uma outra conclusão que parece ser da maior importância para a realidade da economia portuguesa, é a das medidas de incentivo que induzam as empresas (em especial as PMEs) a recorrerem a serviços de apoio. A ideia é que, em paralelo com o acesso aos esquemas públicos de financiamento, deve haver apoios na forma de "serviços públicos de atendimento e aconselhamento". Isto é válido, quer para financiamentos públicos quer para, por exemplo, o capital de risco (mais hands-on), ou ainda para apoios à inserção de quadros nas empresas. Chamamos no entanto a atenção para que o fornecimento deste tipo de serviços públicos, deve ser visto numa optica desconcentrada, no sentido em que passem a estar associados a uma política de proximidade e colaboração com as empresas alvo. Por outro lado, a capacidade da infraestrutura pública para fornecer "aconselhamento", para além de "financiamento", depende das suas competências. Nos exemplos que expusemos neste capítulo, não foi possível, como facilmente se percebe, descrever a associação entre os apoios mais interventivos na forma de serviço público e as capacidades e competências das infraestruturas que os operacionalizam. Parece no entanto ser razoável admitir que a eficácia dos apoios à inovação na Finlândia, por exemplo, muito fica a dever à elevada competência e qualidade da sua Agência de Inovação – Tekes, na prestação dos serviços públicos associados à implementação de Programas como as Clínicas Tecnológicas.

Finalmente, a revisão apresentada chama também a atenção para a importância que os instrumentos que promovem a reflexão colectiva, com o objectivo de elaborar estratégias partilhadas (bottom-up), parece ter em outros países. Com efeito, medidas que envolvam a concertação e desenvolvimento de inteligência estratégica nos domínios da gestão da ciência e tecnologia, são cada vez mais essenciais. Estas medidas requerem o envolvimento das entidades públicas em projectos "bottom up" participados pelos principais actores e que visam determinar estratégias tecnológicas de actuação e gestão conjunta.

4.

Modelos para coordenação e integração de instrumentos e medidas de apoio à ciência, tecnologia e inovação

4.1 Introdução

No capítulo anterior estávamos essencialmente preocupados com uma descrição selectiva e critica de alguns dos instrumentos de apoio à ciência, tecnologia e inovação. Referindo quando possível a inserção institucional específica de cada instrumento, fomos apresentando os diversos tipos de apoio e referindo as suas diferentes possibilidades de enquadramento e de execução nos quadros neoclássico e evolucionista. Não referimos, no entanto, quais as ferramentas que podem ser usadas pelos responsáveis da política de ciência, tecnologia e inovação para organizar e coordenar todo sistema de apoio. Ou seja, não referimos quais os modelos que podem apoiar a governança programática das políticas e instrumentos de apoio.

Neste capítulo estamos interessados em estudar modelos que conduzam a uma lógica de sistema integrado de apoios com elevado grau de coerência. Nos capítulos 5 e 6 iremos analisar a governança do caso Português, numa perspectiva institucional e programática, respectivamente. Como facilmente se percebe, quando se aumenta a diferenciação e especialização de

104 | Uma nova política de inovação em Portugal

acções e instrumentos, seja qual for o enquadramento justificativo da intervenção pública nos paradigmas neoclássico ou evolucionista, ou seja qual for a segmentação de beneficiários alvo utilizada, aumenta a necessidade de uma visão global e integrada de como funciona o sistema de apoios como um todo, e de quais os seus efeitos globais de adicionalidade.

No que se segue, apresentamos diferentes formas de trabalhar essa visão global e integrada dos tipos de apoio e respectiva adicionalidade nos seus segmentos alvo. Começamos por apresentar um modelo simples que permite ordenar os diferentes tipos de apoio por "funções" do contexto institucional. Isto é, começamos por enquadrar diferentes tipos de apoio numa tipologia de entidades que alegadamente os deveria operacionalizar. A tipologia de entidades inclui os centros de I&D universitários, institutos públicos e centros tecnológicos, associações empresariais e fornecedores privados de tecnologia. Apesar de se tratar de uma abordagem baseada apenas nas capacidades da "oferta", este modelo tem provado a sua utilidade no contexto dos PRAI – Planos Regionais de Apoio à Inovação em Portugal (Laranja 2004).

Em segundo lugar, apresentamos propostas para construir um modelo de integração de diferentes tipos de apoio, mas em vez de olhar a integração coerente pelo lado das funções das instituições de apoio, olhamos pelo lado da "procura", isto é: a integração e a coerência do sistema são vistas em função da segmentação dos beneficiários alvo em diferentes níveis de capacidade tecnológica.

Em terceiro, lugar um outro ordenamento para os diferentes tipos de apoio que pode ser bastante útil, sobretudo quando uma grande percentagem dos beneficiários são PMEs de menor capacidade tecnológica, é considerar o grau de financiamento prestado versus a adicionalidade cognitiva ou o grau de conhecimento adicionado à empresa. Neste exercício, os diferentes tipos de apoio são classificados em função do seu potencial de

4. Modelos para coordenação e integração de instrumentos... | 105

adicionalidade em pequenas empresas de capacidades reduzidas.

Finalmente, e regressando à comparação entre o quadro neoclássico e o quadro evolucionista, propomos a necessidade de estudar o mix específico de instrumentos que, de acordo com as características de cada região, possa combinar de forma coerente instrumentos estáticos, dirigidos ao aumento de recursos, com instrumentos orientados para uma dinâmica evolucionista baseada na indução de novos comportamentos, quer a nível de cada agente quer a nível do sistema. Note-se que o reconhecimento de que existem medidas que são dirigidas ao funcionamento do sistema (interacções sistémicas) e não a actores individuais, não deve ser confundido com a função de coordenação da governança programática. No primeiro caso trata-se de gerir um processo reflexivo que convirja para prioridades estratégicas partilhadas, enquanto no segundo caso trata-se de ferramentas que podem ser usadas pelos responsáveis da política de ciência, tecnologia e inovação para organizar e governar de forma coerente o sistema de apoios (governança programática) e os diferentes papeis das instituições públicas (governança institucional).

4.2 Os apoios à inovação e as capacidades do contexto institucional: um sistema coerente de apoios

Nesta secção pretendemos posicionar diferentes instrumentos de apoio à ciência, tecnologia e inovação de acordo com o tipo de entidade que operacionaliza os apoios. De certa forma, esta ideia remete para uma questão recorrente em políticas de ciência, tecnologia e inovação que é a necessidade de analisar, não só a diversidade de apoios e respectivas adicionalidades, mas também as capacidades e competências das instituições encarregues de operacionalizar esses mesmos apoios.

106 | Uma nova política de inovação em Portugal

Com base em Galli e Teubal (1997), começamos por separar as capacidades das instituições de apoio, dos tipos de instituições de apoio, evidenciando então as diferentes formas ou os diferentes instrumentos (acções, medidas ou serviços) que resultam do cruzamento entre capacidades e tipos de instituições – ver Quadro 4.2.1. No eixo das capacidades, consideramos "funções-hard", que incluem o fornecimento de serviços científicos e técnicos, e "funções-soft" que incluem a difusão de conhecimentos, formulação de políticas, divulgação da ciência e a coordenação e ordenamento do sistema de apoio. No eixo dos tipos de entidades beneficiárias e tipos de entidades fornecedoras que operacionalizam os instrumentos, agrupamos organizações que partilham o mesmo tipo de características (Galli e Teubal 1997 pp.346-347). A tipologia proposta é a seguinte: *organizações orientadas à criação de conhecimentos* como as universidades e institutos de investigação; *organizações de interface* como os centros tecnológicos, institutos tecnológicos de vários tipos, centros de inovação, parques de ciência e tecnologia, etc.; organizações de representação colectiva como os vários tipos de *associações industriais, empresariais ou profissionais; organizações reguladoras* incluindo os institutos de patentes, organismos certificadores de qualidade e de standards técnicos; e organismos de política de inovação incluindo todo o tipo de agências, fundações ou institutos públicos com responsabilidades na execução e gestão de medidas e acções de apoio à inovação; entidades privadas de financiamento que incluem *bancos, sociedades de capitais de risco*, etc.[1] Podemos então definir uma matriz

---

[1] Note-se que haveria ainda outros aspectos institucionais que deveriam fazer parte deste tipo de análise, enquanto factores que inibem ou recompensam os esforços de inovação, mas que vão para além da nossa perspectiva de classificar e inserir os mecanismos de apoio nos seus fornecedores, e que incluem normas culturais e sociais, etc. Também não incluímos importantes instrumentos de apoio à inovação que se situam na área da educação e formação profissional.

que combina tipos de capacidades com tipos de organizações fornecedoras de apoios, posicionando no cruzamento das duas, os mecanismos de apoio que vimos no capítulo 3. Nas funções que seleccionamos acrescentamos uma importante capacidade do sistema, que não revimos no capítulo 3, e que diz respeito à função de promoção da ciência e tecnologia enquanto valor social e cultural. Isto permite criar um modelo estilizado acerca de quais os tipos de entidades que, possuindo as adequadas capacidades, deveriam operacionalizar e distribuir os apoios considerados.

Note-se que com este modelo, não estamos preocupados com o estudo de como o sistema de apoios, assim retratado, pode ou não criar diversificação e selecção de capacidades relevantes face à procura. Por outras palavras, nesta abordagem não nos preocupamos em identificar os mecanismos de focalização que actuam por detrás da evolução das capacidades e respectivos sistemas de apoio. O que se pretende com este modelo, é um certo afastamento dos tradicionais métodos de análise de mecanismos de apoio, baseados na avaliação da capacidade instalada (Nauwelaers e Reid 1995). Por outro lado, o que esta abordagem permite é uma focalização na eficácia funcional e coerência do sistema de mecanismos de apoio, relativamente às funcionalidades existentes nos diversos tipos de organismos e, portanto, quando aplicada a países ou regiões pode revelar sobreposições e conflitos a um nível agregado, bem como áreas de carência a nível das funções que importa criar nos diversos organismos fornecedores. Note-se também que uma vantagem desta abordagem é que, conhecendo o padrão de distribuição de capacidades tecnológicas nas empresas, ela permite identificar o adequado equilíbrio de funções na oferta de mecanismos de apoio.

Quadro 4.2.1 – Tipo de agentes envolvidos no processo de transferência de tecnologia
e capacidades que oferecem, funções que desempenham nesse processo.

	Organizações orientadas à criação de conhecimentos	Organizações de Interface	Associações Empresariais, Industriais, Profissionais	Organismos de regulação	Organismos de execução e gestão de políticas, medidas acções	Financiamento, Bancos, Capitais de Risco
I&D	Criação e reforço de infraestruturas Incentivos às actividades de I&D	Criação e reforço de infraestruturas Incentivos às actividades de I&D			Financiamento de I&D. Análise-avaliação de propostas	
Utilização de tecnologia/conhecimentos existentes	Serviços de apoio tecnológico	Serviços de apoio tecnológico	Serviços de apoio tecnológico (e em gestão e formação profissional)		Incentivos ao investimento em modernização Incentivos à utilização da PI	Capital de Risco
Promoção da transferência de tecnologia	Serviços de liaison e intermediação tecnológica Incubação de NEBT – geração de spin-offs Colocação de técnicos e investigadores nas empresas e apoio à mobilidade	Incentivos à utilização da PI Incubação de NEBT – geração de spin-offs Colocação de técnicos e investigadores nas empresas apoio à mobilidade	Serviços de apoio tecnológico (e em gestão e formação profissional) Serviços de referência e encaminhamento Programas de visitas e comparação de empresas		Incentivos ao investimento em modernização Incentivos à utilização da PI	Capital de Risco
Certificação Standards Metrologia		Serviços de liaison e intermediação tecnológica Serviços de apoio tecnológico Serviços de referência e encaminhamento	Serviços de apoio tecnológico Serviços de referência e encaminhamento Programas de visitas e comparação de empresas	Definição de Normas de certificação Incentivos à utilização da PI	Criação e reforço de infraestruturas Incentivos ao investimento em modernização	
Difusão de informação	Actividade editorial Publicações	Serviços de referência e encaminhamento	Serviços de referência e encaminhamento	Serviços de referência e encaminhamento	Serviços de referência e encaminhamento	
Serviços de consultoria	Inteligência estratégica em colaboração	Programas de visitas e comparação de empresas Inteligência estratégica em colaboração	Serviços de apoio tecnológico Serviços de referência e encaminhamento Programas de visitas e comparação de empresas Inteligência estratégica em colaboração			
Financiamentos					Criação e reforço de infraestruturas Incentivos às actividades de I& Incentivos ao investimento em modernização	Capital de Risco Empréstimos
Promoção e divulgação da cultura científica e tecnológica	Dias Abertos Feiras de Ciência	Dias Abertos			Financiamento da promoção da ciência e tecnologia	

Fonte: adaptado e melhorado com base numa ideia desenvolvida no Projecto LISTART – AdI, ver também (Laranja 2005)

4. Modelos para coordenação e integração de instrumentos... | 109

4.3 Como construir um sistema de distribuição que entregue os apoios ao alvo adequado?

Passamos agora a um outro tipo de ordenamento dos instrumentos de apoio à inovação, que combina as capacidades das organizações, que fazem parte do contexto institucional de apoio, com as capacidades tecnológicas das empresas beneficiários alvo.

Isto pode ser feito cruzando os níveis de capacidade tecnológica sugeridos por Arnold e Thuriaux (1997), e que referimos no capitulo 2, com uma segmentação de capacidades do lado das entidades de apoio. Obtemos assim uma matriz de segmentação de apoios e de capacidades as empresas que de certa forma procura estruturar o sistema de apoios dando-lhe uma dupla coerência funcional. Adaptando à terminologia de tipos de apoios que utilizamos no capítulo 3, apresentamos no Quadro 4.3.1 uma matriz deste tipo que foi utilizada no âmbito do projecto LISTART – Estratégia de Inovação e Tecnologia para a Região de Lisboa e Vale do Tejo.

Quadro 4.3.1 – Tipos de Apoio e níveis de capacidade tecnológica nas empresas beneficiárias

	PMEs contingentes	Empresas de capacidade mínima	Empresas tecnologicamente competentes	Empresas executoras de I&D
I&D				Incentivos às actividades de I&D
Apoio Tecnológico		Serviços de apoio tecnológico Programas de visitas e comparação de empresas	Serviços de liasion e intermediação tecnológica	
Apoio à Transferência de Tecnologia		Serviços de liasion e intermediação tecnológica	Serviços de liasion e intermediação tecnológica Incentivos à utilização da PI	Incubação de NEBTs
Serviços de Informação. Introdução à tecnologia	Programas de visitas e comparação de empresas. Serviços de referência e encaminhamento			
Serviços de Apoio a Empresas - Informação empresarial		Serviços de apoio tecnológico Programas de visitas e comparação de empresas		

Fonte: LISTART (1999)

110 | Uma nova política de inovação em Portugal

Utilizando alguns dos diferentes tipos de apoio descritos no capítulo 3, e os diferentes níveis de capacidade tecnológica das empresas na escala 1-10 definidos no capítulo 2, no Quadro 4.3.2 fazemos um exercício semelhante.

Quadro 4.3.2 – Tipos de apoio e níveis de capacidades tecnológica nas empresas

	Tipos de serviços de apoio	Níveis de Capacidade Tecnológica									
		1	2	3	4	5	6	7	8	9	10
Serviços PUSH	Incentivos às actividadea de I&D										
	Incentivos à utilização do sistema de PI										
Promoção da transferência e comercialização	Serviços de liaision e intermediação tecnológica										
	Capital de risco										
	Colocação de técnicos e investigadores nas empresas										
Serviços de apoio Tecnológico	Serviços de apoio tecnológico										
	Auditorias tecnológicas / inovação										
	Clínicas tecnológicas										
	Incentivos ao investimento em modernização										
	Inteligência estratégica em colaboaração										
Serviços de informação	Serviços de referência e encaminhamento										
	Incentivos à utilização do sistema de PI										
	Serviços de liaision e intermediação tecnológica										
Serviços gerais promoção da inovação e das boas práticas	Programas de visitas a empresas										
	Serviços de apoio tecnológico										
	Auditorias tecnológicas / inovação										
	Serviços de referência e encaminhamento										

pouco relevante ☐ ▨ ▨ ■ muito relevante

4.4 Coerência e grau de adicionalidade nos apoios à inovação

Uma das questões centrais no desenho e execução de políticas de ciência, tecnologia e inovação, sobretudo nas medidas que se dirigem ao segmento das PMEs é a questão da adicionalidade dessas mesmas políticas. Como se viu no capítulo 2, existe hoje uma preocupação particular com políticas que sejam *PME-inclusivas i.e.* políticas que tragam as PMEs para dentro do sistema de apoios. Porque se trata de uma questão particularmente relevante no contexto da realidade portuguesa, e recorrendo ao quadro proposto por Clarysse e Duchêne (2000), fazemos aqui um pequeno exercício onde diferentes tipos de apoio são classificados em função do seu potencial de adicionalidade em pequenas empresas de capacidades reduzidas.

Referimo-nos não à tradicional adicionalidade de recursos e resultados, mas sim à noção de adicionalidade cognitiva introduzida no capítulo 2, e que se traduz na indução de alterações nas atitudes e nos comportamentos das empresas. Como oportunamente chamamos a atenção no capítulo 3, uma simples listagem dos tipos de apoio diz-nos pouco acerca da forma como eles podem actuar em termos de adicionalidade cognitiva, uma vez que muito depende da forma como os sistemas de incentivos são operacionalizados e geridos (e não da concepção e definição dos apoios *per se*). Por isso mesmo, no Quadro 4.4.1 note-se que o mesmo tipo de apoio pode aparecer quer no quadrante de maior adicionalidade quer no quadrante de reduzida adicionalidade. Na nossa opinião é desejável, contudo, que para o segmentos das PMEs os apoios à inovação sejam operacionalizados com maior grau de aconselhamento.

Por exemplo, o capital de risco com aconselhamento ou com formação do empreendedor na elaboração do plano de negócios, tem adicionalidade cognitiva, enquanto que o acesso a capital de risco tipo "hands-off", sem que haja qualquer tipo de intervenção do investidor gestão da sua empresa participada, terá reduzido impacto na alteração de conhecimentos do

112 | Uma nova política de inovação em Portugal

Quadro 4.4.1 – Grau de financiamento e adicionalidade
de comportamentos

Valor adicionado
grau de aconselhamento

• Inteligência estratégica em colaboração

• Clínicas Tecnológicas

• Serviços de apoio tecnológico

• Colocação de técnicos/investigadores nas empresas

• Programas de visitas e comparação de empresas

• Capital de risco hands-on

• Serviços de liaision e intermediação tecnológica

• Incentivos utilização do sistema PI

Grau de financiamento

• Serviços de referência e encaminhamento

• Colocação de técnicos/investig. nas empresas

• Capital de risco hands-off
• Incentivos às actividades de I&D
• Incentivos ao investimento em modernização

empresário. Também, de igual forma, a colocação de quadros qualificados nas empresas, onde o organismo gestor da medida ajuda o beneficiário a elaborar um plano de responsabilidades e funções, de forma a melhor integrar os novos recursos humanos qualificados, terá maior adicionalidade cognitiva relativamente à implementação desse mecanismo baseada apenas em critérios de elegibilidade administrativa e financeira. Note-se ainda que, seguindo o mesmo raciocínio os serviços de intermediação tecnológica podem ou não ter elevada adicionalidade cognitiva. Serviços de intermediação tecnológica *passiva*, onde o organismo gestor do apoio se limita a organizar encontros bilaterais entre entidades receptora e detentora da tecnologia terão baixa adicionalidade. Por outro lado, serviços de intermediação

4. Modelos para coordenação e integração de instrumentos... | 113

onde o organismo gestor assume o papel de intermediador *activo*, ajudando à descodificação de conhecimento do lado do detentor e à clarificação de necessidades do lado do receptor, acompanhando e aconselhando o detentor da tecnologia e o receptor ao longo de todo o processo de transferência (e transformação) de tecnologia, terão elevada adicionalidade cognitiva.

4.5 A forma e a focalização dos apoios à inovação

Deixamos para último um quadro de referência essencial e que algum modo temos vindo a utilizar desde o capítulo 2. Este quadro baseia-se em dois eixos (ver Nauwelaers and Wintjes 2003). O primeiro eixo refere-se à comparação entre medidas de apoio orientadas ao reforço de recursos (no quadro neoclássico) e medidas de apoio orientadas à indução de novos comportamentos. O segundo eixo refere-se à necessidade de distinguir entre instrumentos que se orientam para actores individuais (no caso de empresas, segmentados por níveis de capacidade tecnológica) de instrumentos cujo o alvo é o sistema ou a cooperação entre actores.

À luz dos instrumentos específicos que detalhamos no capítulo 3, propomos agora – ver Quadro 4.6.2 – que cada região/ /país procure encontrar diferentes equilíbrios relativamente às medidas que deseja implementar nos quadrantes A, B, C e D.

Esse equilíbrio será função da distribuição de capacidades das empresas dessa região (relacionado com o perfil de especialização da região), função da posição da região no ciclo de vida, função da composição relativa do tecido empresarial da região, no que respeita ao número de PMEs de capacidades reduzidas, número de novas empresas de base tecnológica, número de grandes empresas com recursos tecnológicos próprios, etc. Como veremos em mais detalhe no capítulo 6, existe actualmente em Portugal um claro enviusamento para instrumentos tipo A e um défice de instrumentos tipo D, situação que importa reequilibrar. Para o equilíbrio de instrumentos tipo A,

114 | Uma nova política de inovação em Portugal

Quadro 4.6.2 – Um equilíbrio entre instrumentos estáticos e dinâmicos e entre instrumentos dirigidos a actores individuais e dirigidos ao sistema de interacções

Forma e focalização dos apoios

	Recursos input **(instrumentos re-activos)**	**Adicionalidade** **de comportamentos** **(instrumentos reactivos)**
orientados aos actores individuais	Criação ou reforço de infraestruturas Incentivos ao investimento em modernização Incentivos à PI Incentivos ficais à I&D Subsídios à I&D Colocação e técnicos nas empresas Capital de risco *hands-off* Incubação infraestruturas **A**	Criação ou reforço de Recursos humanos em I&D Colocação de investigadores nas empresas Colocação e técnicos nas empresas Capital de risco *hands-on* Incubação com intervenção Programas de visitas **B**
orientados ao sistema	Serviços de liasion, intermediação Serviços de apoio tecnológico Serviços de referência e encaminhamento Infraestruturas com intervenção das empresas **C**	Incentivos à I&D em consórcio, mobilizadores Serviços de intermediação dinâmica – Clínicas Inteligência estratégica em colaboração Processos colectivos planeamento da inovação **D**

B, C e D importa porém notar que será ao nível das acções C e D que uma política de proximidade com os actores, numa óptica desconcentrada e promovida pelas autoridades regionais, terá um papel mais relevante. Como se sabe, as relações de proximidade entre os actores e as entidades públicas e semi-públicas encarregues da formulação e implementação de políticas de inovação, importa para a redução de incerteza acerca de quais e como melhor usar os recursos. A proximidade importa também para melhor executar as funções de "intermediação", "aprendizagem" e construção de recursos com adicionalidade cognitiva.

5.

As políticas e a evolução do sistema de governança da ciência, tecnologia e inovação em Portugal

5.1 Introdução.

Em 1986 os peritos da OCDE escreviam que a história da política de ciência, tecnologia e inovação em Portugal parecia uma sinfonia inacabada[1]. Neste capítulo iremos ver que, embora hoje esteja mais completa, a sinfonia continua a carecer de um maestro que a conduza de forma integrada e harmoniosa. No seguimento do que foi explicado no capítulo 2 acerca da importância do governo enquanto regulador, organizador do sistema de inovação, e dos grupos de interesse públicos e privados que nele participam, propomo-nos neste capítulo fazer uma análise crítica e selectiva das mudanças mais significativas na estrutura de governança da política de ciência, tecnologia e inovação das últimas décadas.

Em particular, propomo-nos analisar como é que se geraram as legacias e os contextos políticos de referência que expli-

---

[1] "Why does the history of science and technology in Portugal give the impression of an unfinished symphony?" (OECD 1986, p.90).

cam as "clivagens" no actual sistema de inovação nacional. Por exemplo, é importante perceber como se gerou a ausência de integração entre uma política de ciência e uma política de inovação. É também importante perceber, porque é que a política de inovação tem sido centrada em questões de enquadramento, como por exemplo a criação e sustentabilidade das infrestruturas públicas de apoio à tecnologia e inovação, ou em questões relacionadas com a utilização do sistema de propriedade industrial, descurando no essencial os apoios directamente orientados aos factores intangíveis, associados à prática da inovação nas empresas.

Centrando a análise nos níveis 1, 2 e 3 do modelo da Figura 2.5.1 (que vimos no capítulo 2) bem como nas questões de governança horizontal e vertical, o nosso objectivo é, portanto, ilustrar a relação entre a estratégia global, a estrutura de governança e as políticas ao longo das últimas décadas, no domínio da ciência, tecnologia e inovação em Portugal. No nível 1 da coordenação de topo inter-sectorial, iremos recordar quais foram as estratégias globais e qual o racional que nos parece que esteve por detrás das estratégias identificadas. Ao nível 2 estaremos concentrados nas políticas sectoriais, em particular as políticas prosseguidas pelas tutelas com o pelouro da economia e da ciência, mas também políticas que caem no âmbito das tutelas do ensino superior e de outros sectores. A análise a este nível centra-se, não só nos objectivos e estratégias de alguns sectores relevantes, como também na gestão e distribuição de recursos, criação de institutos e agências de missão na óptica intra-sectorial.

Embora se reserve para o próximo capítulo uma análise mais detalhada das medidas, acções e respectivo enquadramento no quadro de conceptual de referência que referimos nos capítulos anteriores, analisa-se desde já neste capítulo, a distribuição de tarefas de implementação e operacionalização sectorial ao nível 3.

A governança vertical de ligação entre os níveis, é um aspecto que procuraremos também ter em conta. Isto envolve

5. As políticas e a evolução do sistema de governança da ciência... | 119

considerações acerca de como os interesses de cada sector são representados ao mais alto nível. Um aspecto importante na governança vertical é participação dos actores do nível 4, isto é; até que ponto é que a "voz do cliente" é ouvida na formulação e implementação das políticas.

Por outro lado, é também importante olhar para aspectos de governança horizontal ou grau de compartamentalização entre actores, e em particular, a já referida separação entre politica de I&D científica no pelouro da Ciência e Ensino Superior, e politica de inovação no pelouro da Economia. Do ponto de vista do beneficiário no nível 4, este é um ponto essencial, já que uma excessiva divisão de pelouros aumenta a complexidade do sistema e dificulta o relacionamento dos beneficiários no nível 4, com o resto do sistema. Por outro lado, a ciência, tecnologia e inovação – enquanto aplicação de conhecimentos científicos com mais valia económica e social – é uma questão demasiado abrangente para poder ser abordada numa perspectiva meramente sectorial, obrigando a articulação horizontal das estruturas a vários níveis. A coordenação horizontal envolve questões de orçamentação, gestão conjunta de programas e respectivos objectivos programáticos, comunicação transversal entre estruturas e, em alguns casos, criação de estruturas inter-sectoriais com duplas ou múltiplas tutelas.

Por último, note-se que não se pretende neste capítulo fazer uma análise exaustiva e detalhada de todas as estruturas responsáveis pela coordenação de políticas inovação, ciência e tecnologia em Portugal a vários níveis. Por exemplo, embora as tutelas da Educação a todos os níveis (e não apenas ao nível do Ensino Superior) e da Formação Profissional desempenhem um papel essencial nas políticas de ciência, tecnologia e inovação, não poderemos, contudo, dar-lhes aqui o tratamento aprofundado que mereceriam. No que se segue focamos a atenção de forma selectiva nas situações que nos parecem mais relevantes e que melhor ilustram como se chegou à actual situação nos vários níveis e entre vários sectores.

5.2 As origens da politica portuguesa de Ciência, Tecnologia e Inovação

No final dos anos 60 Portugal foi convidado a participar nos trabalhos da OCDE para a promoção da importância do conhecimento científico e tecnológico no desenvolvimento económico e social (OCDE 1968, em OCDE 1986). De certa forma, foi no seguimento da participação da equipa piloto portuguesa e em resultado da necessidade de promover investigação fundamental e aplicada, através de programas financiados pela NATO e pela OCDE (Ruivo 1998), que se criou em 1967 a JNICT – Junta Nacional de Investigação Científica e Tecnológica.

A missão da JNICT incluía a preparação de matéria legislativa e orçamental necessária como suporte ao planeamento, execução e coordenação da política científica e tecnológica nacional, ao nível 1. Porém, na prática e por delegação dos Primeiros Ministros nos anos 70 e 80, a JNICT funcionou quase sempre no nível 2, respondendo a diferentes tutelas consoante os governos, como por exemplo a Educação, a Cultura e a Ciência. Não funcionando na dependência do Primeiro Ministro, não é de estranhar, portanto, que a JNICT tenha encontrado grandes resistências por parte de outras tutelas, que dispondo das suas próprias estruturas científicas e tecnológicas, estavam pouco dispostas a abdicar da sua autonomia em matéria de planeamento e execução de políticas de inovação científica e tecnológica nos seus respectivos sectores. Ou seja, a articulação interministerial de nível 1, que era a missão original da JNICT, foi comprometida por uma sistemática delegação das suas funções para o nível 2, pelo que a "Junta" nunca chegou a desempenhar a sua verdadeira missão.

É, no entanto, interessante referir, que mesmo num contexto que não lhe era favorável, a JNICT foi conseguindo afirmar-se em outras importantes funções. Como por exemplo, a ligação do país a comités científicos internacionais como o INVOTAN no âmbito da NATO, ou a vários comités de planea-

5. As políticas e a evolução do sistema de governança da ciência... | 121

mento científico e tecnológico no âmbito da OCDE. Por outro lado, no final dos anos 70, a JNICT tinha já consolidado importantes funções de recolha de indicadores, no quadro do Manual de Frascati da OCDE, para acompanhamento da evolução do sistema português de ciência e tecnologia. Em 1978 a JNICT tinha também reclamado para si importantes funções de nível 3 associadas à gestão de programas de incentivos à I&D, introduzindo uma lógica de financiamento por projecto (até então inexistente), avaliando e contractualizando projectos de I&D com instituições públicas e empresas em qualquer sector, no âmbito do que ficou conhecido como o primeiro Plano Integrado de Desenvolvimento Científico e Tecnológico – PIDCT (Marciano da Silva 1989). A JNICT passou também a centralizar a elaboração e acompanhamento do orçamento público de ciência e tecnologia, abrangendo todas as instituições públicas de I&D (Laboratórios do Estado) em diferentes tutelas.

Apesar do papel positivo que a JNICT teve neste período, a governança da política científica, tecnológica e inovação em Portugal, nasceu e desenvolveu-se numa perspectiva verticalizada com as diferentes tutelas definindo as suas políticas de forma mais ou menos independente. A Figura 5.2.1 ilustra de forma simplificada o sistema de governança da ciência e tecnologia em Portugal no final dos anos 70.

O relatório da OCDE (1986) sobre a política portuguesa de ciência e tecnologia refere que, embora pelo que está definido na Constituição, as decisões sobre ciência e tecnologia ao nível executivo sejam tomadas pelo Conselho de Ministros, sob a presidência do Primeiro Ministro (em princípio decisões preparadas e assessoradas pela JNICT), na prática o controlo e promoção é feito de forma verticalizada, o que dificulta a existência de uma verdadeira coordenação das actividades nacionais de I&D científica e tecnológica. No mesmo relatório é referido que este domínio tem andado de tutela em tutela, sendo que nos V e VI Governos existiam duas tutelas disputando a coordenação da politica de ciência e tecnologia, nomeadamente, a

Figura 5.2.1 – Governança da Ciência, Tecnologia e Inovação no final dos anos 70

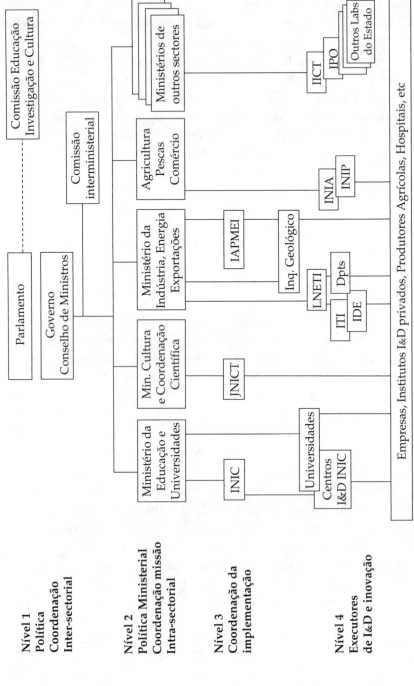

Fonte: National Science and Technology Policies in Europe and North America, 1978, UNESCO Science Policy Documents Series n.º 43

5. As políticas e a evolução do sistema de governança da ciência... | 123

tutela do Ministro da Educação e da Investigação Científica e a tutela do Ministro da Indústria e da Tecnologia. Em 1978 a recém criada Comissão Interministerial para a Ciência e Tecnologia durou apenas 5 meses, desaparecendo com a queda do governo. Também em 1979 foi criado o Conselho Superior de Ciência e Tecnologia – com um papel consultivo (DL nº 498-c/79), mas na verdade este conselho nunca chegou a funcionar. Do mesmo modo, em 1982, no âmbito do DL nº 48/82, é criado o Conselho Nacional para a Investigação Científica e Tecnológica – CNICT na coordenação do então Ministério da Cultura e Coordenação Científica, que também nunca chegou a reunir (OCDE 1986).

Um bom exemplo da governança verticalizada da política portuguesa de ciência, tecnologia e inovação, era o então Ministério do Equipamento Social, que executava de forma mais ou menos autónoma as suas prioridades científicas quer através de um dos mais antigos laboratórios do país, o LNEC – Laboratório Nacional de Engenharia Civil fundado em 1946[2], quer através de outros institutos como por exemplo o INMG – Instituto Nacional de Meteorologia e Geofísica.

Depois da revolução de 1974, sucederam-se importantes fusões e reorganizações das estruturas públicas de ciência e tecnologia em vários Ministérios, fortalecendo ainda mais um sistema multi-sectorializado e dificultando o estabelecimento de uma visão global e articulada entre os sectores. Como exemplos de algumas dessas importantes mudanças do final dos anos 70 e início dos anos 80, refira-se que o Ministério da Agricultura criou em 1975 o INIA – Instituto Nacional de Investigação Agrária, a partir da integração de mais de 50 organismos que estavam em direcções gerais de diferentes serviços, nomeada-

---

[2] O LNEC foi criado em 19 de Novembro de 1946 a partir do Laboratório de Ensaio e Estudo de Materiais do Ministério das Obras Públicas e do Centro de Estudos de Engenharia Civil, sedeado no Instituto Superior Técnico.

124 | Uma nova política de inovação em Portugal

mente: serviços de extensão agrícola, florestal e zootécnica. O Ministério das Pescas, responsável pelas prioridades científicas e tecnológicas de interesse prioritário para o seu sector, cria em 1977 o INIP – Instituto Nacional de Investigação das Pescas[3]. É também em 1975, que o Ministério da Indústria e Energia cria o IAPMEI – Instituto de Apoio às Pequenas e Médias Empresas Industriais. Por fusão entre o então Instituto Nacional de Investigação Industrial e a Agência de Energia Nuclear, é também criado o LNETI – Laboratório Nacional de Engenharia e Tecnologia Industrial (mais tarde rebaptizado como INETI – Instituto Nacional de Engenharia Tecnologia Industrial). Na mesma tutela mas em 1982, com a extinção do Fundo de Fomento de Apoio à Exportação é criado o ICEP – Instituto do Comércio Externo de Portugal.

É, portanto, em finais dos anos 70 que Portugal arranca com a sua estrutura de laboratórios do estado afectos às suas respectivas tutelas. Como se sabe, o conceito de "Laboratórios do Estado" nos países menos desenvolvidos tem origem nos anos 50. A ideia base era a de que os Institutos e Laboratórios do Estado deveriam desempenhar uma importante missão de concentração de conhecimentos de C&T, relevantes para todos os sectores da economia. Refira-se que nos anos 50, nos países mais avançados, as empresas faziam a maior parte do esforço com I&D, pelo que outro tipo de infraestruturas tecnológicas (criadas a partir dos anos 40 nos EUA, Europa e Canadá) cresceram de forma orgânica em resposta às necessidades das empresas, enquanto que os grandes laboratórios do estado cresceram por associção a grandes empreendimentos da ciência (ex: NASA) ou à investigação na área da Defesa (Rush *et al* 1999). Segundo Martin Bell (1993) tendo partido mais tarde para a construção da sua infraestrutura pública de I&D, alguns

---

[3] Antes de 1974 a investigação científica no domínio das pescas competia ao Instituto de Biologia Marítima, directo herdeiro da antiga Estação de Biologia Marítima no então Ministério da Marinha.

5. As políticas e a evolução do sistema de governança da ciência... | 125

países da Europa menos desenvolvidos, tiveram tendência a imitar a infraestrutura científica pública dos países mais desenvolvidos. Por um lado criaram os "Laboratórios do Estado", mas como não dispunham de grandes empreendimentos da ciência, associaram-nos à ideia de "independência" nacional de conhecimentos científicos e tecnológicos gerados por outros. Por outro lado, também por imitação, criaram as infraestruturas tecnológicas de apoio às empresas, mas ao contrário do que sucedia nos países mais avançados, onde estas infraestruturas eram resultado da procura por parte das empresas, nos países menos desenvolvidos os níveis de procura eram reduzidos, e as dificuldades de aderência por parte das empresas eram elevadas.

Em finais dos anos 70 Portugal prosseguia, portanto, uma política de criação e consolidação de institutos e grandes laboratórios de Estado, algo desligados das necessidades de apoio das empresas e organizados de numa lógica sectorial e verticalizada. Um outro bom exemplo dessa lógica verticalizada era a tutela do Ensino Superior. Também este sector definia de forma autónoma as suas próprias políticas científicas e tecnológicas através do INIC – Instituto Nacional de Investigação Científica (instituição coordenadora da investigação universitária criada em 1976, em substituição do então Instituto da Alta Cultura fundado em 1936[4]). Nesta altura, os centros de investigação universitários respondiam a uma verdadeira dupla estrutura hierárquica. Se por um lado os centros respondiam às respectivas reitorias, por outro lado era ao INIC que recorriam para financiamento público dos seus projectos de I&D, incluindo bolsas de estudo. Esta situação não beneficiava nem as universidades, que tinham dificuldades em associar a investigação aos seus programas de mestrado e doutoramento, nem o INIC que não tinha qualquer influência directa na progressão dos investi-

---

[4] O Instituto para a Alta Cultura, no nosso modelo de análise introduzido na figura 2.5.1 no capítulo 2, podia ser o primeiro Conselho Superior de Ciência e Tecnologia em Portugal ao nível 1 do sistema de governação.

gadores na carreira docente (OCDE 1986, p.52). Ou seja, na prática, tinha-se um ensino superior desligado do resto do sistema e que se debatia com problemas de articulação intra-sectorial.

Em resumo, no período que vai desde o final dos anos 60 até ao início dos anos 80, a estrutura de governança da política de ciência, tecnologia e inovação em Portugal, caracterizava-se por ser uma estrutura verticalizada, onde as tutelas e respectivos institutos públicos e laboratórios de estado, definiam de forma mais ou menos autónoma as suas próprias prioridades científicas e tecnológicas. Apesar da influência positiva da JNICT, sobretudo no que respeita à recolha de indicadores para reflexão prospectiva, o seu papel de liasion e concertação interministerial nunca foi verdadeiramente conseguido. Na sua génese a JNICT foi pensada como um órgão de nível 1, funcionando na dependência directa do Primeiro Ministro e orientada para a articulação interministerial, promovendo a governança transversal e a necessidade de estruturar as relações e contactos estabelecidos a nível internacional (Ruivo 1998). Contudo, na prática, e durante muito anos, a JNICT apenas exercia influência no nível 1, conseguindo iniciar uma lógica de programas transversais de financiamento a projectos de I&D. Neste período é, portanto, notória a ausência de uma verdadeira função de "coordenação" da produção e aplicação de conhecimento científico e tecnológico, orientada aos interesses do progresso económico e social. É também aparente que a justificação dominante, para a intervenção pública no domínio da ciência e tecnologia, é semelhante à da "República da Ciência", proposta por Vannevar Bush (Bush 1945). Isto é, assume-se que os benefícios económicos e sociais decorrem de uma forma mais ou menos automática e directa das actividades científicas e tecnológicas. Na base da constituição da JNICT estava, portanto, uma visão linear do modelo de inovação, atribuindo-se especial ênfase aos interesses das instituições de investigação (universidades e laboratórios do estado), não havendo na altura qualquer tipo de orientações, no sentido de promover a ligação da Ciência aos seus potenciais utilizadores (Ruivo 1998).

5.3 O agravamento da estrutura sectorializada

No início dos anos 80 estavam então criadas todas as condições para acentuar a sectorialização da estrutura de governança da política de ciência, tecnologia e inovação e a organização do sistema público de inovação – ver Figura 5.3.1. Havia também uma crescente noção de dependência tecnológica das "transferências" e do investimento estrangeiro em Portugal que importava acautelar (Rolo 1977). No entanto, a reorganização proposta em 1982, no seguimento do DL nº 48/82 de 17 de Fevereiro, não veio ajudar a resolver a situação, mantendo-se no essencial a ausência de uma estratégia global de inovação, ciência e tecnologia (OCDE 1986).

No nível 1, decidiu-se na altura atribuir a responsabilidade da coordenação da política de ciência, tecnologia e inovação ao Conselho de Ministros sob proposta do então Ministério da Cultura e Coordenação Científica, o que denota, portanto, uma nova preocupação explícita com uma estratégia global e articulada. Por outro lado, a JNICT que até então não tinha verdadeiramente conseguido assumir o papel de coordenação interministerial, para o qual tinha sido criada, ficou irremediavelmente colocada no ministério com a tutela da Ciência.

No nível 2, o início dos anos 80 trouxe outras novidades importantes. Pressentindo um vazio estratégico e num dos raros exercícios realizadas no país, no que respeita à análise e avaliação prospectiva da política nacional neste domínio, a JNICT (usando a metodologia da UNESCO, 1977) mobiliza os cientistas, empresários, dirigentes públicos e outros sectores da sociedade, para um processo de consulta orientado para a determinação das prioridades científicas e das inter-relações entre diferentes disciplinas científicas e sectores de actividade económica (JNICT 1981, Caraça e Pinheiro 1981). Esta iniciativa, que ficou conhecida como os "Encontros do Vimeiro", viria a revelar-se como um importante exercício de planeamento, chamando a atenção para a importância de uma função de análise prospectiva e formulação estratégica, realizada de forma independente e com participação directa de vários tipos de actores.

128 | Uma nova política de inovação em Portugal

Figura 5.3.1 Governança da Ciência, Tecnologia e Inovação na primeira metade dos anos 80

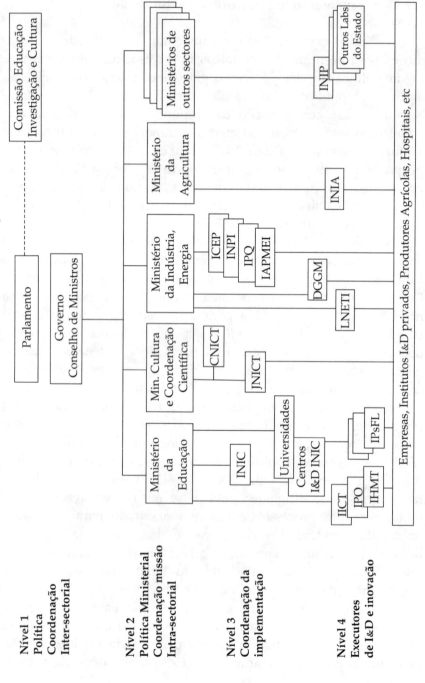

Fonte: adaptado de OCDE 1986

5. As políticas e a evolução do sistema de governança da ciência... | 129

Talvez por reacção aos "Encontros do Vimeiro", ou em resposta às crescentes críticas de falta de dinamismo tecnológico na economia, o Ministério da Indústria do início dos anos 80, pretendendo assumir alguma liderança política na área da inovação, decide, por sua vez, promover o Primeiro Plano Tecnológico Nacional. Com o apoio de uma equipa do LNETI e de consultores do Centro de Análise de Políticas do MIT – Massachusetts Institute of Technology (CPA/MIT 1983), este plano propunha um conjunto de linhas de orientação de grande alcance, nomeadamente:

- o fortalecimento da infraestrutura tecnológica;
- a criação de novas instituições mais flexíveis, descentralizadas e articulando interesses públicos com os das associações empresariais e das empresas;
- o lançamento de programas de apoio à I&D industrial;
- o aumento do peso das despesas com I&D em percentagem do PIB;
- o lançamento de projectos piloto para promover maior dinamismo na indústria.

A implementação do plano consistia num conjunto de sete programas para 10 anos (1983-1993), donde se destacam algumas medidas mais emblemáticas, como por exemplo: a criação de uma Agência de Inovação – AITEC; a criação de centros para o desenvolvimento industrial do interior – CDIIs, como associações entre empresas, infraestruturas públicas e autoridades regionais; a criação de um organismo público de financiamento de capital de risco; a criação de empresas de I&D, financiadas por capital privado; e o estímulo à incubação e criação de novas empresas de base tecnológica, etc.

Nas vésperas da entrada de Portugal na Comunidade Europeia (em Junho de 1985), a fragmentação sectorial do sistema, cavada no final dos anos 70, tinha então, como resultado, um crescente distanciamento dos dois actores fundamentais. Por um lado, o Ministério com a tutela da Ciência e da JNICT com as iniciativas do "Vimeiro", por outro lado o Ministério com a tutela da Economia e do LNETI, com o Primeiro Plano Tecnológico Nacional – PTN (Caraça 1999). Ao distanciamento entre estes dois actores principais, juntava-se a indiferença de outros sectores importantes como a Educação, a Saúde, a Agricultura e Pescas e a Formação Profissional.

Do lado da Ciência, tinha-se uma visão "cienticista" (com o apoio de uma boa parte da comunidade científica), lutando para que a criação e afectação de recursos científicos e tecnológicos, fosse determinada pelas prioridades da comunidade científica. Do lado da Economia havia uma visão mais pragmática, centrada na "utilidade da tecnologia", em termos dos seus potenciais benefícios económicos e para a competitividade nas empresas, visão essa claramente influenciada pelo Centro de Análise de Políticas – CPA do MIT onde, como decorre do Primeiro Plano Tecnológico Nacional – PTN, a inovação detinha um sentido mais amplo, e só fazia sentido se ancorada nas necessidade das empresas e na descentralização dos apoios às PMEs em zonas do interior.

Em ambos os casos, e de acordo com o que foi exposto no capítulo 2, a visão estava demasiado influenciada pelo modelo neoclássico, em particular pelo modelo linear da inovação. Do lado da Ciência defendia-se uma política de I&D que se centrava nos interesses de dois grupos de actores – as universidades e os laboratórios de estado – mas sem atender às necessidades das empresas. Do lado das empresas a política de inovação preconizada pelo PTN apontava para questões de enquadramento (condições favoráveis) e de apoio à difusão, como se estas pudessem ser separadas das questões científicas e tecnológicas.

A par deste crescente afastamento, e no seguimento da tímida abertura internacional, iniciada anos antes com financiamentos no âmbito do INIC, das Fundações Gulbenkian e Luso-Americana e com o Programa de colaborações bilaterais da JNICT, iniciava-se neste período uma outra clivagem estratégica. Com efeito, a adesão de Portugal às Comunidades Europeias abria caminho para uma nova fase nova de internacionalização das actividades de I&D, mas nem sempre se procurou comple-

5. As políticas e a evolução do sistema de governança da ciência... | 131

mentar os incentivos à I&D a nível nacional com a estratégia temática determinada pela CE no âmbito dos sucessivos Programas Quadro (Abreu 1991).

Em resumo, na primeira metade dos anos 80, surgem iniciativas de planeamento que, embora com funções de nível 1, foram realizadas por actores sectoriais no nível 2 e logo aí, por isso mesmo, se traduzem por planos parciais. A solução estratégica que se desenha neste período é a de lidar com dois problemas em separado: o aumento de recursos científicos do país, por um lado, e o aumento da capacidade de colocar esses mesmos recursos ao serviço dos interesses sócio-económicos do país, por outro lado. Sem articulação horizontal, quer em sede de análise prospectiva e formulação de políticas (nível 1) quer em sede da sua execução e monitorização (níveis 2 e 3), na prática, os sectores continuavam a trabalhar de forma autónoma e desarticulada. No essencial mantinha-se, portanto, uma governança compartimentada, havendo agora dois actores que reclamam maior protagonismo e controlo de todo o sistema. Como veremos a seguir, dada a ausência de recursos significativos para implementação dos planos, o país haveria de ter de esperar até à chegada dos Fundos Comunitários para que algumas das medidas preconizadas nos planos do inicio dos anos 80 pudessem ser postas em prática.

5.4 Um novo impulso com a adesão à Comunidade Europeia

Na segunda metade da década de 80 e início dos anos 90 (1986-1993) surge um novo impulso que, em parte, decorre da adesão de Portugal à União Europeia. É nesta altura que surge o famoso discurso do Primeiro Ministro Aníbal Cavaco Silva no Fórum Picoas, no arranque do Primeiro Programa Mobilizador de Ciência e Tecnologia, anunciando 1% do PIB em despesas com I&D, como meta a atingir até final dos anos 80. Trata-se de um objectivo que, em 2006, ainda não atingimos. É tam-

132 | Uma nova política de inovação em Portugal

bém nesta altura que surge o Decreto Lei nº 91/88, sobre a política de apoio à cooperação entre as instituições científicas e as empresas, no quadro nacional e internacional. O DL nº 91//88 reafirma a natureza prioritária das actividades de I&D, como factor de modernização económica, social e cultural, ao mesmo tempo que define objectivos gerais e prioridades para a política nacional de ciência, tecnologia e inovação. Pela primeira vez é explicitado um quadro de planeamento de longo prazo (10 anos), sendo estipulado que as linhas de orientação estratégica devem ser revistas de três em três anos. É também neste Decreto Lei que se consagram os critérios de regionalização e descentralização das actividades de ciência e tecnologia, consideradas essenciais para as regiões menos desenvolvidas.

Um outro desenvolvimento da maior importância neste período, é a introdução em 1986 do Orçamento de Ciência e Tecnologia, enquanto instrumento de apoio à decisão e à acção governativa. Embora em períodos anteriores, a JNICT havia centralizado a formulação do orçamento de todas as instituições públicas de I&D, nas mais variadas tutelas, na prática o orçamento de C&T era encarado como um exercício contabilístico de previsão de despesas públicas (OCDE 1986), e não como um instrumento de gestão ao serviço da política nacional. Na verdade, durante o período 1986-1993 o orçamento de C&T aumenta significativamente, reflectindo, como veremos mais à frente, o forte crescimento das infraestruturas científicas e tecnológicas neste período.

Ao nível 1 uma outra alteração importante no início deste período é a reactivação do Conselho Superior de Ciência e Tecnologia – CSCT (DL nº 22/86) que substitui o anterior Conselho Nacional criado em 1982, mas que nunca chegou a funcionar. Note-se na Figura 5.4.1 que este Conselho é suposto funcionar como um órgão de assessoria ao governo nas questões de coordenação, planeamento e financiamento da política de ciência e tecnologia e inovação, e efectivamente é no nível 1 que devia ser a sua posição funcional. Contudo, sendo presidido pelo Ministro do MPAT Ministério do Planeamento e Adminis-

5. As políticas e a evolução do sistema de governança da ciência... | 133

Figura 5.4.1 - Governança da Ciência, Tecnologia e Inovação no início dos anos 90

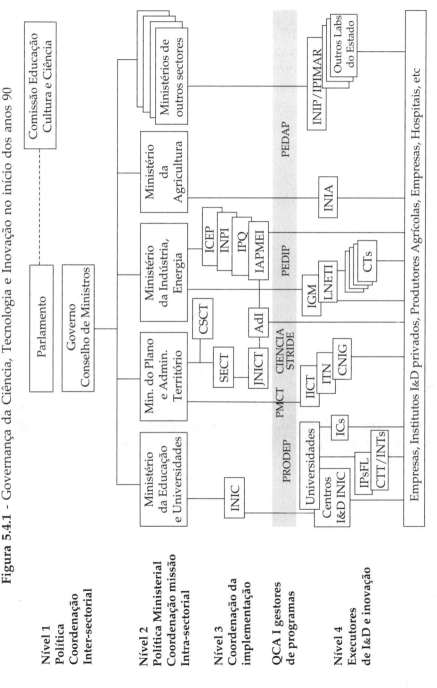

Fonte. Adaptado de OCDE 1993

tração do Território (sendo o vice-presidente o Presidente da JNICT) tem-se, em vez de um Conselho de nível 1, um Conselho de nível 2, que transmite as suas posições ao nível 1 através do MPAT. Por outro lado, embora o mandato do CSCT lhe conferisse importantes actividades de formulação de política de ciência, tecnologia e inovação e de dinamização do debate nacional, esta disfuncionalidade significa, na prática, que a acção do CSCT neste período, se resume à emissão de pareces sobre decisões já em estado avançado de formulação (OCDE 1993, p.104). Ou seja, o papel do CSCT neste período era sobretudo consultivo sendo muito reduzida a sua influência, quer no nível 1 quer no nível 2.

No que respeita à politica de ciência, tecnologia e inovação subjacente ao lançamento do primeiro Quadro Comunitário de Apoio (QCA I 1988-1992), e no seguimento dos já referidos "Encontros do Vimeiro" e "Plano Tecnológico Nacional" do início dos anos 80, e em face das evidentes deficiências estruturais do país em termos de actividades de ciência e inovação, deu-se prioridade ao investimento em infraestruturas de carácter científico e tecnológico. Os objectivos fundamentais do QCA I para este domínio eram: o reforço da capacidade nacional em C&T, como forma de diversificar e desenvolver tecnologias emergentes, reduzir as disparidades regionais, desenvolver massas críticas, e suportar a inovação industrial através da cooperação entre instituições de I&D e empresas. Como veremos com maior detalhe no próximo capítulo, as medidas dos programas operacionais do QCAI focavam a criação de infraestruturas, a formação avançada de recursos humanos, e vários mecanismos de apoio à transferência de tecnologia, inovação e a projectos de I&D.

No essencial, neste período passamos então a ter um sistema onde se podem identificar três pólos mais ou menos autónomos e com reduzida articulação entre si no que respeita à formulação e implementação de política de ciência, tecnologia e inovação, a saber: o pólo Ministério do Planeamento e Admi-

5. As políticas e a evolução do sistema de governança da ciência... | 135

nistração do Território com a tutela da Secretaria de Estado da Ciência e Tecnologia – SECT; o pólo Ensino Superior com a tutela do INIC; e o pólo Ministério da Indústria com as tutelas do IAPMEI, o então LNETI e outros institutos como o INPI, o IPQ e o ICEP. A existência destes pólos principais teve consequências importantes na definição da política científica, tecnológica e de inovação ao nível 1 neste período, levando à "sectorialização" dos programas de apoio nos sucessivos QCAs que haveriam de se seguir. Por exemplo, no QCA I, os programas PEDIP (Programa Específico para o Desenvolvimento da Indústria Portuguesa – 1988/1992) e CIENCIA (Criação de Infra-estruturas Nacionais de Ciência, Investigação e Desenvolvimento – 1990/1993) provariam ser dois instrumentos determinantes, mas embora existissem objectivos comuns a ambos os programas, não foi salvaguardada a articulação entre entidades gestoras. Note-se na Figura 5.4.1 em comparação com a Figura 5.3.1, que neste período há uma outra importante reestruturação institucional no âmbito da Pescas, sendo que o INIP – Instituto Nacional de Investigação das Pescas é transformado em 1992 no IPIMAR – Instituto Português de Investigação Marítima com a criação do Ministério do Mar.

5.4.1 *A Ciência e Tecnologia no Planeamento e Administração do Território*

No que respeita ao primeiro desses pólos, a principal novidade é a criação, em 1987, da Secretaria de Estado de Ciência e Tecnologia – SECT sob a tutela do MPAT – Ministério do Planeamento e Administração do Território, ficando a JNICT a responder directamente à nova SECT. O facto da tutela da Ciência ter ficado no Ministro do Planeamento e Administração do Território que também era responsável pelos fundos estruturais, poderá ter ajudado à integração da Ciência e Tecnologia como prioridade regional. Neste sector, e na sequência dos

Encontros do Vimeiro organizados pela JNICT no início dos anos 80, desenhava-se então uma política de reforço dos recursos científicos nacionais no quadro do referido DL nº 91/88.

Uma segunda novidade é a reestruturação das actividades da JNICT (Lei Orgânica 374/88), que reforça a sua função de agência de financiamento, ganhando flexibilidade enquanto organismo com autonomia e responsável pelas tarefas de planeamento, coordenação e avaliação do sistema de C&T. Neste contexto, a SECT com o apoio da JNICT e a participação da comunidade científica, estabeleceu nesta altura um modelo de programas investigação por áreas temáticas estratégicas, conhecido por Programa Mobilizador de Ciência e Tecnologia – PMCT. O Programa Mobilizador estava escalonado em duas fases: a primeira de 1987, a 1989 e segunda de 1990 a 1992. Na sessão apresentação no Fórum Picoas em Maio 1987 apresenta-se o PMCT como o dinamizador do "arranque" da ciência e tecnologia portuguesa. Com uma dotação orçamental inicial[5] (despesa pública) de cerca de 18,5 Milhões de Euros, o programa tinha duas vertentes. Uma orientada ao financiamento de recursos humanos e outra destinada ao financiamento de projectos de I&D em qualquer área, mas com particular preferência para um conjunto de áreas consideradas estratégicas (biotecnologia, ciências agrárias, ciências biomédicas, ciências e tecnologias do mar, ciências e tecnologias dos materiais, micro electrónica, robótica e informática), e alinhadas com as prioridades do Programa Quadro da CE. Ou seja, o PMCT poderia servir como alavanca para a participação da I&D portuguesa nos consórcios europeus do Programa Quadro do final dos

---

[5] A dotação orçamental inicial foi, porém, sistematicamente diminuída à medida que, no decurso das conversações com a Comissão Europeia, no que respeita à utilização de fundos estruturais para Ciência e Tecnologia, se antevia o aparecimento de um novo programa com mais recursos e maior alcance.

anos 80. Tendo as áreas prioritárias sido estabelecidas em colaboração com o meio académico e havendo escassos recursos científicos nos outros sectores, grande parte destes fundos foi efectivamente capturada pelas universidades.

Em 1990, no seguimento do Programa Mobilizador, mas já no âmbito do QCA I, o programa CIENCIA (Criação de Infraestruturas Nacionais de Ciência, Investigação e Desenvolvimento), tinha como principais objectivos reforçar o potencial científico e tecnológico do país, aperfeiçoar a estrutura institucional do sistema científico e tecnológico e reduzir as assimetrias regionais das actividades de I&D. A estratégia do programa estava claramente orientada para duas prioridades: em primeiro lugar aquilo que se chamava na altura "o aperfeiçoamento da estrutura do sistema de ciência e tecnologia e da diminuição das assimetrias regionais" *i.e.* a criação e reforço de infraestruturas; e, em segundo lugar, a formação avançada de recursos humanos em I&D.

Na primeira vertente, o CIENCIA apostava no apoio à criação de grandes institutos de I&D formados por equipas universitárias com pólos regionais (os Institutos do CIENCIA – ICs com mais de 200 investigadores), bem com em pequenas unidades (com cerca de 30 a 50 investigadores) (Oliveira 2002). Apostava também na criação de dois parques de Ciência e Tecnologia (em Lisboa e, mais tarde, na região Norte). Na segunda vertente, o CIENCIA dava início a uma política de apoio a Bolsas de Estudo de vários tipos, para formação de investigadores e procurava reforçar a capacidade do país para participar nos programas de I&D internacionais.

Não nos podemos esquecer, contudo, que esta estratégia seguida pelo CIENCIA deixava de fora os laboratórios do estado afectos a diferentes tutelas. Criados no final dos anos 70, estes institutos apresentavam no início dos anos 90, sinais claros de envelhecimento de quadros e de, em alguns casos, redução no número de investigadores e aumento do número quadros auxiliares e administrativos. Não se tendo iniciado aqui uma desejá-

138 | Uma nova política de inovação em Portugal

vel renovação dos laboratórios públicos, e tendo sido em paralelo criados os ICs de base universtitária, adiou-se um problema que mais tarde teria as suas consequências.

Por outro lado, no final do CIENCIA, percebendo a necessidade de iniciar uma lógica de financiamento da sustentabilidade das unidades de I&D, o governo cria o Programa de Financiamento Plurianual de Unidades de I&D. Neste Programa, o financiamento a unidades de I&D é atribuído em resultado de um processo de avaliação da qualidade e resultados alcançados. Em 1993 a avaliação das então cerca de 330 unidades candidatas, baseava-se na dimensão da equipa de investigação, no percurso científico da equipa nos últimos 5 anos, nos objectivos científicos para os 5 anos seguintes, no percurso financeiro nos últimos 5 anos, bem como nos co-financiamentos previstos para os próximos 5 anos. Nos anos seguintes o Programa Plurianual de Unidades de I&D rapidamente havia de se tornar numa importante fonte de financiamento, complementar aos financiamentos a projectos e a bolsas, no quadro dos fundos estruturais.

Em 1991, em complemento do CIENCIA, foi criado o programa STRIDE – Portugal. Este programa resulta da candidatura portuguesa a uma Iniciativa Comunitária no âmbito do desenvolvimento científico e tecnológico das regiões (STRIDE – Science and Technology for Regional Innovation and Development in Europe). No essencial o STRIDE reforça a estratégia da SECT com o CIENCIA, contribuindo para reforçar as capacidades nacionais de I&D em certos domínios científicos, e em determinadas regiões do país e, tal como no CIENCIA, parte dos fundos do STRIDE são usados na criação da Agência de Inovação S.A. – AdI.

Uma das iniciativas essenciais dos programas CIENCIA e STRIDE consistia, portanto, na criação da Agência de Inovação S.A. (empresa privada de capitais públicos), com os objectivos de estimular os mecanismos de interacção entre o sistema científico e tecnológico e as empresas, valorizar comercialmente os

5. As políticas e a evolução do sistema de governança da ciência... | 139

resultados das actividades de I&D e desenvolver as oportunidades de transferência de tecnologia, difusão tecnológica e promoção da inovação. Para essa finalidade a Agencia de Inovação – AdI alojava, na altura, um Centro Value (Centro de Transferência de Tecnologia financiado pela Comunidade Europeia, mais tarde integrado na rede Europeia dos Centros Innovation). Com a AdI, ensaiava-se pela primeira vez a criação de um mecanismo de governação horizontal (no nível 3), que não assentava na mera centralização do orçamento de C&T para as instituições públicas, como acontecia com a coordenação da JNICT do final dos anos 70, mas sim na articulação institucional entre as tutelas da Ciência (MPAT) e Economia (MIE). Desde logo, a dupla tutela em vez de ser sinónimo de colaboração, rapidamente se tornou num foco de tensões alimentadas pelas diferentes visões acerca da política de inovação, levando durante muitos anos ao afastamento e desinteresse do Ministério com a tutela da economia.

5.4.2 *O Ensino Superior e os centros de investigação universitários*

No segundo pólo de interesses ao nível 2, colocamos o Ensino Superior e os centros de investigação universitários financiados pelo Instituto Nacional de Investigação Científica – INIC. Neste período, o Decreto Lei nº 108/88 define um maior grau de autonomia científica, pedagógica e financeira das universidades, e ao mesmo tempo são criados novos estatutos da carreira de investigação (DL nº 68/88) e dos Bolseiros (DL nº 437/ /89), ficando assim criadas novas condições para o desenvolvimento da investigação nas universidades. Beneficiando também dos fundos comunitários através do programa PRODEP o Ensino Superior expande consideravelmente o seu volume de actividades e a sua esfera de influência. É que, podendo obter financiamentos das várias fontes, JNICT, Ministério da Indústria e

140 | Uma nova política de inovação em Portugal

Energia, da sua própria tutela através do INIC, e beneficiando ainda do acesso ao Programa Quadro de I&DT da Comunidade Europeia, o Ensino Superior inicia aqui uma trajectória de crescimento e reforço de competências científicas, dando em muitos casos origem ao nascimento de Instituições de I&D privadas sem fins lucrativos, fundadas por docentes, e associadas às universidades, mas sem os constrangimentos e controlo quer do INIC quer das próprias universidades. Nesta altura, as universidades não dispunham das melhores condições para a realização de actividades de investigação, quer por questões relacionadas com a acumulada escassez de meios, quer por constrangimentos decorrentes da pesada burocracia universitária. Estes dois factores constituíam um sério entrave ao aproveitamento das oportunidades abertas pelos programas de investigação nacionais e comunitários e ao estabelecimento de relações com o exterior. Sendo assim, algumas das infraestruturas financiadas no âmbito do PEDIP ou do CIENCIA, e criadas por departamentos ou por grupos de docentes, surgem como resposta a estas dificuldades. Contudo, embora o objectivo destas novas instituições fosse criar uma *interface* entre a universidade e as empresas (sobretudo nas que receberam apoios PEDIP), o que acaba por acontecer, é que os novos institutos recorrem quase sempre aos modelos de organização e gestão das universidades e centram-se nos interesses associados à investigação académica (onde é mais fácil obter financiamentos), desinteressando-se da colaboração tecnológica orientadas às necessidades das empresas nacionais.

Um outro desenvolvimento da maior importância neste segundo pólo, é que, desde 1990, o programa de governo que entrava em funções na altura, anunciava a extinção do INIC. Como atrás se referiu, desde o final dos anos 70 que os centros de investigação universitária viviam uma situação de dupla estrutura hierárquica, respondendo, quer às respectivas reitorias quer ao INIC, que lhes fornecia financiamento para projectos de I&D e bolsas de estudo. Esta situação criava dificuldades às uni-

5. As políticas e a evolução do sistema de governança da ciência... | 141

versidades pois nem sempre se conseguia associar a investigação financiada pelo INIC às prioridades dos programas de mestrado e doutoramento. Em 1992, o famoso "Relatório Caraça"[6] elaborado pela Comissão nomeada pelo governo para estudar a extinção do INIC, acaba por propor uma reestruturação muito mais abrangente, envolvendo todas as instituições no âmbito do 1º pólo associado ao MPAT/SECT. Instala-se uma das mais acesas polémicas na comunidade científica, mas prevalecem as intenções iniciais do governo, sendo as funções do INIC integradas na JNICT (1º pólo) e os centros universitários INIC integrados nas respectivas universidades.

5.4.3 *A politica tecnológica do Ministério da Indústria e Energia*

Por outro lado, no terceiro pólo, o Ministério da Indústria e Energia prossegue com o que apelidava de "politica tecnológica" para apoio às empresas, algo desligada das actividades do MPAT ou das do Ensino Superior e dos demais sectores, e utilizando os institutos na sua tutela, nomeadamente: o Instituto Apoio às Pequenas e Médias Empresas – IAPMEI, o Laboratório Nacional de Engenharia e Tecnologia Industrial – LNETI, o Instituto Português da Qualidade – IPQ, o Instituto Nacional da Propriedade Industrial – INPI, e o Instituto do Comércio Externo de Portugal – ICEP.

Antes da chegada dos fundos comunitários o IAPMEI geria uma rede de extensão industrial com centros de informação e assistência técnica em vários pontos do país, bem como bolsas de apoio à subcontratação. A sua acção enquanto prestador de serviços às empresas havia, no entanto, de ser breve já que,

---

[6] Referimo-nos ao Relatório da Comissão para a Reestruturação dos Organismos de Investigação Científica e Tecnológica no Âmbito do Ministério do Planeamento e Administração do Território, Comissão criada pelo Despacho nº 22/91, e presidida pelo Prof. João Caraça da Fundação Gulbenkian.

142 | Uma nova política de inovação em Portugal

com a chegada dos fundos comunitários em 1988, a função principal do instituto passaria progressivamente a centrar-se na gestão de fundos, ficando a prestação de serviços numa posição secundária.

Com efeito, é durante este período e com apoio dos fundos comunitários do PEDIP que, no seguimento das recomendações do Primeiro PTN e com um forte envolvimento institucional do LNETI e do IAPMEI, o MIE arranca verdadeiramente com um política de criação e reforço das infraestruturas tecnológicas de apoio à indústria (ITs). Aposta-se também no apoio às infraestruturas associativas e criam-se estruturas de formação profissional tecnológica (as Escolas Tecnológicas). As infraestruturas tecnológicas apoiadas no âmbito do PEDIP deveriam permitir o estabelecimento de actividades de serviço de apoio tecnológico às empresas, em particular às PMEs.

No âmbito do PEDIP foram definidos vários tipos de infraestruturas nomeadamente: Centros Tecnológicos – CT, Institutos de Novas Tecnologias – INTs e Centros de Transferência de Tecnologia – CTTs (Caraça 1999, Selada 1996). Esta terminologia de classificação de ITs, cunhada pelo PEDIP e que haveria de ficar associada à tutela da economia nos próximos anos (por oposição a outro tipo de infraestruturas no primeiro pólo, os Institutos CIENCIA – ICs) esconde, porém, realidades distintas no que diz respeito às diferenças entre os Centros Tecnológicos – CTs de orientação mais empresarial e os CTTs e INTs mais centrados na investigação académica.

Com efeito os CTs[7], correspondem ao modelo regionalizado preconizado no Primeiro Plano Tecnológico Nacional, cen-

---

[7] Trata-se dos Centros Tecnológicos com uma vocação sectorial, participados pelo IAPMEI, LNETI e pelas Associações Empresariais dos respectivos sectores. Na sua maioria são centros localizados perto das zonas onde se encontram as indústrias, nomeadamente centros como:
- CENTINFE – Centro Tecnológico da Indústria dos Moldes, Ferramentas Especiais e Plásticos;
- CTC – Centro Tecnológico do Calçado;
- CTIC – Centro Tecnológico das Indústrias do Couro;

5. As políticas e a evolução do sistema de governança da ciência... | 143

trado na prestação de serviços técnicos (incluindo actividades de normalização e de certificação), assente na parceria entre entidades públicas e associações empresariais, e em alguns casos com uma liderança clara de personalidades prestigiadas do mundo empresarial. No seu conjunto os CTs encerram porém realidades muito diferentes. Os diferentes graus de inserção nas redes locais de relações sociais e tecnológicas da sua região, justificam diferenças acentuadas na concretização de um mesmo modelo, sendo possível identificar casos de sucesso e casos com grandes dificuldades de implantação (Laranja 2005).

Por contraste com os CTs, com os Institutos de Novas tecnologias – INT e os Centros de Transferência de Tecnologia – CTT[8], pretendia-se desenvolver interfaces entre as universidades e as empresas. Só que, em muitos casos, a formação de INTs e CTTs não correspondeu verdadeiramente à criação de *"interfaces"*. Como atrás se referiu, os constrangimentos administrativos e financeiros das universidades, levaram a que a principal motivação para a criação destas infraestruturas (normalmente na forma de associações privadas sem fins lucrati-

---

– CEVALOR – Centro Tecnológico para o Aproveitamento e Valorização das Rochas Ornamentais e Industriais;
– CITMM – Centro Tecnológico das Indústrias da Madeira e Mobiliário;
– CITEVE – Centro Tecnológico das Indústrias Têxtil e do Vestuário de Portugal;
– CTCV – Centro Tecnológico da Cerâmica e do Vidro;
– CATIM – Centro Tecnológico da Indústria Metalomecânica, etc.

[8] Referimo-nos a entidades como, por exemplo:
– IDITE Minho – Instituto de Desenvolvimento e Inovação Tecnológica do Minho;
– INESC – Instituto de Engenharia e Sistemas de Computadores;
– IBET – Instituto de Biotecnologia Experimental e Tecnológica;
– ICTPOL – Instituto de Ciência e Tecnologia dos Polímeros;
– INEGI – Instituto de Engenharia Mecânica e Gestão Industrial;
– IPN – Instituto Pedro Nunes;
– UNINOVA – Instituto de Desenvolvimento de Novas Tecnologias na Universidade Nova, etc.

144 | Uma nova política de inovação em Portugal

vos), fosse a criação de um quadro institucional facilitador do acesso, por parte de docentes universitários, aos fundos do QCA e do Programa Quadro. Embora à priori a ideia de criar *interfaces* parecesse boa, o tempo haveria de mostrar que, em geral, os institutos de I&D geridos por docentes universitários (embora por vezes com participação de gestores profissionalizados) se orientavam mais para a I&D académica de vocação internacional e menos para a colaboração com empresas locais.

Uma outra iniciativa importante ao nível 2, diz respeito à componente da politica de tecnologia e inovação na tutela da Economia que pode ser associada à utilização do capital de risco como instrumento de apoio. Com efeito, com a publicação de legislação que regulamenta o funcionamento do sector de capital de risco em 1986 e, face à existência em 1987 de apenas duas sociedades de capital de risco (SPR e Promoindústria), é iniciada neste período uma importante componente da política de desenvolvimento industrial e económico com base na utilização de capital de risco, financiado por fundos estruturais, e aplicado em empresas e negócios inovadores. Com a criação da SULPEDIP e NORPEDIP em 1989, o capital de risco com origem em fundos públicos representava, em 1991, cerca de 1/3 de todo o capital de risco disponível no país.

Finalmente, no pólo MIE, é de referir também um projecto de planeamento estratégico que embora promovido no nível 2, iria ter alguma influência posterior no nível 1. Em 1993 com o apoio de cerca de 40 empresas, o Gabinete de Estudos do MIE e a equipa do Prof. Michael Porter, realizou o estudo "Construir as Vantagens Competitivas de Portugal". Tratava-se de um projecto inédito, que de acordo com a metodologia dos "clusters" desenvolvida pela Monitor Company, pretendia promover a construção de uma visão partilhada acerca dos problemas de competitividade na economia portuguesa, servindo como plataforma para lançamento de acções concretas de estímulo à economia portuguesa. O projecto identificou seis clusters estratégicos: indústria automóvel, calçado, malhas, produtos

5. As políticas e a evolução do sistema de governança da ciência... | 145

de madeira, turismo e vinho. No seguimento do projecto foi criado, em 1994, o Fórum da Competitividade, com o objectivo de acompanhar as iniciativas e as políticas públicas preconizadas, bem como o desejado aumento da competitividade de Portugal.

5.4.4 *As mudanças ao nível da execução e implementação da política de ciência, tecnologia e inovação*

Com o aparecimento dos fundos comunitários surgem também mudanças importantes ao nível 3 que importa assinalar. Assim, embora no capítulo seguinte sejam enquadradas algumas das medidas relevantes para o domínio da ciência, tecnologia e inovação, refira-se aqui que cada um dos três pólos dispôs dos seus próprios fundos comunitários – Figura 5.4.1. Note-se que, a Agricultura financiava as sua actividades de investigação e desenvolvimento tecnológico com um quarto Programa – o PEDAP e, portanto, embora com menor expressão poderíamos ainda identificar a existência de um quarto pólo centrado ao redor da investigação nas áreas da bioquímica e biotecnologia aplicadas à agricultura e ao sector agro-alimentar. Com efeito, um exemplo interessante disso mesmo é a criação do CTQB – Centro de Tecnologia Química e Biológica financiado pelo PEDAP e colocado na tutela conjunta do Ministério da Agricultura e do Ministério da Educação. Posteriormente o CTQB havia de estabelecer dois institutos o ITQB – Instituto de Ciência e Tecnologia Química e Biológica e o IBET Instituto de Biologia Experimental e Tecnológica.

Note-se que é neste período que são criadas estruturas de gestão (gabinetes) para definição e administração de elegibilidades e selectividade de candidaturas, dando-se assim início à formação de uma nova burocracia profissional dedicada aos "fundos". No essencial, durante o QCA I, como acima referimos, e independentemente do programa e da tutela que o coordenava, as medidas de intervenção privilegiavam a criação e reforço de

146 | Uma nova política de inovação em Portugal

infraestruturas científicas e tecnológicas. Na tutela do Ministério da Indústria e Energia, é de referir, contudo, que é neste período que se dá início a uma política de apoio à modernização das empresas no quadro do SINDEPEDIP (sub-programa do PEDIP 1988-1992) e que na prática se traduzia em apoios a investimentos em factores tangíveis. Nos quadros comunitários seguintes, este tipo de apoios no âmbito da tutela da Economia continuariam a privilegiar esses "factores tangíveis", sendo mesmo confundidos com a expressão de uma política de apoio à inovação que encontra uma muito maior aderência, quando comparada com apoios a factores intangíveis e à I&D empresarial mas que, como sugerimos no capitulo 2, é particularmente redutora, pois não induz as mudanças de comportamento que parecem ser fundamentais para a progressão das pequenas e médias empresas para níveis mais elevados de capacidade tecnológica.

5.4.5 *Uma nova fase que resulta da adesão à Comunidade Europeia*

Em resumo, durante o período 1986-1993 a politica portuguesa de Ciência, Tecnologia e Inovação foi fortemente influenciada pela adesão à Comunidade Europeia e pela possibilidade de usar fundos comunitários neste domínio. Foi evidente a forte aposta, quer em infraestruturas quer em recursos humanos de ciência e tecnologia. Contudo, estas mudanças não atenuaram o distanciamento entre política de ciência e política de inovação, nem a crescente sectorialização e ausência de articulação entre sectores, herdadas de períodos anteriores. Os laboratórios do estado continuaram na dependência das suas diferentes e pouco comunicantes tutelas.

A governança da política de inovação em Portugal estava então, na sua essência, constituída em redor de 3 pólos no nível 2, sendo que o Ministério da Indústria e Energia e o Ministério do Planeamento e Administração do Território com

5. As políticas e a evolução do sistema de governança da ciência... | 147

a tutela da Ciência, aspiravam a um papel principal. Note-se que outros sectores e prioridades como a agricultura, pescas, saúde, formação profissional, etc., ficam de fora. É nesta altura e muito por efeito do acesso a fundos estruturais e rápida internacionalização no âmbito dos consórcios de I&D no Programa Quadro, que o sistema de ensino superior se constitui como o elemento fundamental do sistema de I&D e inovação nacional *i.e.* o elemento que concentra maiores recursos. A política da altura beneficiava particularmente o potencial académico, bem como as múltiplas instituições de interface criadas com apoio dos fundos estruturais.

No que respeita às razões de ser e às justificações predominantes neste período, tem-se perspectivas diferentes no pólo MPAT/SECT e no pólo MIE. No primeiro caso, tem-se uma crença na Ciência como necessária para o bem-estar social e económico e um processo de formulação de prioridades dominado pelos cientistas (que vinha dos Encontros do Vimeiro no início dos anos 80), conduzindo aos Programas Mobilizadores e mais tarde ao Programa CIENCIA. De certa forma, assiste-se nesta altura ao nascimento da visão "cienticista" da política de ciência, tecnologia e inovação e aos grandes Institutos do CIENCIA – ICs. Tem-se também a criação da Agência de Inovação e do Centro Value a ela associado, que no essencial ilustram a operacionalização do modelo linear. Por outro lado, assiste-se durante este período ao aparecimento de uma fundamentação orientada aos "benefícios económicos" da ciência e tecnologia. Esta argumentação é introduzida pelo MIE no seguimento do Primeiro Plano Tecnológico Nacional, no início dos anos 80, e enfatiza a difusão de tecnologias. Contudo, no essencial esta justificação é também ela inspirada pelo racional neoclássico e pelo modelo linear. As ITs apoiadas (por exemplo as de *interface* INT e CTT) deviam apoiar a transferência e difusão de tecnologia orientada às necessidades das empresas, assumindo-se portanto que, uma vez realizada, a I&D tem forçosamente de ter interesse para as necessidades das empresas. Já os CTs são estruturas inseridas num modelo regionalizado, com uma vocação sectorial e essencialmente orientadas para a prestação de serviços. Note-se porém que, enquanto que os CTs são geridos numa perspectiva claramente empresarial, a gestão nos INTs/ /CTTs é assegurada por universitários (por vezes com apoio de gestores) (Oliveira 2002). Do mesmo modo também a gestão dos ICs (criados no âmbito do CIENCIA) é assegurada por docentes universitários.

Embora partindo de perspectivas diferentes acerca da política de ciência, tecnologia e inovação, na prática os pólos MPAT/SECT e MIE têm, neste período, um racional semelhante que consiste no reforço dos recursos – infraestruturas e recursos humanos – segundo o modelo linear. Em ambos os casos acredita-se que, basta reforçar a investigação científica e/ou as *interfaces* para transferência de tecnologia, que tudo o resto acontece de forma mais ou menos automática, incluindo o aparecimento de (novas) actividades económicas e novas empresas (negócios) em sectores com elevada intensidade tecnológica. Note-se que, segundo o quadro neoclássico, pode-se dizer que nesta altura havia uma intenção de distinguir entre política de ciência e política de inovação (esta última encarada como sinónimo de política de difusão).

Acresce que começa-se, ao longo do QCA I, a criar uma burocracia profissional especializada em gestão de programas, quer na JNICT (embora aqui já com alguma experiência prévia) quer no MIE, facilitando assim o aparecimento de "aprendizagem" técnica, até aqui quase inexistente, sobre a gestão de medidas e acções de apoio no domínio da ciência, tecnologia e inovação. Contudo, com a continuação da mesma lógica de financiamento nos QCAs subsequentes, essa aprendizagem haveria de se tornar demasiado fechada, privilegiando quase sempre o movimento descendente (top-down) e impedindo uma formulação política assente num processo prospectivo, de geração de consensos, resultando no estabelecimento de uma estratégia comum.

5.5 As mudanças da segunda metade dos anos 90

Com a entrada do novo governo em 1995, surgem mudanças significativas na governança da politica de ciência, tecnologia e inovação. Neste domínio, a estratégia para o QCA II (1994-1999), entretanto preparada durante o governo anterior e herdada por este novo governo, assentava numa ideia apenas ligeiramente diferente da do QCA I. A base da estratégia continuava a ser uma grande aposta nos recursos humanos e nas infraestruturas de ciência e tecnologia, mas agora aparece, pelo menos em discurso, uma preocupação crescente com a questão da sustentabilidade das infraestruturas entretanto criadas. Como é natural, após grandes investimentos em infraestruturas, nem sempre acautelados por uma correcta avaliação da capacidade das mesmas gerarem receitas próprias, seguem-se preocupações com a sustentabilidade financeira. Na base destas novas preocupações estava agora a ideia de que seria necessário estimular, por parte das empresas, um maior aproveitamento das infraestruturas públicas disponíveis.

Em 1996 o governo decide reestruturar o CSCT (DL nº 145/96), de forma a promover um maior envolvimento da comunidade científica e tecnológica na definição e no acompanhamento das medidas aplicáveis a este domínio, e no sentido de tornar este órgão mais independente e desgovernamentalizado, tornando-o num verdadeiro órgão de consulta. Este conselho passa a ser constituído por *Colégios de Especialidade* onde participam cientistas eleitos pelos seus pares. Note-se porém, ver Figura 5.5.1, que se continua a ter um Conselho Superior de Ciência e Tecnologia com funções de nível 1, mas dinamizado num dos pólos ao nível 2, pelo que esse conselho dificilmente poderia ter alguma influência no tão desejado debate amplo e abrangente, sobre as prioridades das políticas nacionais de inovação. Tão pouco este novo CSCT tem também alguma influência num necessário movimento ascendente que aumentasse ao nível 1 a representatividade dos beneficiários no nível 4.

150 | Uma nova política de inovação em Portugal

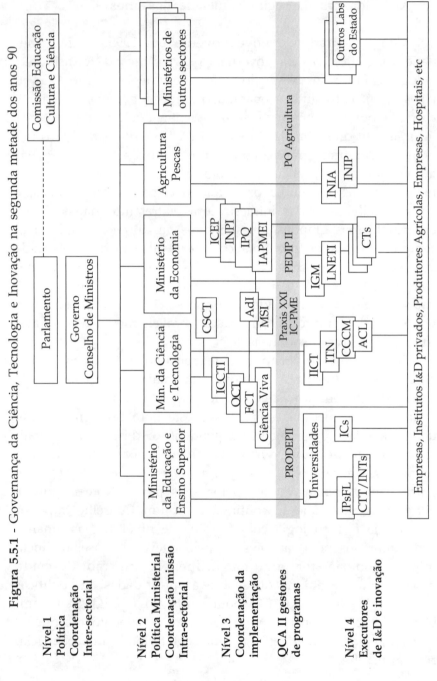

Figura 5.5.1 - Governança da Ciência, Tecnologia e Inovação na segunda metade dos anos 90

Fonte

5.5.1 *A criação do novo Ministério da Ciência e Tecnologia*

No nível 2, a Ciência sai da influência do Ministério do Planeamento e Desenvolvimento Regional (onde estava desde 1987), sendo criado o novo Ministério da Ciência e Tecnologia – MCT que substitui a SECT (Decreto Lei nº 144/96). Uma mudança que à primeira vista poderia parecer positiva mas que, como sugere a Figura 5.5.1 (e mais tarde se tornará ainda mais evidente), nos moldes em que é criado este novo Ministério, anuncia novas preocupações e desequilíbrios na governação da política de ciência, tecnologia e inovação. Por exemplo, tal como acontecia com a SECT/JNICT, no essencial, os laboratórios do estado ficam fora da influência do novo Ministro. Isto é, o MCT foi criado numa perspectiva pouco abrangente, praticamente todo o sistema público de I&D, incluindo as universidades, ficou fora da sua alçada.

De acordo com a nova orgânica, em 1997 dá-se início a uma reforma institucional da política científica e tecnológica neste sector. No essencial essa reforma consistiu na cisão da JNICT em três novos organismos. Sendo curiosa a semelhança entre as alterações agora realizadas e as recomendações anos antes preconizadas no referido "Relatório Caraça" em 1992, tem-se agora uma Fundação de Ciência e Tecnologia – FCT, com a missão de gestão dos programas nacionais de apoio à investigação e desenvolvimento, incluindo avaliação de propostas de financiamento a projectos e bolsas de estudo. Tem-se também o Instituto para a Cooperação Científica e Tecnológica Internacional – ICCTI, com a gestão das relações internacionais no domínio da I&D, e o Observatório de Ciência e Tecnologia – OCT, com a missão de recolha, processamento, análise e difusão de informação e indicadores acerca do sistema nacional de I&D e inovação, incluindo as estatísticas de I&D e a gestão do CIS (Community Innovation Survey). É ainda criada a unidade de missão *Ciência Viva* (mais tarde transformada em Agência Ciência Viva) com o objectivo de promover a Ciência e Tecnologia.

152 | Uma nova política de inovação em Portugal

No quadro do novo MCT surgem também duas outras iniciativas importantes (MCT 1999). Em primeiro lugar é reconhecida a necessidade de actualizar as missões de investigação e prestação de serviços nos diferentes laboratórios do estado, bem como as suas condições de eficiência, ligação aos utilizadores e rejuvenescimento dos investigadores. Contudo, a acção política do MCT – que não detém a tutela da maioria dos laboratórios – limita-se à realização de uma avaliação dos laboratórios do estado[9]. Da avaliação resultaram extensos relatórios para cada instituição identificando problemas há muito conhecidos (OCDE 1986, 1993), como por exemplo, a desactualização das missões, envelhecimento dos recursos humanos e obsolescência organizativa e de gestão. Na prática, em consequência dessas avaliações pouco ou nada mudou nos laboratórios do estado.

Em segundo lugar, o MCT dá continuidade ao Programa Plurianual de financiamento de unidades de I&D começado em 1993, mas decide alterar substancialmente o processo de avaliação. Com efeito, em 1996 o Programa Plurianual de financiamento é profundamente reformulado com a adopção de um sistema de avaliação internacional para atribuição de financiamentos em ciclos de 3 anos. Passa a existir um *financiamento de base* indexado ao n.º de investigadores doutorados integrados na unidade e à avaliação da actividade científica realizada; e um *financiamento programático*, só relativo a algumas unidades e em função de necessidades específicas detectadas pelos avaliadores. A avaliação de 1996, envolveu 80 cientistas estrangeiros organizados em 21 painéis de avaliação e produziu um ranking

---

[9] Esta avaliação foi realizada por sete Grupos Internacionais de Avaliação (definidos por áreas científicas), coordenados por um Comité Internacional de Referência composto também por peritos estrangeiros, e em colaboração com oito Comissões Portuguesas de Acompanhamento (formadas por especialistas independentes nomeados pelo Ministro da Ciência e da Tecnologia e pelo Ministro da tutela).

5. As políticas e a evolução do sistema de governança da ciência... | 153

das unidades de I&D classificadas com: Excelente, Muito Bom, Bom, Regular ou Fraco. Na sequência da divulgação dos resultados o governo decide, no entanto, efectuar nova avaliação em 1997. No seu conjunto, as duas avaliações de 1996 e 1997 determinam haver cerca de 337 Unidades de Investigação – UIs elegíveis para este programa (abrangendo cerca de 4700 doutorados) e representando um financiamento (base e programático) de cerca de 25 Milhões de Euros. Em 1999 volta a haver avaliação global das unidades avaliadas em 1996 (final dos três anos). Em resultado dessa avaliação, e para todos os domínios científicos, foram considerados 3 escalões de "financiamento por doutorado": um *escalão mais elevado*, que se aplica-se às UI de classificação *Excelente* e *Muito Bom* (e onde o financiamento ascende a um montante de 820cts/doutorado); um *escalão intermédio*, que se aplica às UI de classificação *Bom* (montante igual a 5/6 do valor anterior); um *escalão mais baixo*, que se aplica às UI de classificação *Regular* (montante igual a 2/3 do 1º valor). Finalmente, é também introduzido o princípio de que as UI classificadas com *Fraco* deixam de beneficiar de financiamento plurianual.

É, portanto, neste período que se consolida uma política de Ciência substanciada em avaliações regulares e independentes, e que iria provar ser um elemento fundamental para induzir esforços de melhoria nas mais variadas unidades e para o desenvolvimento de uma cultura de qualidade científica, quantificada por uma melhoria significativa das classificações.

As avaliações efectuadas, quer aos laboratórios de estado quer às unidades de investigação, foram instrumentais na publicação do novo regime jurídico de enquadramento das instituições de investigação e dos investigadores. No que respeita às instituições (Decreto Lei nº 125/99 de 20 de Abril), a maior novidade é a criação da figura de *Laboratório Associado*. Uma ideia que, aliás, havia sido proposta anos antes no contexto do entretanto extinto INIC, e que tem obvias semelhanças com os laboratórios associados do CNRS – Centre Nationele de Reserche Cientifique, em França. Com a criação deste estatuto pre-

154 | Uma nova política de inovação em Portugal

tendia o MCT que instituições públicas ou privadas de investigação, se pudessem associar "de forma especial" à prossecução de determinados objectivos da política científica definida pelo Ministério. Na prática, os Laboratórios Associados têm de cumprir com requisitos mínimos em termos de estrutura, dimensão e avaliação externa das suas actividades, abrangendo quer o acesso a financiamentos públicos quer a avaliação periódica das próprias instituições. No que respeita aos investigadores, o MCT publica um novo estatuto da carreira pública em investigação científica (Decreto Lei nº 124/99) e o estatuto do Bolseiro de Investigação Científica (Decreto Lei nº 123/99). Se no primeiro caso a intenção é aproximar a carreira de investigação nas instituições públicas do estatuto de carreira docente das universidades no segundo caso a intenção é regular o enquadramento dos investigadores mais jovens, proporcionando-lhes melhores condições.

No âmbito da política de ciência do MCT, note-se porém que a AdI seria em principio um instrumento essencial para, em ligação com a tutela da Economia, realizar apoios à inovação nas empresas. Criada com a participação a 50% das tutelas da Ciência e da Economia, é neste período que a AdI passa definitivamente a funcionar, não como mecanismo de ligação interministerial (para o qual tinha sido criada) mas sim, na prática, como uma extensão das actividades do MCT para missões especiais, onde se incluem, por exemplo, a presidência portuguesa do Programa Eureka (em 1998), a organização de encontros de intermediação tecnológica em Macau entre Portugal e a China, organização de grandes jornadas de intermediação tecnológica e promoção de contactos, etc. Efectivamente, no final dos anos 90 a AdI passa a ser uma agência do MCT. Acumulando com a gestão de medidas de incentivo que envolvessem o estímulo à I&D empresarial (no âmbito do PRAXIS e da Iniciativa Comunitária IC-PME), a AdI passa também a focalizar-se nas questões de promoção de contactos internacionais em I&D, sobretudo com a Ásia mas também com o Brasil. Como veremos no capítulo 6, é neste período que é lançado pela AdI o novo sistema de Incentivos Fiscais à I&D – SIFIDE.

5. As políticas e a evolução do sistema de governança da ciência... | 155

O novo instrumento programático de suporte à política do MCT é o Programa PRAXIS. Preparado ainda pela SECT/JNICT no final dos anos 90, o PRAXIS distingue-se do CIENCIA por incluir o financiamento, tanto de infraestruturas como de projectos de I&D, nesta última vertente retomando o que havia sido a experiência dos Programas Mobilizadores 10 anos antes (Henriques 1999). Contudo, uma mudança fundamental é que ao contrário do CIENCIA, o PRAXIS não dá continuidade a um racional de apoio científico por áreas estratégicas alinhadas com as do Programa Quadro da Comunidade Europeia, racional esse iniciado anos antes com os Programas Mobilizadores. Assim sendo, e em virtude dos centros INIC terem passado para a JNICT (como atrás se referiu) seria previsível que a temática de I&D efectivamente apoiada fosse aquela proposta pelas equipas de investigação universitárias, que estariam no PRAXIS a tentar compensar a perda de financiamentos pela via do ensino superior. De facto, é discutível se o PRAXIS não deveria ter ido mais longe em matéria de selectividade, sendo claro que no concurso pelos apoios, os centros universitários estariam num plano de maior qualidade, conseguindo captar uma maior proporção dos apoios disponíveis.

Em resumo, este novo Ministério introduz mudanças institucionais importantes com a criação da Fundação para a Ciência e Tecnologia – FCT, do Instituto para a Cooperação Científica e Tecnológica Internacional – ICCTI e do Observatório de Ciência e Tecnologia – OCT. Consolida o Programa Plurianual de Financiamento da I&D, bem como o processo de avaliação das UI que lhe está associado. Uma outra mudança essencial parece ter sido o corte com a identificação de áreas temáticas estratégicas. Contudo, no essencial, este novo Ministério não inverte o crescente domínio da investigação universitária (desligada da economia), nem atenua a clivagem com o entretanto reformulado MIE que passou agora a Ministério da Economia – MEC. Antes pelo contrário. De uma forma ainda mais explícita o MCT reclama para si uma política de Ciência e remete para o MEC a política de inovação, acentuando a tendência de separa-

156 | Uma nova política de inovação em Portugal

ção entre os três pólos referidos anteriormente e entre a política científica e a política tecnológica e de inovação nas empresas.

5.5.2 A continuação da política económica de tecnologia e inovação

Por outro lado, também ao nível 2, o MEC prossegue com a sua política de tecnologia e inovação dirigida às empresas, iniciada pelo seu antecessor MIE. Com o lançamento do PEDIP II, introduzem-se critérios e medidas de apoio que privilegiem os chamados "factores intangíveis da competitividade"[10], mas na prática são as empresas que aderem muito mais aos apoios que envolvam subsídios ao investimento em tangíveis e, portanto, acentua-se assim a política de inovação centrada em apoios ao investimento tangível (por vezes também denominado investimento com conteúdo inovador).

O PEDIP II, na sua vertente de apoio à envolvente empresarial, dá continuidade à política de financiamento das ITs iniciada no período anterior. Contudo, vários estudos de acompanhamento e avaliação do PEDIP permitiram concluir que a rede de infraestruturas tecnológicas, criada ou reforçada por este programa correspondia, no essencial, às previsíveis necessidades para a indústria portuguesa num horizonte de médio prazo. Naturalmente, previa-se o apoio a algumas novas infraestruturas que não foram desenvolvidas no período de vigência do PEDIP, nomeadamente em sectores ainda não cobertos ou em domínios horizontais como o ambiente, a energia ou a engenharia industrial. No essencial, após a primeira fase PEDIP orientada essencialmente para a oferta, a opção estratégica do novo PEDIP II passava pela aposta na consolidação das infraestrutu-

---

[10] Os factores intangíveis da competitividade incluem: qualidade, design, formação profissional, patentes, marcas e, num sentido mais lato, alterações organizacionais que facilitem o domínio da cadeia de valor.

ras tecnológicas. Acontece que, como se verá no capítulo 6, a operacionalização dos instrumentos associados a esta estratégia de consolidação acabou por assentar em critérios de auto-diagnóstico das infraestruturas e nas suas intenções de assistência técnica e de transferência de tecnologia, não se traduzindo, portanto, numa verdadeira viragem para uma política de apoios centrada na procura, *i.e.* centrada no incentivo para que as empresas utilizem a capacidade de prestação de serviços das infraestruturas.

Por outro lado, percebendo-se o fraco interesse por parte do tecido empresarial, assumia-se que a procura de serviços de apoio por parte das empresas se iria materializar, mais cedo ou mais tarde, pelo que importava manter a "capacidade instalada". Assumia-se, portanto, que o financiamento externo das ITs seria fulcral para garantir a renovação de capacidades, sobretudo porque, mesmo nas ITs consideradas de sucesso, não se conseguiam níveis aceitáveis de auto-financiamento e as situações financeiras das ITs em geral eram bastante débeis (Egreja 2003, Oliveira 2002).

Privilegiando uma elegibilidade restrita aliada a uma baixa selectividade, cria-se no PEDIPII uma espécie de reserva de financiamento para as ITs que tinham sido criadas/reforçadas com apoio do PEDIP. Percebe-se que a estratégia do MEC seria a de criar um sistema de infraestruturas reconhecidas pelo ministério, como sendo interlocutores privilegiados da sua política de inovação. Porém, o inconveniente desta estratégia é que assentava num modelo demasiado sectorializado que impedia a criação de diversidade e transversalidade no sistema. A verdade é que, não só neste período mas também nos anos que ainda viriam, a procura de serviços de apoio tecnológico tardava a materializar-se e, portanto, a tutela da Economia via-se "obrigada" a praticar níveis elevados de co-financiamento aos CTs, INTs e CTTs que ajudou a criar.

Neste período, o MEC prossegue com a campanha iniciada no período anterior, relativamente à promoção da utilização do sistema de certificação técnica e garantia de qualidade, ao

158 | Uma nova política de inovação em Portugal

mesmo tempo que reforça a promoção da utilização do capital de risco como instrumento que, pelo menos de forma parcial, parecia estar ao serviço da política de apoio à inovação da tutela Economia. Finalmente, uma novidade no feixe de medidas ao nível 2 da iniciativa do MEC, é a forte aposta na promoção da utilização dos mecanismos de protecção de propriedade industrial.

Um outro desenvolvimento neste período, que havia de conhecer desenvolvimentos posteriores muito importantes no que respeita ao apoio especializado à constituição de novas empresas ou à sua dissolução, foi a criação da Rede Nacional de Centros de Formalidades (associados ao IAPMEI) em 1998 (DL 78-A/98 de 31 de Março). Esta rede foi-se expandindo gradualmente tendo atingido em 2005, 11 centros em diferentes distritos.

5.5.3 *Afinal o que é que mudou no período entre 1994 e 1999?*

Em resumo, pode-se dizer que neste período (1994-1999) muda o discurso político e, com a introdução do MCT, muda também a estrutura institucional neste pólo, mas na prática quase tudo fica na mesma. De facto, neste período continuou-se o reforço das infraestruturas quer as de base universitária agora financiadas pela FCT, quer as de apoio tecnológico às empresas, financiadas pelo PEDIP II. Acontece, porém, que o sector privado não estaria preparado para saber como aproveitar e fazer uso das capacidades criadas nas ITs de apoio às empresas. Havia-se financiado a criação e reforço de uma infraestrutura tecnológica pública mas negligenciado a construção de capacidades tecnológicas nas empresas (no sentido que vimos no capítulo 2), sendo esta última uma condição necessária para que estas se interessem em criar ligações com as infraestruturas. Em resultado, o Estado assume a taxas elevadas o financiamento da capacidade instalada, ficando à espera que a procura se venha mais tarde a materializar.

5. As políticas e a evolução do sistema de governança da ciência... | 159

No final do QCAII a impressão geral era a de que o sistema de inovação estaria "completo" *i.e.* o conjunto de infraestruturas e capacidades disponíveis por áreas científicas seria já considerável. Não obstante, à entrada para os anos 2000, continuava a haver um conjunto de fragilidades importantes, nomeadamente:

Em primeiro lugar a criação do Ministério da Ciência denota uma aposta estratégica na "Ciência" sendo que a difusão tecnológica e inovação no mercado são encaradas como uma outra política desligada da ciência. Note-se porém que não é dada continuidade à escolha de áreas temáticas estratégicas alinhadas com o Programa Quadro da Comunidade Europeia.

Em segundo lugar, predomina o racional cienticista e o modelo linear, justificado do ponto vista económico pelo pensamento neoclássico. Tal como nos períodos anteriores, continua a sectorialização do sistema de governança no domínio da ciência, tecnologia e inovação, mas agora com dois actores principais pouco articulados entre si.

Em terceiro lugar, o sistema de infraestruturas públicas de I&D e apoio tecnológico estava mais completo. O forte crescimento no número de centros de I&D universitária significava também um forte dinamismo da investigação académica. Contudo, a questão não estava no número ou na tipologia de institutos e capacidades, mas sim se estes formavam um sistema coerente, em termos do estabelecimento relações com as empresas, no sentido de privilegiar a adopção de soluções tecnológicas no tecido produtivo e a inovação organizacional que dela decorre. Isto apelava para o reforço de *interfaces* e, em particular, para uma necessidade de contrariar a fraca tradição de cooperação entre empresas e entidades públicas.

Em quarto lugar, continuava a haver uma insuficiente inteligência estratégica em matéria de política científica, tecnológica e de inovação, que em parte decorria do excessivo domínio do percurso descendente (top-down) na análise e formulação de politicas, em detrimento do percurso ascendente (ou bottom-up)

160 | Uma nova política de inovação em Portugal

onde, sobretudo na politica de tecnologia e inovação, os actores no nível 4 deveriam ter uma maior participação.

Por outro lado, no mundo empresarial, continuava a ter-se uma certa fragilidade estratégica, reflectindo a escassez de quadros qualificados na gestão de topo, o que de certa forma explicava a difícil aderência das empresas a estratégias de maior risco, baseadas em factores intangíveis. De certa forma isto reflectia-se também na insuficiente materialização da procura por serviços de apoio tecnológico, fazendo com que o desenvolvimento das ITs e a sua sustentabilidade financeira fossem inteiramente determinadas por opções de política pública e não pelo padrão de necessidades das empresas.

5.6 O surgimento da "inovação" ao nível da estratégia nacional. Um aprofundamento da estratégia mas sem reflexo na estrutura de governança

Apesar de não haver alterações substanciais nos níveis 2 e 3, a estrutura de governança continuar fragmentada – ver Figura 5.6.1 – e o processo de planeamento continuar, no essencial, a ser um exercício "top-down", sem participação activa e formal dos agentes privados no nível 4, é em 1999-2000 no período de preparação do QCA III, que as questões relacionadas com a política de inovação, mas agora associadas à sociedade da informação e do conhecimento, começam a ser enraizadas a nível 1.

O primeiro sinal destas mudanças aparece com a elaboração do *Plano Nacional para o Desenvolvimento Económico e Social – PNDES*. Inspirado na "Estratégia de Lisboa"[11] o PNDES, vê a

---

[11] Mais ou menos na mesma altura o Conselho Europeu de Lisboa, sob a Presidência Portuguesa, estabelecia a famosa "Estratégia de Lisboa" para a União Europeia, propondo objectivos ambiciosos na direcção de uma economia baseada no conhecimento e capaz de garantir um crescimento económico sustentável, com mais e melhores empregos, e com maior coesão social.

evolução prospectiva do Sistema de Ciência, Tecnologia e Inovação, como essencial para a renovação do ensino a nível superior; para a integração do País nas redes internacionais de I&D; para o estímulo ao aparecimento e crescimento de empresas de base tecnológica; e mesmo para a atracção e fixação de novos investimentos estrangeiros.

No seguimento do PNDES, o PDR que enquadra o QCA III (2000-2006) afirmava (PDR 1999) que ".... *que para construir uma sociedade orientada para a inovação e para o espírito de iniciativa, para a competitividade, solidariedade e coesão social seria necessário uma estratégia de transformação estrutural da economia.*"

A estratégia para o domínio da ciência, tecnologia e inovação parte, portanto, da ideia de que seria necessário consolidar um processo consistente de desenvolvimento das capacidades tecnológicas e de inovação na economia. Como atrás se referiu, partia-se do pressuposto de que o sistema de ciência, tecnologia e inovação estaria mais ou menos completo – no sentido de que já disporia de toda a tipologia de actores componentes de um sistema nacional de inovação e o que importava agora era promover a consolidação qualitativa do sistema.

5.6.1 *As mudanças na política de Ciência*

No nível 3, no campo do Ministério da Ciência e Tecnologia – MCT, aparece neste período o novo programa de apoio à Ciência, Tecnologia e Inovação – POCTI. O POCTI não introduz mudanças significativas. Tal como no PRAXIS, o POCTI estava orientado predominantemente para o apoio à formação avançada e à investigação de natureza mais académica. As razões de elegibilidade, privilegiavam o mérito científico (com a selecção de propostas feita por painéis disciplinares) e as ligações internacionais, mas tal como no PRAXIS, não havia, contudo, uma definição de áreas temáticas (alinhadas ou não com as do Programa Quadro, por exemplo), sendo favorecido o

162 | Uma nova política de inovação em Portugal

racional da "excelência" científica conduzida pelas prioridades da procura (ou seja, no essencial, conduzida pelas prioridades da investigação universitária). Um elemento relativamente novo no POCTI era a maior aposta na divulgação da ciência e tecnologia, orientada para os segmentos jovens e para os alunos a frequentarem o ensino secundário, com a criação de vários centros Ciência Viva em diferentes capitais de distrito.

Contudo, a questão mais notória na política de Ciência do MCT é que, embora este Ministério reclame para si uma intervenção no domínio da inovação, na prática, o desenho do POCTI e mais tarde a sua execução, haveriam de comprovar que as duas acções no âmbito das Medidas 1.2 e 2.3, que se podem porventura associar a apoios à inovação, não tiveram qualquer incidência significativa nos apoios à inovação nas empresas.

Por outro lado, refira-se que, para este breve período entre 1999 e 2000, a alteração mais importante no domínio de influência da tutela da Ciência, é o progressivo desenquadramento da AdI, relativamente à sua missão original. Como já tinha sido atrás referido, a AdI chega ao final dos anos 90 sem ter cumprido a sua função de ligação interministerial e de ponte entre a I&D "pública" e a transferência/aplicação para as empresas. Embora essa noção de ponte entre a I&D "pública" e as empresas, à luz da discussão que fizemos no capítulo 2, fosse inevitavelmente pouco eficaz, a questão que importa aqui colocar é que, face ao domínio que o Ministério da Ciência e Tecnologia vinha a exercer desde 1995 sobre a AdI, o Ministério da Economia afastou-se definitivamente. Com efeito, no verão de 2001 mesmo antes da remodelação do XIV governo, dá-se a saída do Ministério da Economia do capital da AdI.

5. As políticas e a evolução do sistema de governança da ciência... | 163

5.6.2 *Terá havido mudanças na política económica de tecnologia e inovação?*

Também ao nível 2, mas agora na esfera do MEC, prossegue-se com políticas em quase tudo semelhantes às do período anterior. Embora com um âmbito de actuação alargado ao sector de serviços, no seu elenco de medidas o POE é muito semelhante ao seu antecessor PEDIP II. No que diz respeito ao domínio da tecnologia e inovação o programa apresenta-se como bastante relevante. Contudo, e tal como o seu antecessor, o programa surge com dois tipos de estratégias. Uma mais centrada na necessidade das empresas darem respostas (na forma de novos ou melhorados produtos ou processos) a solicitações de mercado ou à pressão competitiva a que estão sujeitas – estratégia de "demand-pull", e outra centrada no reforço de recursos, actividades de I&D e dinamização de infraestruturas tecnológicas, de qualidade e de formação – estratégia de "techno- logy-push".

Na primeira vertente o programa pretende induzir uma dinâmica de inovação empresarial que privilegie estratégias mais agressivas e baseadas em factores intangíveis (por exemplo: qualidade, recursos humanos qualificados, internacionalização e inovação). Contudo, na prática, a forma como as medidas são postas em prática faz com que, no essencial, se perca uma parte substancial da relevância do programa para o estímulo à adopção desse tipo de factores. Por exemplo, nas medidas SIPIE e SIME, o predomínio de critérios de elegibilidade e selectividade, baseados em aspectos administrativos e financeiros, favorece claramente o investimento tangível com conteúdo inovador, que os beneficiários classificam como "modernização" e "diferenciação". Os apoios à I&D empresarial são relativamente pouco procurados, fazendo com que fosse muito baixo o número de projectos de I&D apoiados, quando comparado com o número (e montantes de incentivo público concedido) relativamente aos projectos de "modernização", e quando com-

164 | Uma nova política de inovação em Portugal

parados, como veremos no capítulo 6, com o total de despesas com I&D no sector empresas.

Na segunda vertente o programa dá continuidade à politica de sustentabilidade das infraestruturas tecnológicas de apoio às empresas. No POE implementa-se um sistema de incentivos em que o subsídio anual atribuído a uma infraestrutura tecnológica, é proporcional ao seu volume de facturação no mercado (no ano anterior), assumindo-se assim que se está a estimular uma maior utilização, por parte das empresas, da capacidade pública de apoio tecnológico. Na prática, em vez de se financiar as empresas para que estas recorram às infraestruturas, continua-se a financiar directamente as infraestrutras.

Uma outra novidade nas mudanças e medidas institucionais do final dos anos 90, na esfera de influência da tutela da Economia, foram as alterações no domínio dos apoios e da regulamentação da propriedade industrial. Face aos compromissos assumidos por Portugal no âmbito da UE, o Código da Propriedade Industrial (CPI) que havia sido revisto em 1995 (mais de meio século depois da publicação do primeiro Código de 1940), é novamente revisto em 2002. Aprovado em 2003 (DL n.º 36/2003, de 5 de Março), o novo CPI assume-se como "um dos factores competitivos mais relevantes de uma economia orientada pelo conhecimento, dirigida à inovação e assente em estratégias de *marketing* diferenciadoras", para além da visão mais tradicional "como mecanismo regulador da concorrência e garante da protecção do consumidor" (Pereira *et al* 2004).

Paralelamente, e desde o final dos anos 90, o Instituto Nacional de Propriedade Industrial – INPI modernizou-se e tornou-se uma entidade mais activa e mais orientada à prestação de serviços às empresas. Em 2001, com o apoio do POE, dá-se o lançamento de uma rede nacional de Gabinetes de Apoio à Propriedade Industrial – GAPI. O INPI criava assim um conjunto de parcerias institucionais para melhorar os serviços de atendimento e apoio ao processo de registo de patentes, modelos de utilidade e marcas.

5.6.3 *A recuperação da dimensão regional nas políticas de ciência, tecnologia e inovação*

Como atrás se referiu o aparecimento, em 1995, do novo MCT significou que a Ciência deixava a tutela do Planeamento e Administração do Território, onde tinha estado quase 10 anos. Neste período, entre 1999 e 2000, ressurgem a nível 2 os interesses relativos à vertente regional das políticas de ciência, tecnologia e inovação. Com efeito, influenciadas pelas possibilidades no âmbito do artigo 10º da assistência técnica do FEDER, quase todas as Comissões de Coordenação e Desenvolvimento Regional – CCDRs, começaram nesta altura a criar o seu espaço próprio de reflexão, em matéria de politica regional de ciência, tecnologia e inovação. Criando mecanismos de diálogo e consenso com os actores regionais e com o apoio financeiro da União Europeia, quase todas as regiões nacionais elaboram nesta altura as suas Estratégias de Inovação Regionais[12]. Com o seguimento dessas estratégias, no âmbito das Acções Inovadoras (também com o apoio financeiro da União Europeia), começou-se a estabelecer nas regiões um novo processo de elaboração e implementação de medidas de apoio, baseado na proximidade com os actores, e fundamentado no percurso bottom-up que tanto tem faltado às iniciativas e programas centralizados. Sendo certo que algumas das inovadoras medidas de apoio experimentadas no contexto das acções inovadoras podem vir a ser integradas no "mainstream" dos fundos comunitários FEDER a nível nacional, as regiões, por esta via, influenciam a política nacional, e posicionam-se como pioneiras em novos métodos de concepção de medidas e acções, onde possa haver uma participação mais alargada a todos os tipos de actores regionais, incluindo os do nível 4.

---

[12] Referimo-nos aos projectos RIS, RITTS no final dos anos 90 início dos anos 2000, como por exemplo, o LISACTION (Lisboa e Vale do Tejo), INOVAlgarve, RTP-Norte, Plano Inovação da Região Centro e PRIA-Alentejo.

166 | Uma nova política de inovação em Portugal

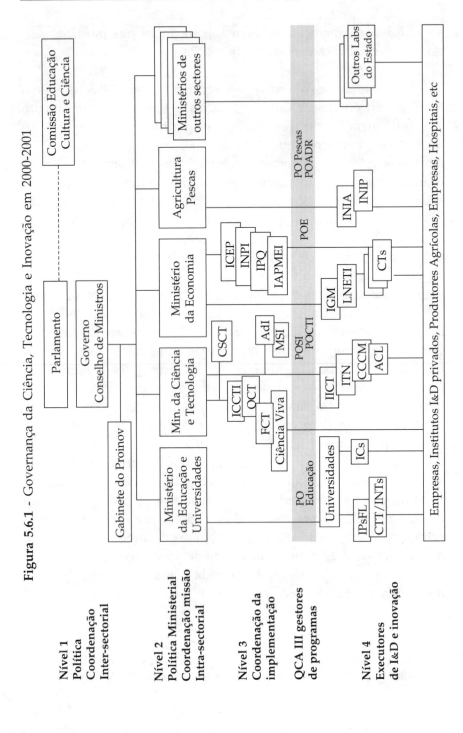

Figura 5.6.1 - Governança da Ciência, Tecnologia e Inovação em 2000-2001

5.6.4 *Um aprofundamento da estratégia anterior*

Em resumo, no final dos anos 90 a reflexão que antecede o QCA III resulta, no essencial, e para o domínio da ciência, tecnologia e inovação, num aprofundamento da estratégia anterior. A ciência, tecnologia e inovação são finalmente integradas no âmbito da estratégia global nacional, onde se reconhece a necessidade de apoiar um processo de transição para a sociedade de conhecimento, através de uma política integrada para o apoio à inovação. No essencial começa a notar-se uma preocupação com justificar a paragem do investimento em infraestruturas, mas sem entrar nas questões de como "organizar" e "coordenar" o sistema.

Na verdade, o problema das infraestruturas era porém mais vasto do que o âmbito restrito da esfera de influência dos Ministérios da Ciência e da Economia. Nos anos 90, ao mesmo tempo que se criavam novas infraestruturas de ciência e de apoio tecnológico, não se tinha modernizado os laboratórios de estado quer nas tutelas da Ciência e Economia, quer em outras tutelas como a Agricultura, Pescas, Saúde, Desenvolvimento regional, etc. Acresce que os custos de realização da ciência estavam também cada vez maiores, colocando pressões financeiras sobre as tutelas. Efectivamente, a questão largamente ignorada, neste e nos períodos anteriores, prende-se com a ausência de uma orientação concreta para medidas que estimulem a reestruturação e aproveitamento das estruturas já existentes.

O período de lançamento do QCA III poderia ter servido também para aumentar a interactividade entre os dois Ministérios com as tutelas da Ciência e da Economia, e respectivos programas. Na verdade, quer no seu desenho quer na sua operacionalização a articulação entre os programas POE e POCTI, tal como a conseguida pelos seus antecessores PEDIP II e Praxis XXI, foi fraca ou quase nula, mesmo quando as complementaridades são evidentes. É também neste período que ressurge o interesse pela dimensão regional das políticas de

168 | Uma nova política de inovação em Portugal

Ciência, Tecnologia e Inovação, tendo as CCDRs realizado as suas propostas de Planos Regionais de Tecnologia e Inovação.

5.7 O Programa Integrado de Apoio à Inovação – PROINOV

As recomendações da Cimeira de Lisboa em 2000, e não a fragmentação entre diferentes sectores, e o visível e crítico afastamento entre as política de ciência e a politica tecnológica e de inovação na tutela da economia, como atrás se viu, terão estado na origem das mudanças iniciadas em 2001, que visavam melhorar a estrutura do sistema de governação das políticas de ciência, tecnologia e inovação em Portugal. No essencial essas mudanças traduziram-se num pacote medidas que incluíam a criação do Programa Integrado de Apoio à Inovação – PROINOV.

Nesse pacote o governo comprometia-se com o aumento das actividades de I&D no sector público, abrangendo as empresas públicas e os Laboratórios do Estado. Isto seria conseguido através do aumento do orçamento público para I&D; do reforço do emprego científico e tecnológico e do aumento das capacidades científicas e tecnológica (RCM 54/2001 de 24 de Maio). Numa outra resolução do conselho de ministros (RCM nº 55/2001 de 24 de Maio), o Governo comprometia-se ainda com a reforma das instituições públicas de I&D, vindo ao encontro das necessidades de rever as missões e reposicionar os Laboratórios do Estado.

Uma outra iniciativa em 2001 que merece destaque (RCM nº 56/2001 de 24 de Maio), foi a proposta de atrair investimento directo estrangeiro de elevado conteúdo tecnológico, sendo que o ICEP e a AdI apresentariam um plano de acção para atrair actividades de I&D das empresas estrangeiras para Portugal.

Porém, a medida com maior alcance terá sido a criação do PROINOV – Programa Integrado de Apoio à Inovação (RCM nº. 53/2001, de 24 de Maio). Este programa pretendia uma

5. As políticas e a evolução do sistema de governança da ciência... | 169

mudança fundamental na estrutura de governação da política de inovação. Isto porque se voltava[13] a assumir a importância da política de ciência, tecnologia e inovação ao mais alto nível de governação, nomeadamente ao nível da Presidência do Conselho de Ministros, reconhecendo que é aí que se deve fazer a articulação entre os sectores. A ideia base do programa era a de "impulsionar uma afinação da estratégia de desenvolvimento em curso e das prioridades mais específicas a concretizar, no quadro definido pelo PNDES, PDR, QCA III, à luz das orientações então definidas pela Estratégia de Lisboa. Mais especificamente, a coerência global e o alcance de todo este quadro de referência seria reforçado por uma política de apoio à inovação ambiciosa, articulada com as demais políticas sectoriais" (RCM nº 53/2001 de 24 de Maio). Com efeito, o PROINOV pretendia clarificar e articular "prioridades sobre onde concentrar os esforços políticos e financeiros, visando um salto qualitativo no sentido de vencer o atraso estrutural do País.". O PROINOV foi definido como tendo quatro grandes eixos:

1. Promover a iniciativa e a inovação empresarial visando responder ao novo quadro global e europeu;
2. Reforçar a formação e a qualificação da população portuguesa;
3. Impulsionar o enquadramento geral favorável à inovação;
4. Dinamizar o funcionamento do sistema de inovação em Portugal.

A implementação e o acompanhamento da execução de um programa desta natureza, a cargo do Gabinete do PROINOV seria, no entanto, o principal desafio, até porque a abordagem à tão desejada articulação intersectorial privilegiava a via programática, em vez da alternativa via institucional, sempre mais

---

[13] Dizemos que "voltava" porque nos já longínquos finais dos anos 70, o Governo da Primeira Ministra Maria Lurdes Pintassilgo, chegou a colocar a JNICT na dependência directa do Primeiro Ministro.

170 | Uma nova política de inovação em Portugal

difícil de implementar. Estes desenvolvimentos, em 2001, ao mexerem com a estrutura de governação da política de inovação trazem mudanças positivas mas também alguns problemas novos.

Do lado das mudanças positivas, um dos aspectos essenciais que se pode atribuir ao PROINOV (apesar do escasso tempo em que esteve em funcionamento, pois a sua acção haveria de ser interrompida com a demissão do XIV Governo em Dezembro de 2001), é o alargamento do conceito de política de inovação. Com efeito, o PROINOV anunciava um certo afastamento, quer do racional "cienticista" ou "academicista" do MCT, quer da visão pragmática centrada na "utilização da tecnologia" e justificada pelo modelo neoclássico da tutela da Economia, introduzindo o modelo dos Sistemas Nacionais de Inovação (Laranja 2005, Rodrigues *et al* 2003). Por outro lado, o PROINOV foi essencial em introduzir ao mais alto nível, associações entre politica de inovação, empreendedorismo, educação, formação profissional, inovação organizacional, aprendizagem ao longo da vida, etc. Ou seja, um outro aspecto essencial era a sua transversalidade, materializada na criação de uma comissão interministerial para monitorização, constituída pelo Primeiro Ministro e pelos ministros das principais tutelas envolvidas. O PROINOV apresentava-se como contribuinte para o desenvolvimento de parcerias envolvendo Ministérios e seus diferentes institutos e Gestores dos Programas Operacionais. No decorrer da implementação, o programa previa a definição e distribuição de tarefas em diferentes Ministérios e diferentes instituições públicas, com a finalidade de atribuir responsabilidades à execução das várias medidas do programa.

Em segundo lugar, um outro aspecto positivo, é que pelo menos em discurso, o PROINOV afirmava que conseguiria um maior envolvimento do sector privado, bem como uma maior colaboração entre os diferentes agentes do sistema de inovação.

O terceiro aspecto positivo estava no regresso à consideração dos clusters sectoriais, enquanto beneficiários alvo, podendo assim estimular-se maiores níveis de colaboração. Isto incluía o

5. As políticas e a evolução do sistema de governança da ciência... | 171

lançamento de espaços de reflexão associados ao lançamento de políticas e medidas dirigidas a clusters. Novamente, tal como no Projecto Porter e no "Fórum da Competitividade" na primeira metade dos anos 90, se voltava à ideia de desenvolvimento orientado a um colectivo de actores (agora no PROINOV por vezes designados por "mega-clusters")[14].

Em quarto lugar, o estímulo a um maior envolvimento directo dos beneficiários (componentes do sistemas de inovação) do programa, chegando mesmo ser montados mecanismos de contacto e negociação directa com actores líder, é também um aspecto positivo. Isto contrasta com a tradicional lógica de planeamento top-down e permitia a necessária consertação estratégica entre os actores e o governo.

Por último, uma outra novidade interessante no PROINOV, era que pela primeira vez se caminhava para um sistema reflexivo de monitorização do progresso. Isto é, propunha-se a criação de indicadores associados às medidas do programa e a monitorização pretendia ter efeitos de aprendizagem dos actores.

Apesar da originalidade da abordagem encontrada para a implementação da Agenda de Lisboa em Portugal, o PROINOV, para além de não ter tido tempo suficiente para implementar e a avaliar a maioria das suas acções, encerrava à partida alguns problemas.

Em primeiro lugar, apostava-se também em mais estudos sobre tópicos, problemas e barreiras que na maior parte dos casos já haviam sido identificados.

Em segundo lugar, alguns dos workshops temáticos organizados pelo PROINOV, acabaram na prática por se centrar em questões académicas, e menos no pragmatismo da elaboração

---

[14] No âmbito dos clusters-PROINOV duas iniciativas específicas foram lançadas: uma para o Calçado e outra para o Software. Contudo, a alteração de governo no final de 2001 não permitiu que tais iniciativas se materializassem em acções concretas

172 | Uma nova política de inovação em Portugal

de projectos de interesse mútuo pelo conjunto de actores, e portanto perdia-se a oportunidade de passar à acção.

Um outro problema do PROINOV é que, mais uma vez, se dava maior importância ao financiamento público da inovação em vez de realçar o compromisso dos agentes privados. De certa forma o PROINOV não conseguiu descolar-se totalmente da lógica de apoios estabelecida no QCAIII.

Apesar do esforço feito, os resultados alcançados haveriam de ser motivo de grande controvérsia. Enquanto as fontes oficiais enfatizavam a evolução nos indicadores mais ligados às despesas de I&D, analistas independentes (Simões 2003), chamavam a atenção para o facto de a performance em inovação continuar algo desoladora.

5.8 Grandes mudanças ou pequenos ajustes? O período 2002-2004

Como atrás se referiu a demissão do XIV governo, em Dezembro de 2001, comprometeu as boas intenções das RCMs de Maio do mesmo ano, e em particular a iniciativa PROINOV que não teve tempo para produzir resultados que possam ser devidamente avaliados. Com efeito, com a entrada do XV Governo em Março de 2002, introduzem-se mudanças fundamentais na política de ciência, tecnologia inovação – ver Figura 5.8.1 – e na continuação deste mesmo governo (na sequência da partida do então Primeiro Ministro para a Presidência da Comissão Europeia), introduzem-se outras alterações na orgânica, mas mantendo no essencial a política delineada no início de 2002.

Ao nível 1, e a confirmar que efectivamente o domínio da ciência, tecnologia e inovação já havia passado neste nível a ser uma das preocupações principais, são muitas as alterações relativamente à estratégia, à coordenação intersectorial e à redefinição das relações interministeriais, com a atribuição de duplas

5. As políticas e a evolução do sistema de governança da ciência... | 173

tutelas a vários organismos públicos, parecendo no início que este governo iria implementar uma nova articulação estratégica entre os sectores relevantes para a política da inovação.

5.8.1 *As novas responsabilidades de coordenação das áreas da inovação, sociedade da informação, e-government e a criação da UMIC*

Em primeiro lugar, a coordenação interministerial no domínio da ciência, tecnologia e inovação, é entregue ao Ministro Adjunto do Primeiro Ministro e a lógica programática de governança horizontal, uma das originalidades do PROINOV, dá agora lugar à via institucional com a criação da Unidade de Missão para a Inovação e Conhecimento – UMIC, em formato de Comissão Interministerial para inovação e conhecimento. Acresce que na RCM nº 135/2002 de 20 de Novembro, anuncia-se também que se "deve promover uma diferenciação dos instrumentos e projectos de apoio de acordo com as empresas alvo, através da selecção de medidas e instrumentos adequados para suporte à inovação, no âmbito do QCA III". Adicionalmente, o Governo anunciava que iria dinamizar diversos serviços e apoios, através de parcerias e projectos com as infraestruturas relevantes nas áreas da inovação, da sociedade da informação e do governo electrónico.

Isto é, também aqui, e no seguimento do PROINOV, o racional neoclássico aparece algo mitigado por noções sistémicas da inovação, parecendo ser estas últimas que estão subjacentes ao novo modelo. Por outro lado, o racional da política de ciência tecnologia e de inovação é agora claramente centrado na visão "utilitarista", com o Ministério da Economia a assumir o principal protagonismo em defesa daquilo que julga ser a "política da inovação". Ou seja, com este novo governo o pêndulo parece afastar-se do "cienticismo" do ciclo anterior e aproximar-se do "utilitarismo" da inovação centrada nas empresas.

174 | Uma nova política de inovação em Portugal

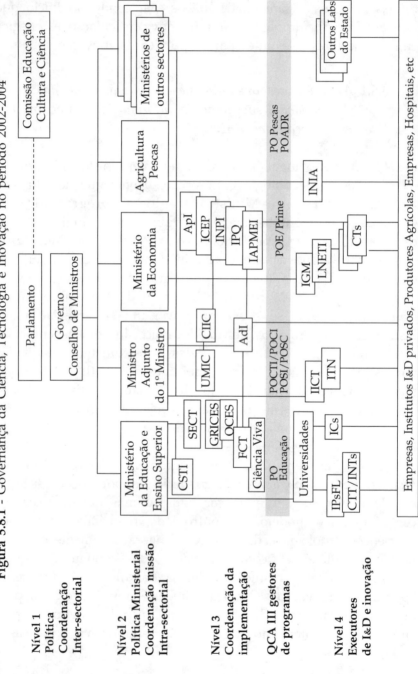

Figura 5.8.1 - Governança da Ciência, Tecnologia e Inovação no período 2002-2004

5. As políticas e a evolução do sistema de governança da ciência... | 175

A coordenação da politica de ciência, tecnologia e inovação ao nível interministerial ganha assim um novo significado, mas o âmbito de actuação da UMIC, parece contudo algo desfocado, já que a coordenação transversal da inovação é agora associada à promoção da sociedade da informação e à introdução das novas tecnologias nos serviços da administração pública e não propriamente associada a uma função supervisora das intervenções sectoriais no domínio da ciência, tecnologia e inovação. Com efeito, com o passar do tempo, começava a ser evidente que a UMIC concentrava os seus recursos nas questões da sociedade de informação e modernização tecnológica da administração pública[15], relegando para segundo plano as questões associadas à articulação da execução da política de ciência e inovação, onde se limitava a emitir pareceres sobre as diversas iniciativas legislativas com incidência nessas áreas. Em 2003, a UMIC edita também uma versão preliminar do seu *Plano de Acção para a Inovação*, onde propõe quatro áreas prioritárias: recursos humanos altamente qualificados; acesso e difusão do conhecimento, dinamização de redes de inovação e promoção de novos produtos e serviços orientados ao mercado.

A partir de meados de 2004, com a substituição do Primeiro Ministro, novas mudanças surgem. No nível 1 a politica de ciência, tecnologia e inovação e respectiva articulação horizontal mantém-se no Ministro Adjunto e implementada pela UMIC. Contudo, uma das mudanças mais significativas foi a divisão do Ministério das Cidades, Planeamento do Território e Ambiente, em dois Ministérios: Ministério das Cidades, Habitação e Desenvolvimento Regional e Ministério do Ambiente e Administração do Território. Outras alterações importantes foram a fusão do Ministério da Economia com o Ministério do Traba-

---

[15] Foi a UMIC, em sintonia com o Plano Europeu eEurope 2005, que implementou acções concretas como, por exemplo, a Iniciativa Nacional de Banda Larga, o Portal do Cidadão, a Biblioteca do Conhecimento "B On-line", a iniciativa Rede Wireless nas Universidades, etc.

lho no novo Ministério dos Assuntos Económicos. O Ministério da Ciência e Ensino Superior sofre apenas uma alteração de nome para Ministério da Ciência, Inovação e Ensino Superior.

Neste período, diversos institutos e organismos públicos com um papel central na execução das políticas de ciência, tecnologia e inovação, deixam de ter tutela única. É o caso do INPI, anteriormente no domínio do Ministério da Economia passa a responder também ao Ministro Adjunto e ao Ministério da Ciência e do Ensino Superior. O mesmo acontece ao INETI e à Agência de Inovação que passam também a responder ao Ministro Adjunto. No âmbito do Ministério da Agricultura, Desenvolvimento Regional e das Pescas – MADRP, o INIA funde-se com IPIMAR num único instituto denominado INIAP e passam a partilhar a tutela com o Ministério da Ciência e do Ensino Superior – MCES[16]. A ideia parece ser a de que, a partilha de tutelas com o Ministro Adjunto, coordenador da área da inovação, iria favorecer uma maior coordenação intersectorial e a desejada transversalidade e governança horizontal nas políticas de ciência, tecnologia e inovação. A realidade, contudo, haveria de demonstrar que a governança horizontal requer algo mais do que a simples partilha de tutelas dos mais diversos actores públicos do sistemas de inovação no nível 1.

Uma outra questão neste período, prende-se com a mudança da localização das sedes do IAPMEI e da Agência de Inovação para a região Norte. Esta alteração é justificada em nome da descentralização e do interesse das empresas, já que é na região Norte que se localizam a maioria das PMEs. A AdI, que no período anterior havia passado inteiramente para a tutela da Ciência, regressa agora à tutela da Economia (no âmbito da tripla tutela atrás referida), através da entrada no capital da PME-Capital (empresa de capital de risco público). Uma outra altera-

---

[16] Embora mantendo a sigla, o IPIMAR é agora designado Instituto de Investigação da Pescas e do Mar.

5. As políticas e a evolução do sistema de governança da ciência... | 177

ção, já em 2004, é a fusão da AdI com parte do Gabinete de Gestão do POE/PRIME, permitindo a concentração numa única organização da gestão de medidas de apoio à I&D e à Inovação ventiladas pelos dois principais actores da política de ciência, tecnologia e inovação – o MCES e o MEC. Sem dúvida que a passagem da sede da AdI para o Norte e a sua fusão com a gestão do POE/PRIME, parecia na altura anunciar um novo ímpeto de ligação sectorial e regional que havia que saber gerir e desenvolver. Contudo, depressa se percebeu que, na prática, pouco ou nada se ganhou com estas alterações. A AdI ficava remetida ao papel de gestor de medidas não integradas, e cada vez mais longe do que poderia ter sido o seu verdadeiro papel enquanto Agencia prestadora de serviços públicos de agenciamento da tecnologia.

Uma outra alteração importante diz respeito à criação da Comissão Interministerial em Inovação e Conhecimento – CIIC. É também o Ministro Adjunto que preside a esta nova Comissão que integra representantes de todos os ministérios bem como o Coordenador Geral da UMIC. À CIIC foram pedidas quatro tarefas: produzir sugestões para um desenvolvimento integrado das estratégias que envolvem inovação, sociedade de informação e e-Government; promover a coordenação da implementação dos programas e iniciativas nos domínios atrás mencionados; discutir, aprovar e rever as responsabilidades dos vários ministérios e acompanhar a implementação do Plano e-Europe 2005, bem como outros planos europeus nos domínios considerados.

Finalmente, um outro acontecimento importante, em Janeiro de 2004 (com o ainda Primeiro Ministro Durão Barroso) foi o anúncio de uma nova estratégia (que ficou conhecida como a "Estratégia de Óbidos") para o domínio da inovação e conhecimento. No Conselho de Ministros de Óbidos em 17 de Janeiro de 2004, aprovaram-se prioridades para quatro áreas de actuação: inovação, sociedade da informação e do conhecimento, desenvolvimento da ciência e do ensino superior e modernização da administração pública, através da formação dos seus recursos humanos, criação de estágios de longa duração de licen-

178 | Uma nova política de inovação em Portugal

ciados e doutorados. Até ao final do QCA III em 2006 seriam canalizados para a formação, requalificação, ciência e investigação mais de um bilião de Euros através da reformulação do POCTI que dá origem ao Programa Operacional para Ciência e Inovação POCI – CIÊNCIA 2010 e o 'POSI que dá origem ao Programa Operacional para Sociedade do Conhecimento POSC – FUTURO 2010. Os montantes destes dois programas foram reforçados em resultado da atribuição da reserva de eficiência na execução do QCA III, a apenas a estes dois programas (e da respectiva reserva de programação), mas na prática as novas medidas pouco ou nada diferiam relativamente aos programas antecessores. Parte dos investimentos referidos consistiam na atribuição, entre 2004 e 2006, de 12000 bolsas de formação – 7000 para formação na Administração Pública e 5000 para mestrados, doutoramentos e pós-doutoramentos bem como para a inserção de mestres e doutores em empresas. Para além desta iniciativa, o Conselho de Ministros aprovou ainda a lei do Mecenato Científico, que tinha em vista reformular o regime de incentivos fiscais à I&D introduzido em 1997 e incentivar o financiamento privado na investigação.

5.8.2 A criação do Ministério da Ciência e do Ensino Superior

Ao nível 2, a alteração mais importante é sem dúvida a transformação do Ministério da Ciência e Tecnologia no novo Ministério da Ciência e Ensino Superior – MCES. Após cerca de 7 anos com tutela própria a Ciência vê-se assim ligada à política de ensino superior, aparecendo novamente uma Secretaria de Estado de Ciência e Tecnologia, à semelhança do que tinha sido a prática entre 1986 e 1995. Ao nível do MCES é criado um novo Conselho Superior de Ciência Tecnologia e Inovação – CSCTI para substituir o anterior Conselho Superior de Ciência e Tecnologia que não reunia desde 1996. A dinamização do novo Conselho Consultivo, começa notar-se em 2003 através da organização de seminários e promoção de temáticas relacionadas com a política nacional de ciência e tecnologia. Apesar de colocado a um nível de governança demasiado baixo, a reanimação deste conselho foi bem vinda depois dos muitos anos de inactividade do CSCT.

Mas o novo MCES introduz também mudanças substanciais nos institutos que tutela. Mantém-se a FCT mas o OCT e o ICCTI, criados pelo desmantelamento da JNICT em 1995, dão agora lugar a duas novas organizações o Observatório da Ciência e do Ensino Superior – OCES e o Gabinete de Relações Internacionais da Ciência, Tecnologia e Ensino Superior – GRICES. Uma outra alteração interessante, como acima referimos, é que o novo MCES fica com várias tutelas conjuntas dos laboratórios de estado sendo agora também da sua responsabilidade definir e coordenar as orientações científicas nessas entidades.

O MCES apresenta também neste período, o plano de acção "Investir em I&D – Plano de Acção Para Portugal 2010" onde se anuncia o objectivo de atingir 1,17% de despesas de I&D em % do PIB em 2006. O plano de acção tem 4 vectores: aumentar o investimento público em I&D, promover uma envolvente facilitadora do investimento privado em I&D; aumentar a disponibilidade de recursos humanos qualificados em todos os campos científico e tecnológicos e; promover o emprego científico. No seguimento desse plano de acção o MCES, neste período, introduz também um novo modelo de avaliação e financiamento das unidades de I&D. Curiosamente esse modelo anunciava 9 objectivos mais latos e genéricos que os objectivos do Plano de Acção. Relativamente à mobilidade de investigadores universitários, o MCES volta a colocar em discussão a reestruturação do estatuto da carreira docente, falada desde o início dos anos 90, mas até aqui não concretizada.

5.8.3 *As alterações no Ministério da Economia*

Também ao nível 2 das políticas sectoriais, refira-se que o Ministério da Economia, neste período, começa por se reestruturar, sendo dadas novas missões aos institutos na sua tutela. Por exemplo, o ICEP passa a ter um papel relevante na diplomacia internacional e na promoção das marcas e da imagem de Portugal. É criada a API – Agência Portuguesa de Investimento, como ponto único de atendimento para projectos de investimento superiores a 25 Milhões de Euros, e como mecanismo de acompanhamento do investimento estrangeiro já instalado, na tentativa de reverter a diminuição de IDE. É igualmente criada a Alta Autoridade para a Concorrência e, embora mantendo a sigla, promove-se a mudança de nome no INETI para incluir "inovação", ficando portanto a designar-se Instituto Nacional de Engenharia Tecnologia e Inovação (deixa cair o "industrial"), ao mesmo tempo que se promove a fusão deste instituto com o IGM – Instituto Geológico e Mineiro.

É também neste período que o Ministério da Economia lança, em Julho de 2002, o Programa para a Produtividade e Crescimento da Economia – PPCE, onde se incluía um eixo orientado ao apoio à inovação, investigação e desenvolvimento. Propunha-se uma racionalização e reorientação dos laboratórios públicos, de forma a orientar os seus serviços para as empresas, bem como uma nova orientação para as parcerias público privadas. Na reformulação do POE (agora denominado PRIME), propunha-se o apoio a projectos de I&D em consórcio (IDEIA), a dinamização do capital de risco para empresas de base tecnológica (NEST), a colocação de quadros qualificados nas empresas (QUADROS), o reforço de acções de demonstração de tecnologias (DEMTEC) e o lançamento de uma medida para inserção de investigadores nas empresas e criação de núcleos de I&D (NITEC). É também continuada a política de encorajamento da utilização de sistema nacional de protecção de propriedade industrial através do SIUPI e da rede de GAPIs.

No âmbito das actividades do IAPMEI é também de referir que, em colaboração com a tutela do Emprego, foi lançado um pequeno programa designado GERIR com o objectivo de melhorar as capacidades de gestão nas empresas, fornecendo financiamentos parciais para acções de formação e consultoria a empresas com menos de 50 empregados.

5.8.4 *Outras alterações no âmbito da política dos Ministérios*

Também no nível 2, mas em outras tutelas, refira-se que no âmbito do Ministério das Cidades, Planeamento, Território e Ambiente, na sequência dos Planos Regionais de Inovação e Tecnologia, as Acções Inovadoras realizadas nas regiões prometiam uma nova dinâmica local, ancorada nas necessidades concretas dos actores, e uma ambição renovada das CCDRs em intervirem no processo de formulação e implementação da política de ciência, tecnologia e inovação. Refira-se, por exemplo o programa LISACTION na região de Lisboa, que com montantes de financiamento relativamente reduzidos, consegue ainda assim mobilizar os actores regionais para pequenas iniciativas que, funcionando a montante dos apoios no âmbito dos Programas Operacionais, acabam por ser arenas de teste e visibilidade para projectos complementares aos financiados no âmbito dos Programas Operacionais.

Uma outra iniciativa interessante, no âmbito da política de qualificação do emprego, que merece ser aqui realçada, é o caso do Programa REDE – promovido pelo POEFDS 2000-2006. Com efeito trata-se de um dos poucos casos em que o apoio fornecido a empresas nos mais baixos níveis de capacidade tecnológica, não envolve subsídios ao investimento (como no caso do POE/PRIME), mas sim serviços de consultoria e inserção de quadros qualificados. Do mesmo modo, a iniciativa Rede de Inovação Organizacional – RIO, promovida pelo IQF (antigo INOFOR) no Ministério do Emprego e Formação Profis-

182 | Uma nova política de inovação em Portugal

sional, pode também ser aqui referida como um outro exemplo em que se dá importância ao apoio aos factores intangíveis da competitividade, através da formação e da qualificação da mão de obra no sentido de a melhor adequar às necessidades das empresas.

5.8.5 *Resumo*

Em resumo, apesar das tutelas partilhadas obrigarem seguramente a um maior entrosamento entre os respectivos Ministérios, na prática, a concentração de tutelas no Ministro Adjunto nada trouxe de novo. Isto é, a atribuição da coordenação global da política de ciência, tecnologia e inovação ao Ministro Adjunto não significou uma maior articulação de todo o sistema. No essencial continuou a faltar uma perspectiva sistémica e verdadeiramente transversal ao sistema de governança da política de ciência, tecnologia e inovação em Portugal. Certamente que a via programática dessa transversalidade contida no PROINOV terá acabado demasiado cedo, tendo sido substituída por um conjunto de novas ligações institucionais que, possivelmente, não terão também tido tempo para produzir algum efeito. Quanto à criação da UMIC, a sua intervenção parece ter-se centrado no domínio do *e-government* (modernização dos serviços do Estado através da introdução de serviços on-line) e não no domínio da política de ciência, tecnologia e inovação.

Também no que respeita à criação da Comissão Interministerial em Inovação e Conhecimento no nível 1 e do novo Conselho superior de "CT" e "I" no nível 2, não nos parece ter havido qualquer desenvolvimento significativo. Porém, uma vez que no governo anterior, o antecessor CSCT simplesmente não reunia, a criação do novo CSCTI parece ter trazido alguma dinâmica relativa, tendo sido produzido um pequeno livro verde de recomendações. No essencial, o processo de concepção e formulação de políticas de apoio não era alimentado por fóruns de discussão e interacção com os actores a vários níveis e em

5. As políticas e a evolução do sistema de governança da ciência... | 183

diferentes sectores. As principais ideias para alteração dos programas operacionais (quer no âmbito do MEC quer no âmbito da Ciência e Ensino Superior), continuaram a ser produzidas nos níveis intermédios da Administração Pública e debatidas apenas no seio do governo.

Em suma, enquanto no governo anterior através do PROI-NOV se tinha começado a promover uma lógica de colaboração entre os Ministérios de várias tutelas e igualmente entre estes e o sector privado, neste novo governo apareceu um discurso político acerca da inovação claramente centrado na competitividade e onde o Ministério da Economia parecia assumir o papel principal, mas onde a acção governativa neste domínio, volta a estar claramente condicionada por falta de transversalidade e governança horizontal.

5.9 O (novo) Plano Tecnológico

Com a entrada do XVII Governo em 2005, o compromisso com a política de ciência tecnologia e inovação ao nível 1 continuou, à semelhança dos governos anteriores, a ser uma realidade perfeitamente assumida. A grande novidade é a concretização da promessa eleitoral de que haveria um novo impulso nesta área que ficou conhecido como "O Plano Tecnológico". Com efeito, este novo governo retoma o espírito do PROINOV no âmbito da Estratégia de Lisboa e, portanto, regressa-se à ideia de que é necessário pensar e planear um conjunto consistente e articulado de políticas de ciência, tecnologia e inovação, actuando segundo um racional mais próximo da teoria dos Sistemas Nacionais de Inovação. O Plano Tecnológico foi apresentado como uma das peças centrais da política de crescimento económico do Governo e articulado com Programa Nacional de Acção para o Crescimento e o Emprego (PNACE 2005/2008). Este último constitui-se como uma agenda de acção transformadora e reformista, desenhada em torno de quatro prioridades

184 | Uma nova política de inovação em Portugal

estratégicas: consolidar as finanças públicas; modernizar a administração pública; reforçar o desenvolvimento científico e tecnológico e a inovação; e reformar o modelo de formação inicial e de requalificação de activos.

Segundo o Programa do Governo aprovado na Assembleia da República, o Plano Tecnológico organiza-se em torno de quatro eixos principais de acção, nomeadamente: (a) imprimir um novo impulso à inovação, criando condições para o emprego de recursos humanos qualificados e em actividades de investigação e desenvolvimento (I&D) e apostando na promoção de uma cooperação sustentada entre empresas e instituições científicas e tecnológicas; (b) vencer o atraso científico e tecnológico, promovendo o reforço das competências científicas e tecnológicas nacionais, a mobilidade e a excelência dos recursos humanos em ciência e tecnologia; (c) qualificar os portugueses no espaço europeu, fomentando medidas estruturais vocacionadas para elevar os níveis educativos médios da população e a criação de um sistema abrangente e diversificado de aprendizagem ao longo da vida; e (d) mobilizar Portugal para a sociedade da informação e do conhecimento, estimulando uma base alargada de procura de bens e serviços intensivos em informação e conhecimento.

Após a definição do Plano Tecnológico como prioridade política, o governo cria a Unidade de Coordenação do Plano Tecnológico na dependência do Ministério da Economia e arrancam os trabalhos interministeriais que dão origem, já no final de 2005 a um documento integrador de iniciativas e propostas. O Plano Tecnológico embora identificando mais de 200 medidas e acções, desenhadas em parceria com actores dos sectores públicos e privados, constitui-se como um plano permanentemente aberto a novas propostas e ou a ajustamentos induzidos pelo processo de implementação. Posteriormente, a UCPT é integrada na Coordenação da Estratégia de Lisboa CNEL, unidade entretanto criada na dependência da Presidência do Conselho de Ministros, no seguimento do relançamento pela Comunidade Europeia da Estratégia de Lisboa em Março de 2005. Para o acompanhamento e monitorização do Plano Tecnológico prevêem-se vários mecanismos de nível 1, nomeadamente: a constituição de uma Comissão Interministerial de acompanhamento, a realização de Conselhos de Ministros especiais, incidindo apenas sobre política de ciência, tecnologia e inovação e a constituição de um Conselho Consultivo.

À data de escrita deste capítulo é ainda muito cedo para se poder apreciar os resultados destes novos desenvolvimentos no âmbito da política de ciência, tecnologia e inovação de nível 1. Note-se porém que, tal como no PROINOV, o nível a que a coordenação do Plano Tecnológico está colocada parece ser o nível ideal para se conseguir impor a transversalidade e governança horizontal que terá faltado nas políticas anteriores. Resta saber se, na prática, essa governança irá mesmo existir e se, no âmbito da governança vertical, se conseguirá também melhorar os processos participados de reflexão colectiva e inteligência estratégica, que conduzam a uma maior mobilização de diversos tipos de actores do sistema nacional de inovação, sobretudo a participação dos actores no nível 4.

5.10 Conclusões

Não se pode afirmar que tenha existido ou exista em Portugal uma verdadeira política integrada de ciência tecnologia e inovação. Nos últimos 30 anos, existiram várias políticas com incidência na I&D científica e tecnológica e no processo de inovação, mas no seu conjunto elas não formaram, nem formam, um sistema coerente, existindo mesmo uma notável falta de articulação entre as diferentes políticas sectoriais que incidem neste domínio. Existe uma excessiva "compartamentalização", com destaque para a clivagem entre política de investigação científica e tecnológica e política de tecnologia e inovação, mas não se ficando por aqui, prolongando-se a divisão a outras áreas

186 | Uma nova política de inovação em Portugal

como a Agricultura e Pescas, Formação Profissional ou a Saúde. Por outro lado, ao nível 1, falta também a acção eficaz de um verdadeiro Conselho Superior (do tipo "research and innovation council" como há em outros países da Europa), capaz de assessorar o governo na difícil interpretação das tendências científicas e sociais que devem estar na base de uma acção integradora. Faltam também, a este nível, fóruns de inteligência estratégica e processos reflexivos acerca dos efeitos globais e combinados das sucessivas políticas praticadas. Faltam reflexões acerca do funcionamento do sistema de relações institucionais, de forma a que se possa pensar numa política integrada de ciência, tecnologia e inovação (e não em várias políticas sectoriais), centradas não só não nos recursos e informação utilizada pelos actores, mas também nas interfaces e nas suas interligações.

Á deficiente integração acresce que, ao longo dos diferentes períodos analisados, a estratégia global tem sido quase sempre mais "science-push" do que "need-pull". Ou seja, tem-se o primado do modelo linear da inovação com a racionalidade económica que lhe é dada pela abordagem neoclássica. Trabalham-se as falhas de mercado na geração e afectação de recursos privados e circulação de informação, assumindo que se deve reforçar o progresso científico e tecnológico, e que tudo o resto se traduz automaticamente em progresso económico e social. Não se trabalham, contudo, as falhas de sistema ou falhas de coordenação e articulação intersectorial, bem como as falhas de aprendizagem.

Note-se também que os Fundos Comunitários têm sido o principal instrumento da política portuguesa de ciência, tecnologia e inovação.

Podemos identificar três fases distintas na evolução da política portuguesa de ciência, tecnologia e inovação. Numa primeira fase, até meados dos anos 80, a coordenação de nível 1 foi encarada como um "enclave" de uma outra política mais geral. Por um lado tinha-se a JNICT, por outro lado tinha-se todo o sistema verticalizado. Como consequência, os laboratórios públicos do Estado são sectorializados e não ligam com as prio-

5. As políticas e a evolução do sistema de governança da ciência... | 187

ridades dos diferentes sectores da economia a que se dirigem. Acresce que é dada pouca atenção aos processos de aprendizagem em análise e formulação de políticas de inovação. É uma fase caracterizada pelos problemas de legitimidade política da JNICT e ausência de um verdadeiro compromisso político com a ciência, tecnologia e inovação ao mais alto nível da governação.

A segunda fase, na segunda metade do anos 80, não representa uma mudança fundamental de paradigma *i.e.* continua-se a acreditar no modelo linear da inovação e na abordagem neoclássica, mas surgem duas interpretações diferentes. Por um lado a JNICT com os "Encontros do Vimeiro", no início dos anos 80, e no final da década com o lançamento dos Programas Mobilizadores, CIENCIA, e STRIDE. Por outro lado, o Ministério da Indústria e Energia com o Primeiro Plano Tecnológico Nacional e, na segunda metade dos anos 80, com o lançamento do PEDIP. É nesta segunda fase que se começou a cavar uma clivagem, hoje muito aprofundada, entre a visão "cienticista" da política de ciência e a visão "pragmática e útil" da política de tecnologia e inovação orientada para as empresas. Nos final dos anos 80, aparece uma preocupação crescente com a criação de infraestruturas e recursos humanos, mas quer do lado da Ciência quer do lado da Economia, assume-se que as empresas (entendidas como o lado da procura), irão beneficiar desses recursos de uma forma mais ou menos automática. Nesta segunda fase, tem-se uma espécie de 2ª geração de políticas de ciência, tecnologia e inovação onde, na tutela da Economia, se dá prioridade à difusão, mas ainda na lógica do modelo linear. Aposta-se na promoção de factores intangíveis (como a qualidade, o design e a inovação) mas, na prática, os instrumentos mais procurados e utilizados são os do apoio ao investimento tangível, a que a tutela da Economia chama investimento com conteúdo inovador, a par da promoção da inovação centrada nas infraestruturas.

Finalmente, podemos ainda identificar uma terceira fase no final dos anos 90 onde, com o PNDES, a inovação é de facto colocada no nível 1, mas sem que isso tenha despoletado alterações significativas na estrutura do sistema de governança. Já no início dos anos 2000, o PROINOV aparece como uma tentativa de melhorar a governança pela via programática, mas não actuando nas questões mais difíceis relacionadas com a governança institucional. Com o PROINOV a coordenação do sistema deixa de ser baseada num dialogo interministerial, aparentemente pouco eficaz, e passou a ter uma função mais centralizada. Contudo, pouco tempo depois, cruzamentos múltiplos de tutelas, substituem a lógica programática do PROINOV por uma outra lógica institucional centrada no Ministro Adjunto, assessorado pela UMIC, mas também sem efeitos significativos. As ligações do sistema no sentido transversal continuaram fracas ou mesmo inexistentes. Não se criou, no domínio da ciência, tecnologia e inovação, uma cultura de trabalho cooperativo, partilha de ideias e geração de consensos numa base alargada de actores.

Em qualquer das fases note-se que, para além das já referidas clivagens, parece subsistir um claro défice de consertação estratégica entre o governo e os actores e, em particular, uma quase total ausência de participação dos actores no nível 4 no processo de reflexão e formulação da intervenção pública nesta área. No essencial, os Conselhos Superiores com função consultiva (com várias designações), e quase sempre funcionando ao nível 2, não têm promovido a necessária reflexão prospectiva e inclusiva, e não têm contribuído para fazer funcionar a inovação enquanto sistema de interacções institucionais.

No nível 2, temos que distinguir que, a partir de meados dos anos 80, duas políticas sectoriais diferenciadas e desarticuladas começaram a assumir um papel cada vez mais relevante, nomeadamente: a política de ciência e a política económica com base na tecnologia e na inovação. Contudo, a política de ciência parece justificar-se a si própria com argumentos "cienticistas" e a política económica de tecnologia e inovação centra-se em torno do racional "utilitarista" fundamentado na aborda-

5. As políticas e a evolução do sistema de governança da ciência... | 189

gem neoclássica. Em ambos os casos, aposta-se nas condições de enquadramento em termos de infraestruturas científicas e de apoio às empresas, e isso conduz ao aumento no número de actores nos terceiro e quarto níveis, e em particular ao aumento de centros universitários, institutos e centros de serviços tecnológicos ás empresas. Por outro lado, este forte aumento das infraestruturas de apoio, não é acompanhado por uma verdadeira política de promoção de serviços públicos orientados para empresas com menores capacidades tecnológicas. Em qualquer destas duas tutelas, note-se que os Fundos Comunitários, e respectivas regras, não são a expressão de uma política complementar. Os Fundos Comunitários têm sido o principal instrumento e as suas regras, a principal condicionante. Fruto da experiência acumulada na gestão e implementação de programas operacionais nos Quadros Comunitários de Apoio, desenvolvem-se, nestas duas tutelas, competências na gestão e implementação de medidas e instrumentos de apoio, mas continua a haver uma ausência de entendimento acerca da importância dos aspectos sistémicos da política de ciência, tecnologia e inovação, que aparece, assim, quer em concepção quer em implementação, demasiado parcial e sectorializada.

No cenário actual, existe portanto uma grande diversidade de diferentes tipos de entidades públicas e semi-públicas de apoio científico e tecnológico, criadas e apoiadas no contexto das tutelas da Ciência e da Economia. No início, face ao atraso estrutural do País, fazia sentido um investimento rápido na construção e modernização de uma infraestrutura científica e tecnológica. O que parece ter falhado é que, a lenta evolução das empresas para uma aposta clara nos factores intangíveis de competitividade associados à ciência e tecnologia, não permitiu criar procura para a utilização da capacidade instalada, o que coloca em causa a sustentabilidade do aparato institucional de apoio que foi sendo criado.

Convém no entanto lembrarmo-nos que em Portugal, e em outros países que arrancaram mais tarde com as suas políticas de desenvolvimento tecnológico, a criação do sistema de infraestruturas de apoio à ciência, tecnologia e inovação (no sentido lato incluindo laboratórios do estado e centros e institutos tecnológicos públicos semi-públicos), resulta de uma imitação mal conseguida, relativamente ao papel que o sistema de infraestruras desempenha em países mais avançados (Bell 1993). Com efeito, assumiu-se uma estratégia de missão, onde caberia às infraestruturas desenvolver as actividades que o sector privado não faria por si só. Por outro lado, tomou-se as empresas como simples "receptoras" de resultados alcançados no contexto das actividades das ITs. Ora nos países mais avançados, o sistema de infraestruturas de ciência e apoio tecnológico começou mais cedo e aparece associado a grandes empreendimentos da Ciência, sendo que as infraestruturas de apoio às empresas foram criadas em resposta à crescente procura de apoios por parte das empresas.

O resultado é que se criou em Portugal uma capacidade científica e tecnológica no sector público e semi-público que dificilmente poderia aderir às necessidades de apoio das empresas.

No quadro de referência dos Sistemas Nacionais de Inovação a que aludimos no capítulo 2, podemos afirmar que Portugal tem um sistema muito completo mas muito pouco "ligado" entre si. Por um lado tem-se as infraestruturas do estado (incluindo Laboratórios do Estado ou institutos por este financiados quase a 100% e em muitos casos ligados a universidades); e, por outro lado, tem-se a I&D praticada pelas empresas como veremos no capítulo 7 auto-financiada quase a 100%, e que não parece ter qualquer relação com as actividades das infraestruturas públicas, incluindo as universidades. Curioso é que a assimetria deste modelo já havia sido identificada pela OCDE em meados dos anos 80, quando chamaram a atenção para o facto de que, sendo Portugal um dos principais produtores de cortiça, não se perceber por que razão é que apenas um investigador dos cerca de 2000 do INIA tinha actividades nesse domínio (OCDE 1986).

6.

As políticas, as medidas e os instrumentos de apoio à Inovação, Ciência e Tecnologia

6.1 Introdução.

No seguimento das conclusões do capítulo anterior, neste capítulo iremos ilustrar como é que os racionais "cienticista" e "utilitarista", ambos suportados pela interpretação linear da relação entre ciência, tecnologia e desenvolvimento económico e social, bem como a ausência de uma governança integradora (nos sentidos horizontal e vertical), determinam e influenciam a formatação dos instrumentos de execução da intervenção pública e a sua consequente (in)eficácia. No capítulo seguinte, o argumento será que, em parte, quer o racional político quer a governança estão associados aos resultados e à evolução do País no domínio da ciência, tecnologia e inovação.

Ou seja, neste capítulo, fazemos uma análise selectiva dos diferentes tipos de medidas e instrumentos que têm sido utilizados na intervenção pública no domínio da ciência e inovação. Não se pretende realizar uma avaliação *ex-post*, em termos de eficácia das medidas implementados nas últimas décadas, mas sim classificar as intervenções de acordo com o quadro de referência exposto nos capítulos anteriores (e resumido na figura 4.6.2). Isto é, interessa-nos aqui distinguir, por um lado, as medidas que parecem ter uma orientação neoclássica, em que a sua principal justificação é a existência de falhas de mercado ou níveis baixos de compromisso relativamente ao óptimo colectivo. Por outro lado, as medidas "dinâmicas" no sentido evolucionista, em o que está em jogo são as falhas de sistema e de coordenação, quer em termos de disfuncionalidades e incoerências (de funções e competências, como se sugeriu no capítulo 2), quer em termos da aprendizagem e evolução cognitiva dos actores.

Interessa também aqui distinguir uma outra dimensão importante que tem a ver com o alvo das medidas e acções *i.e.* com a sua diferenciação em função das capacidades tecnológicas das empresas alvo, da sua integração em função da trajectória evolutiva que se quer incentivar, ou ainda da sua orientação não a actores (empresas, universidades, centros tecnológicos, etc.) individuais, mas sim ao seu funcionamento enquanto sistema, *i.e.* a sua orientação ao incentivo a interacções de aprendizagem mútua, à colaboração e formação de redes.

Ou seja, analisam-se as medidas e instrumentos de intervenção à luz das justificações nos quadros neoclássico e evolucionista, introduzindo-se a dimensão relacionada com o "alvo" das medidas, *i.e.* a sua orientação em termos da capacidade das empresas alvo e do potencial efeito sistémico. De certa forma, isto ajuda-nos a entender os resultados efectivamente atingidos que será o assunto a abordar no capítulo seguinte. O nosso argumento é que ao olhar a política de apoio à ciência, tecnologia e inovação nesta perspectiva, facilmente se detectam vários pontos fracos. Por exemplo, a análise que se segue sugere que tem havido um défice de instrumentos orientados para a aprendizagem e para a construção de recursos intangíveis nas empresas, que contrasta com a utilização muito mais frequente de instrumentos orientados para o estímulo aquilo que no capítulo anterior chamamos "investimento em factores tangíveis" ou "investimento com conteúdo inovador".

6.2 Criação e reforço das infraestruturas de apoio à inovação e tecnologia.

Como vimos no capítulo 5 a criação da maioria dos laboratórios do Estado, respondendo a diferentes tutelas, acontece no final dos anos 70 e marca o arranque da infraestrutura nacional de apoio científico e tecnológico. Contudo, é com os fundos comunitários a partir do final dos anos 80, que Portugal passa a dispor de meios para desenvolver uma complexa rede de infraestruturas de apoios públicos à ciência, tecnologia e inovação. No final dos anos 80, os principais instrumentos para a construção dessa rede são os Programas CIENCIA e STRIDE na tutela do Ministério do Planeamento e Administração do Território, e o PEDIP no Ministério da Indústria e Energia. De seguida, revêem-se as medidas relevantes nestes programas e o racional que lhes estava associado.

6.2.1 *As infraestruturas do CIENCIA: Criar as bases do desenvolvimento científico*

No primeiro Quadro Comunitário de Apoio, os Programas CIENCIA e STRIDE, tinham como preocupação principal "criar as bases de desenvolvimento de médio e longo prazo em vários domínios científicos e tecnológicos" (SECT 1995, p.103). Entre 1989 e 1993 através do *Sub-programa I – Fomento de Infraestruturas de I&D em Domínios Prioritários*, foram criados ou reforçados 12 novos Institutos de I&D com pólos regionais formados por equipas universitárias (a que chamamos, Institutos do CIENCIA – ICs), ao mesmo tempo que se reforçou outros 35 centros de investigação unipolares, pequenas unidades de investigação básica e pré-competitiva (Selada 1996, Caraça 1999). Note-se que houve uma escolha de domínios prioritários, nomeadamente: tecnologias de informação e telecomunicações, tecnologias de produção e energia, ciências e tecnologias dos novos materiais, ciências e tecnologias da saúde, ciência e tecnologia

194 | Uma nova política de inovação em Portugal

agrárias, biotecnologia e química fina, e ciência e tecnologia do mar. Ainda no Programa CIENCIA, mas no âmbito do *Sub--programa III – Apoio Global ao Sistema Científico e Tecnológico Nacional*, apoiaram-se cerca de 68 infraestruturas em outros domínios, nomeadamente, Ciências Exactas e Engenharia, Ciências da Terra e do Ambiente, Ciências da Economia e Gestão, Infraestruturas de uso Comum e Infraestruturas para Divulgação de C&T (SECT 1995). No âmbito da medida J do Sub--programa II do CIENCIA, apoiou-se também a criação de dois parques de Ciência e Tecnologia (em Lisboa/Oeiras e mais tarde na região Norte). O programa STRIDE haveria de complementar o apoio aos parques, ao mesmo tempo que financiava a criação em 1993 da Agência de Inovação S.A., enquanto infraestrutura de interligação entre a Ciência e a Economia.

Depois deste primeiro impulso, a política no âmbito da tutela da Ciência no período 1994-1999, começa a formatar instrumentos de intervenção que se focavam essencialmente na consolidação. Ou seja, no PRAXIS XXI, há uma preocupação explícita com não fomentar infraestruturas mas sim projectos e actividades de investigação científica e tecnológica (medidas 2 e 3 do PRAXIS XXI)[1]. O mesmo sucede com o Programa de Financiamento Plurianual a Unidades de I&D e com os instrumentos utilizados no âmbito do POCTI/POCI, já no período 2000-2006. No essencial, os instrumentos utilizados indiciavam, que após o impulso à criação de infraestruturas, a política seria de crescimento e consolidação das actividades de investigação científica e tecnológica, bem como de crescimento e consolidação dos recursos humanos em I&D, como veremos mais à frente. O racional desta segunda fase começa a mudar com os instrumentos do POCTI. Ao contrário do que tinha vindo a ser feito no CIENCIA e no PRAXIS, no POCTI não há qualquer

---

[1] No âmbito do PRAXIS XXI houve algum apoio a infraestruturas mas que resulta de situações transitadas do CIENCIA.

escolha de domínios prioritários, alinhados ou não com os domínios que estruturam a política Europeia de ciência e tecnologia no contexto dos Programas Quadro. Nesta fase, as razões de selectividade privilegiam a internacionalização da I&D bem como a qualidade e excelência científica, medida por painéis internacionais de avaliação, independentemente das áreas.

Uma outra medida importante no reforço e consolidação das infraestruturas de ciência foi a criação do estatuto de Laboratório Associado (DL nº 125/99). Com efeito, este estatuto pode aplicar-se quer a infraestruturas públicas quer a privadas sem fins lucrativos, sendo que no último caso as infraestruturas ficam "associadas de forma particular à prossecução de determinados objectivos da política científica e tecnológica nacional, mediante a celebração de contractos com o Governo" (DL nº 125/99). Ou seja, face à grande diversidade de instituições, com diferentes configurações, respondendo a interesses específicos, a tutela da Ciência introduz um instrumento de alinhamento estratégico entre os planos destas infraestruturas e os objectivos da sua política como critério para concessão de contratos plurianuais.

No quadro de referência que guia a análise, todos estes instrumentos associados à criação e consolidação da infraestrutura científica, são dirigidos a tipologias de actores bem definidos. A sua natureza estática decorre da reduzida preocupação com difusão do conhecimento, ou com utilização dos resultados da investigação científica em aplicações que tragam benefícios económicos.

6.2.2 *As infraestruturas de apoio à tecnologia na tutela da Economia*

Também como vimos no capítulo 5 as infraestruturas de apoio tecnológico mais directamente vocacionadas para projectos e serviços de assistência técnica às empresas, eram uma das principais recomendações do Primeiro Plano Tecnológico Nacional, realizado em 1982. Assim, e com o apoio do LNETI e do IAPMEI, mesmo antes da chegada dos fundos comunitários, são criados os primeiros Centros Tecnológicos – CTs. Por exemplo, o Centro Português de Design – CPD foi constituído em 1985 e o Centro Tecnológico de Calçado - CTC foi constituído em 1986.

Na tutela da Indústria e Energia dominava o racional das falhas de mercado, acreditando-se que o modelo linear da inovação fornecia um "mapa" para localizar e actuar nessas falhas. As infraestruturas a criar eram, portanto, encaradas como mecanismos de apoio à transferência de tecnologia entre a I&D (realizada fora das empresas) e as empresas, mecanismos esses que o mercado não realizava por si mesmo. Com o aparecimento do PEDIP (1988-1992), através do *Sub-programa Infraestruturas Tecnológicas*, é desenvolvida uma rede de apoio tecnológico às empresas. Com um duplo enfoque, abrangendo indústrias ditas tradicionais (*p.e.* cerâmica e vidro, calçado, cortiça, têxtil e vestuário, etc.), por um lado, e áreas tecnológicas como a microelectrónica; optoelectrónica, tecnologias de informação, novos materiais; biotecnologia etc., por outro lado, o PEDIP pretendia assim fomentar o aumento da capacidade tecnológica das empresas.

Como se viu no capítulo anterior, foi neste programa que se criou a tipologia: Centros Tecnológicos – CTs, Institutos de Novas Tecnologias – INTs e Centros de Transferência de Novas Tecnologias – CTTs. Não sendo inteiramente isenta de sobreposições, esta tipologia de elegibilidades pretendia que os Centros Tecnológicos se constituíssem como entidades prestadoras de serviços de assistência técnica e de qualidade, numa lógica sectorial e privilegiando os sectores tradicionais. Os CTs seriam constituídos como associações privadas sem fins lucrativos onde participassem empresas, associações industriais e organismos do Ministério da Indústria e Energia, nomeadamente o LNETI e o IAPMEI (DL nº 249/86, de 25 de Agosto). Já os Centros de Transferência de Tecnologia e Institutos de Novas Tecnologias seriam constituídos por domínio tecnológico. Quer os CTTs quer os INTs seriam também constituídos como associações privadas sem fins lucrativos. Porém, as condições de elegibilidade para este tipo de entidades eram apenas aparentemente diferentes das dos CTs pois, na prática, a principal diferença parecia estar no número de associados empresariais que eram preferencialmente exigidos aos INTs.

No âmbito do PEDIP foram criadas 46 novas infraestruturas de vários tipos, incluindo não só CTs, CTTs/INTs mas também Centros de Incubação de Empresas, Pólos Tecnológicos e Unidades de Demonstração. Na continuação do PEDIP o PEDIP II delineava uma estratégia de reforço da capacidade de resposta das infraestruturas às necessidades da indústria. Para isso definiu duas linhas de acção: *a) Promoção da intervenção técnica das infra-estruturas tecnológicas, e b) Projectos industrialmente orientados.* No primeiro caso incluíam-se acções como, adopção de novos métodos de gestão e de organização, difusão e consolidação da imagem das infraestruturas, e estabelecimento de acções de cooperação entre ITs. Na segunda acção tinha-se, por exemplo, a dinamização de projectos de I&DT com impactos relevantes na competitividade das empresas, mas para os quais as empresas não teriam incentivos suficientemente fortes para os protagonizar. Acontece que, embora na sua orientação estratégica o PEDIP II pretendesse estimular a procura por parte das empresas, na operacionalização das referidas linhas de acção, as razões de elegibilidade e selectividade tinham como referência os diagnósticos e análises estratégicas elaboradas pelas próprias infraestruturas com ajuda de consultores externos. Na prática, bastava às ITs uma declaração de intensificação das ligações com o tecido empresarial e de melhoria do processo de transferência tecnológica (bem como apoio no domínio da qualidade) para que o seu funcionamento continuasse a ser co-financiado.

Já no POE/PRIME (2000-2006) a mesma lógica é prosseguida nas acções *a) Projectos de transferência de tecnologia no âmbito do Sistema Tecnológico,* onde são elegíveis projectos de transferência de tecnologia inseridos nos planos de actividades das ITs; *b) Dinamização de Infraestruturas dos Sistemas Tecnológico, da Formação e da Qualidade*, que apoia o reforço de competências, não só em infraestruturas tecnológicos, mas também em infraestruturas para a Formação e a Qualidade, podendo incluir uma componente de formação profissional dos quadros das infraestruturas e; *c) Projectos de Demonstração Tecnológica de Natureza Estratégica*, tal como a primeira, orientada apenas para as ITs, onde se inserem projectos de investigação, desenvolvimento e demonstração tecnológicas com impacto relevante na actividade empresarial e de natureza claramente pré-competitiva, bem como o co-financiamento da participação das ITs em projectos realizados ao abrigo de programas comunitários.

Pela definição dos instrumentos, quer no caso do PEDIPII quer no caso do POE/PRIME, fica-se com a ideia que as medidas de apoio se centram na manutenção de capacidades das infraestruturas, mesmo quando o objectivo era incentivar a utilização dos seus serviços por parte das empresas. Ou seja, tal como referimos no capítulo 5, não houve no PEDIP II e no POE/PRIME, uma mudança para medidas que actuassem pelo lado da procura, no sentido de dinamizar e estimular as empresas a utilizar a capacidade instalada.

Por outro lado, no POE/PRIME, as medidas parecem ter um âmbito demasiado lato, como por exemplo, o caso dos apoios às actividades inscritas nos planos anuais das infraestruturas para o ano seguinte, ou o caso dos apoios ao que se entendia ser "introdução ou reforço de competências".

Em qualquer caso, quer nos Programas PEDIP e PEDIPII, quer no POE/PRIME, as medidas denotam uma colagem à noção neoclássica de transferência linear de tecnologia com base a lógica da "demonstração/valorização de I&D". Esta orientação é bastante discutível, pois face à diversidade de infraestruturas existentes (e podemos inclusivé pensar que empresas mais avançadas possam utilizar as capacidades dos Institutos CIENCIA – IC), o principal desafio seria o de estimular as empresas a procurar os serviços das infraestruturas, e estas a competir no mercado de projectos e serviços tecnológicos, actuando como executores de projectos a contracto ou como consultores técnicos públicos e, sobretudo, como facilitadores da aprendizagem. Trata-se, portanto, de medidas estáticas que abrangem uma tipologia de infraestruturas bem definida, mas sem grande eficácia na promoção da ligação às empresas.

6.2.3 Criação e reforço dos recursos humanos em ciência e tecnologia

A par do forte desenvolvimento da rede de infraestruturas de Ciência – ICs e infraestruturas de apoio tecnológico-ITs, de tipologia mais variada, houve também medidas e instrumentos orientadas para o reforço dos recursos humanos, sobretudo no que respeita aos recursos humanos em actividades de I&D.

Assim, no Programa CIENCIA (1989-1993), *Sub-programa II – Formação Avançada e Infraestruturas de Base, Medida I – Formação avançada em domínios prioritários*, foram apoiadas mais de 3000 bolsas das quais cerca de 1480 correspondiam a Bolsas Mestrado e Doutoramento. O PRAXIS XXI (1994-1999), através da *Medida 4 Formação Avançada de Recursos Humanos*, dá continuação e este esforço e introduz instrumentos para reforço dos recursos humanos numa lógica associada ao desenvolvimento regional da ciência e tecnologia. O mesmo sucede com as *Medidas 1.1 Formação Avançada e 1.2 Apoio à inserção de doutores e mestres nas empresas*, no âmbito do Eixo Prioritário I – Formar e Qualificar do Programa POCTI/POCI (2000-2006) (e com o POSI/POSCE para o domínio das tecnologias da informação e comunicação, no mesmo período). Em resultado deste esforço continuado e sustentado, o país tem aumentado significativamente o número de investigadores e, embora numa primeira fase, esse aumento se tenha feito sentir essencialmente nas universidades e politécnicos, numa segunda fase, o crescimento de bolsas para mestres e doutores terá também impacto nas empresas executoras de I&D. Trata-se, portanto de um ins-

200 | Uma nova política de inovação em Portugal

trumento muito importante, que tem um potencial efeito dinâmico, já que incide directamente sobre as capacidades e sobre o défice cognitivo das empresas, sobretudo nas empresas em áreas tecnologicamente intensivas.

6.3 Incentivos ao investimento em modernização

Em Portugal, tal como em muitos outros países da Europa, no âmbito dos Quadros Comunitários de Apoio e sob a tutela da Economia, este tipo de instrumento de apoio tem sido usado extensivamente. A justificação para estes apoios tem sido quase sempre o argumento neoclássico, segundo o qual as ajudas do Estado visam compensar o nível sub óptimo de investimento em inovação, do ponto de vista do colectivo. Tem-se, por exemplo, o Programa SINDEPEDIP no PEDIP (1988-1992), muitas das medidas do Eixo 2 Dinamização do potencial estratégico e do desenvolvimento empresarial integrado no PEDIP II (1994-1999), e mais recentemente, os regimes de incentivos SIPIE (para pequenos projectos) e SIME (para projectos de maior dimensão) no programa POE/PRIME (2000-2006). Trata--se de apoios fortemente condicionados pelas politicas de concorrência da união Europeia e que se caracterizam por condições de elegibilidade de espectro largo, e selectividade assente em critérios financeiros e administrativos.

Este tipo de apoios a projectos a que os empresários chamam "investimento em modernização", tem sido, em Portugal, ao longo dos últimos três Quadros Comunitários de Apoio muito mais procurado do que apoios com incidência nos factores intangíveis. De acordo com a actualização do estudo de avaliação intercalar do PRIME (Augusto Mateus e Associados, CISEP, PriceWaterhouseCoopers, 2005), nos programas POE//PRIME, este tipo de apoios foram muito mais numerosos, quer no SIME quer no SIPIE. No SIME até Junho de 2005 tinha-se apoiado 230 projectos focados em I&D, Concepção e Design, 513 projectos de modernização tecnológica ou organizacional e

6. As políticas, as medidas e os instrumentos de apoio à inovação... | 201

157 projectos classificados pelos promotores como diferenciação de produtos ou serviços. No SIPIE, a mesma ventilação contabiliza, respectivamente, 1241 e 15 projectos. Este panorama poderá parecer bastante positivo, mas a experiência mostra haver uma tendência das entidades gestoras dos programas, para sobreavaliar o conteúdo em inovação dos projectos inseridos em sistemas de incentivo ao investimento, bem como para, face ao sucesso da procura, prontamente classificar estes apoios como a expressão de uma política de apoio à inovação bem sucedida.

No âmbito de um inquérito realizado no mesmo estudo de actualização da avaliação intercalar do PRIME, pedia-se aos promotores de projectos inovadores, que classificassem o impacto que esses projectos, na percepção do respondentes, teriam tido no que respeita ao grau de evolução tecnológica conseguida pela empresa (no eixo horizontal) e o grau de evolução no mercado que resulta do projecto apoiado (eixo vertical). A contabilização das respostas obtidas (quase na totalidade respostas de promotores de projectos SIPIE e SIME), permite desenhar a Figura 6.3.1, onde a dimensão das "bolas" é proporcional ao número de respondentes nos diferentes pontos da escala bi-dimensional de evolução tecnológica versus evolução no mercado. O padrão de respostas obtido sugere um grande desequilíbrio no "portefólio" de projectos apoiados. Existe um muito maior número de respostas centrado em torno de projectos que representam, para a empresa, extensão das tecnologias existentes para melhores níveis de performance, causando melhoria significativa ou ampliação dos actuais benefícios percebidos pelo mercado (satisfaz melhor). Por outro lado, parece haver carência de projectos com maior potencial impacto tecnológico e de mercado nas empresas. Ou seja, no essencial, este tipo de instrumentos de apoio ao investimento com conteúdo inovador induzem nas empresas melhorias incrementais de tecnologia e de mercado, tendo portanto um reduzido impacto dinâmico *i.e.* uma reduzida adicionalidade de comportamentos e de novos conhecimentos.

Figura 6.3.1: Adicionalidade cognitiva – resultados do inquérito aos promotores

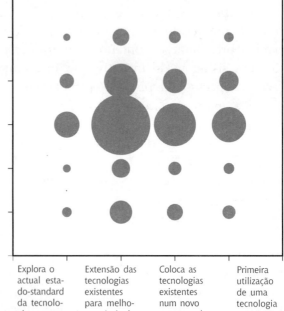

Fonte: Augusto Mateus e Associados, CISEP, PriceWaterhouseCoopers (2005)

De acordo com o que vimos no capítulo 3 há, contudo, uma diferença substancial quando se compara a utilização deste tipo de programas em Portugal com o equivalente em outros países. A nível internacional, a tendência recente neste tipo de apoios é para a adopção de razões de elegibilidade e selectividade que privilegiem factores intangíveis associados à inovação. Dá-se hoje mais importância a projectos baseados em estratégias agressivas que efectivamente possam mudar o perfil competitivo das empresas (projectos no quadrante superior direito da figura 6.3.1), e a critérios associados ao potencial impacto dos apoios na qualificação dos recursos humanos.

Impacto esse que é conseguido, não por inclusão de apoios à formação, mas sim por imposição aos beneficiários de um mínimo de qualificações na empresa para verem os seus projectos elegíveis e aprovados. A questão do impacto na produtividade da empresa, aparece também frequentemente associada a questões de cooperação, qualidade, internacionalização, etc.

Em resumo: o apoio ao investimento em inovação é um instrumento amplamente utilizado, tendo grande impacto no aumento de recursos financeiros. Contudo, é usado na perspectiva estática, tendo por isso uma reduzida adicionalidade de comportamentos. Ou seja, este tipo de instrumentos embora amplamente procurados, não consegue induzir a transformação da economia para actividades de maior valor acrescentado. Há pois que considerar a possibilidade de este tipo de instrumentos, passarem a ser implementados numa perspectiva dinâmica, com outras razões de selectividades que preveligiem as qualificações, as estratégias de risco e as alterações de comportamento.

6.4 Incentivos às actividades de I&D

6.4.1 *Incentivos fiscais*

Como vimos no capítulo 3, os incentivos fiscais encontram justificação no quadro neoclássico, sendo uma medida de apoio que visa o compensar o nível insuficiente de investimento em I&D no sector privado. Os incentivos fiscais à I&D têm em Portugal uma longa tradição. Já em 1980 o Sistema Integrado de Incentivos ao Investimento (SIII definido pelo DL nº 194//80) (OCDE 1986, pp. 77), embora definido como um sistema geral de incentivos financeiros ao investimento, previa deduções de impostos para actividades de investigação e desenvolvimento nas empresas. Contudo, para serem elegíveis para apoios à I&D, as empresas deveriam assinar um contracto de colaboração com uma universidade ou um centro de investigação e, após apreciação e aprovação da JNICT, a empresa poderia então receber incentivos fiscais à I&D. É provável que a exigência de colaboração com entidades de investigação científica e tecnológicos, tenha influenciado negativamente a aderência aos incentivos fiscais à I&D inseridos nos SIII, que na prática, foram muito pouco procurados. Em 1987 este sistema é alterado através do Decreto Lei nº 95/87, onde se permitia deduzir até 10% das despesas financiadas por fontes exteriores à empresa, ou mesmo 100% das despesas com I&D que a empresa financiasse por si própria. Porém, talvez em consequência do então muito baixo número de empresas que praticava I&D este novo regime também não conhece grande aderência.

Em 1997 surgem modificações substanciais no regime de incentivos fiscais à I&D, através do SIFIDE (Decreto-Lei nº 292/ /97, de 22 de Outubro) e, em 2001, as regras do SIFIDE são novamente são alteradas (Decreto-Lei nº 197/2001, de 29 de Junho), tornando este mecanismo um dos mais generosos no contexto dos países da OCDE. Com efeito, o SIFIDE é reforçado, aumentando para 20% a taxa base e para 50% a taxa incremental sobre o acréscimo daquelas despesas em relação à média dos dois exercícios anteriores, e permitindo a dedução até ao sexto exercício imediato. Entre 1997 e 2003 foram registadas 1061 candidaturas ao sistema de incentivos (dados do MCES 2005 em www.mces.pt), fazendo com que o apoio fiscal se tenha tornado o principal instrumento da política de apoio à I&D nas empresas em Portugal. Com efeito, em 2003, os incentivos fiscais constituíam cerca de 85% do total do apoio público, contrastando portanto com a fraca aderência de outros apoios financeiros públicos à I&D, que veremos mais à frente.

O SIFIDE constitui, portanto, um sucesso em termos de aderência. Contudo, não é claro qual a sua contribuição para o aumento efectivo das actividades de I&D por parte das empresas portuguesas. Isto porque, embora cerca de 25% das empresas que beneficiaram do novo regime de incentivos fiscais de 2001, correspondem a empresas que declaram que não tinham qualquer despesa com I&D antes da sua candidatura ao SIFIDE, o facto é que as despesas agregadas com I&D no sector empresas tem aumentado muito pouco. Ou seja, parece que, na prática, o SIFIDE permitiu melhorar o levantamento das empresas portuguesas que já realizavam I&D e que não o declaravam nas estatísticas nacionais, mas não contribui (ou não contribuiu ainda), para um aumento substancial das actividades de I&D executadas pelas empresas.

Apesar deste relativo sucesso, o SIFIDE viria a ser interrompido, com a introdução do sistema de reserva fiscal para investimento, criado pelo Decreto-Lei nº 23/2004, de 23 de Janeiro. Este sistema inclui uma tipologia de despesas de âmbito mais lato, mas é mais restritivo nas taxas a aplicar. Porém, foi breve a vigência deste novo regime sendo que em Agosto de 2005, o novo Governo repõe novamente o SIFIDE (Decreto Lei nº 40/2005), considerando-o como um apoio fundamental na implementação do Plano Tecnológico, por funcionar em complemento de outros tipos de apoio, como por exemplo, os subsídios a consórcio entre empresas e instituições de investigação, nomeadamente no que respeita à componente de apoio reembolsável, permitindo assim importantes efeitos de alavanca.

Em resumo, desde 1997 que os incentivos fiscais em Portugal são extensivamente usados, tendo-se tornado a principal forma de apoio público à I&D. Este tipo de apoios contribui para melhor identificação das empresas que praticam I&D, permitindo expô-las a outros tipos de apoio complementares.

6.4.2 Subsídios à I&D nas empresas

Um outro tipo de instrumento apoio à I&D que existe em Portugal desde há várias décadas, são os subsídios às actividades de I&D nas empresas. Também neste caso a justificação utilizada é a neoclássica, pois a intervenção pública, visa compensar um nível insuficiente de investimento privado em I&D, por parte das empresas.

Com efeito, antes dos Programas de apoio, no âmbito dos Quadros Comunitários de Apoio, já Portugal no início da década de 80, implementava um sistema de apoio que ficou conhecido como os contractos CDIs/CDUs administrados pelo LNETI. No contexto do Programa Mobilizador da JNICT 1987-1991, muito poucas empresas concorreram, pelo que foi essencialmente no âmbito dos apoios do Quadro Comunitário, a partir de 1988, que os instrumentos de apoio à I&D com base no subsídio, passaram a ser extensivamente utilizados pelas empresas. As medidas de apoio a projectos I&D em consórcio, no âmbito do CIENCIA, PRAXIS XXI, POCTI/POCI e POSI/POSC e mais recentemente no âmbito do Programa IDEIA (co-financiado pelo PRIME e pelo POCTI), têm características semelhantes e abrangem investigação pré-competitiva, desenvolvimento de protótipos e transferência de tecnologia das entidades de I&D para as empresas.

Apesar da relativa abundância de apoios, na forma de subsídio à I&D nas empresas (sozinhas ou em colaboração), há que realçar que são relativamente reduzidos os apoios efectivamente concedidos. Por exemplo, no âmbito dos apoios geridos pela tutela da Economia, que são os que mais directamente incidem nas empresas, os subsídios concedidos representam menos de 10% dos gastos totais com I&D do sector empresas, o que de certa forma reflecte o baixo grau de aderência deste tipo de instrumento e a grande margem de progressão para os apoios do Estado concedidos à I&D empresarial. Na base da baixa aderência, quer nos apoios dirigidos a empresas, quer nos dirigidos a consórcios de colaboração entre empresas e entidades do Sistema Nacional de Ciência e Tecnologia, estão as condições de elegibilidade, quase sempre assentes em critérios administrativos e financeiros, bem como a burocracia associada ao processo de submissão de candidaturas, o que faz com que, como atrás se referiu, o apoio através dos incentivos fiscais recolha um muito maior número de empresas aderentes.

6. As políticas, as medidas e os instrumentos de apoio à inovação... | 207

Um outro tipo de instrumento com maior potencial impacto nas actividades de I&D do sector empresarial, são os Projectos Mobilizadores. Este instrumento apareceu primeiro no âmbito do PEDIP II (1994-1999) na *Medida 4.4 – Inovação e transferência tecnológica*, tendo sido continuado no POE/PRIME. O racional para este instrumento era o da criação de competências e parcerias no quadro das medidas dinâmicas dirigidas ao sistema (não a actores individuais). Ou seja, este tipo de instrumento privilegia uma efectiva contribuição para o aumento da capacidade tecnológica das empresas em colaboração. É através de projectos deste tipo, que os actores são forçados a gerar consensos em torno do desenvolvimento tecnológico prospectivo, que requer horizontes temporais mais alargados. Ao mesmo tempo, este tipo de projectos estimula uma maior cooperação entre diversos tipos de agentes. Contudo, a relativa reduzida quantidade deste tipo de projectos, no contexto dos programas de apoio[2] sugere que falta fazer um importante trabalho de visão prospectiva, a montante destes projectos, que conduza à montagem das candidaturas é à convergência de interesses. Este tipo de trabalho caberia às agências (incluindo a Agencia de Inovação) e/ou às Associações Empresariais, aos Centros Tecnológicos sectoriais – CTs ou aos INTs/CTTS.

Por outro lado, parece evidente que, faltando ajuda pública para acções prévias de montagem de interesses e consensos, sobretudo em sectores com menores capacidades para o fazerem por si só, são os sectores com maior capacidade que vêm as suas propostas mais facilmente apoiadas. Isso mesmo parece

---

[2] Por exemplo, às três fases de concurso para Projectos Mobilizadores no POE realizadas até final de 2002, concorreram 20 projectos totalizando intenções de investimento na ordem dos 180 milhões de Euros, evidenciando, assim, uma forte procura. Entre projectos rejeitados na pré-selecção, projectos desistentes e projectos não elegíveis, só 7 projectos foram considerados para homologação, totalizando intenções de investimento da ordem dos 23 milhões de Euros.

208 | Uma nova política de inovação em Portugal

ter acontecido desde meados dos anos 90, com os três projectos mobilizadores na fileira do Calçado[3] liderados pela Associação do sector em parceria com o Centro Tecnológico do Calçado, e onde participam empresas fornecedoras de equipamentos e serviços especializados, empresas de materiais, e empresas de calçado.

O exemplo do sector do calçado parece confirmar a importância de uma política de inovação centrada em grandes projectos de desenvolvimento prospectivo de médio e longo prazo e em parcerias alargadas entre empresas e as respectivas Associações Empresariais do seu sector. Tal como fez a Associação Empresarial do Calçado, é fundamental que outras Associações saibam também ser espaços de articulação de visões estratégicas e tecnológicas, liderando projectos ambiciosos de I&D e orientados de forma prospectiva. Por outro lado, seria também desejável que as agências públicas de financiamento soubessem gerir este tipo de incentivos segundo uma lógica temática (sectorial ou por áreas tecnológicas), lançando iniciativas de articulação e convergência de interesses entre os principais actores.

6.5 Medidas de Incentivo à utilização da Protecção da propriedade Industrial – PI

O apoio à formulação e registo de patentes está associado essencialmente à perspectiva neoclássica, em que o défice de apropriabilidade é interpretado como "falha de mercado" que a intervenção pública deve compensar, accionando mecanismos

---

[3] Referimo-nos ao projecto Facap 1996-2000 apoiado no PEDIP II e aos projectos Fatec 2002-2005 e Shoemat 2003-2005 apoiados no POE/PRIME. O projecto FATEC foi dinamizado por 17 entidades representando um investimento total de 15 Milhões de Euros, com incentivo de 8,6 Milhões. O projecto Shoemat foi dinamizado por 18 entidades para um investimento total de 4 Milhões de Euros.

de promoção do sistema de protecção da propriedade industrial – PI e facilitando a sua utilização.

Como vimos no capítulo anterior, no âmbito da tutela da Economia a politica de regulação da propriedade industrial assumiu uma maior importância a partir de 2000-2001. Com efeito, foi publicado o novo Código da Protecção da Propriedade Industrial em 2003, deu-se início à modernização do INPI e à criação de uma rede de Gabinetes de Apoio à Propriedade Industrial – GAPI.

Os GAPIs podem estar associados a centros tecnológicos, associações empresariais, parques de ciência e tecnologia ou constituírem-se como entidade de liasion entre as universidades e o mercado da tecnologia. A rede GAPI é ainda uma experiência recente mas, contrariamente ao que se poderia esperar, são os GAPI sedeados nos Centros Tecnológicos – CTs que parecem estar a conseguir um maior sucesso, fruto do esforço de progressão das empresas em sectores ditos tradicionais, no domínio do registo e promoção de marcas, designs e modelos de utilidade.

Para os GAPI de intermediação universitária os resultados em termos de registo de patentes e cedência de direitos comerciais com base em resultados de actividades de I&D realizada nas universidades, não são ainda significativos. Isto pode talvez estar associado ao posicionamento dos GAPIs universitários numa perspectiva estática. Ou seja, a sua actividade é definida como base na noção de "valorização" da I&D em que as empresas são consideradas como o "lado da procura", tendo um papel de "consumidoras" de patentes desenvolvidas pela universidade, e que importa "valorizar". Ao pretenderem passar a I&D para o mercado, vendendo resultados patenteados a quem neles esteja interessado, os GAPI universitários encontram, muito provavelmente, uma reduzida procura, já que as empresas capazes de utilizar resultados de I&D são precisamente aquelas que teriam preferido envolver-se desde o início nos projectos de I&D universitários, talvez utilizando para esse efeito os apoios a projectos em consórcio.

No âmbito dos programas POE e PRIME foi também lançado um Sistema de Incentivos à Utilização da Propriedade Industrial – SIUPI que comparticipa nas despesas com registo de patentes, modelos de utilidade ou marcas. Quando comparado com os baixos números de registo de patentes, por parte das empresas portuguesas, o SIUPI teve uma aderência significativa tendo apoiado até meados de 2005 cerca de 80 projectos, mais de metade correspondendo ao elevado esforço financeiro que significa para as empresas nacionais o registo da chamada patente europeia. Os limites aos montantes a apoiar não são, no entanto, suficientemente incentivadores, sobretudo quando se trata de registo de patentes internacionais.

Não obstante, parece hoje mais ou menos evidente que, com ou sem GAPI e SIUPI, o recurso à PI é relativamente pouco procurado e usado pelas empresas portuguesas. Dados de um estudo recente (Godinho et al 2003, p.143) revelam que "mais de metade das empresas inquiridas menciona um fraco interesse por patentes sendo que as marcas atraem um interesse maior". Segundo esse mesmo estudo, serão os custos e a morosidade associada ao processo de registo, a não existência de elementos protegíveis através desse tipo de protecção, a ausência de informação acerca de como funciona o Sistema de PI, e a relativa rapidez do ciclo de vida dos produtos, que causam dificuldades e desinteresse das empresas portuguesas, pela utilização dos serviços disponíveis através do INPI e da rede GAPI. Outro dado curioso nesse mesmo trabalho, no que respeita às patentes, é que são os inventores independentes em Portugal que mais utilizam o sistema de patentes (cerca de 67% de todas as concessões, Godinho et al 2003 p.79), ao contrário do que se passa em outros países, em que as empresas dominam claramente.

Em resumo, os instrumentos de apoio à PI em Portugal enquadram-se nas medidas estáticas e justificadas pelo modelo neoclássico. Assim sendo, há uma exagerada expectativa de que estes instrumentos possam por si só induzir um número significativamente maior de registo de patentes. O mais provável é

6. As políticas, as medidas e os instrumentos de apoio à inovação... | 211

que face ao perfil de especialização da economia portuguesa, o número de patentes será sempre relativamente baixo, sendo que haverá maior tendência para o registo de designs, modelos de utilidade e marcas, em indústrias tradicionais como o Calçado e os Têxteis e Vestuário, expostas à forte concorrência em mercados internacionais. Se enquadrado num modelo evolucionista, a importância deste tipo de apoios deixa, porém, de ser vista pelos resultados quantitativos (número de patentes) que se possa vir a atingir, e passa a ser encarada do ponto de vista da necessidade da intervenção púbica se centrar em torno do estímulo à aprendizagem e exposição a diferentes regimes de competitividade, que podem ser induzidos pelo Sistema de PI. Deste ponto de vista, e apesar dos escassos resultados conseguidos, os incentivos à utilização da PI são essenciais.

6.6 Serviços de liaison, intermediação e transferência de tecnologia

Existem em Portugal diversos tipos de medidas e incentivos orientados para os serviços de intermediação e transferência de tecnologia. Dependendo de como são operacionalizados, estes apoios podem ser "estáticos", ou conter elementos de promoção da interacção e efeitos sistémicos no sentido dinâmico. Em Portugal a perspectiva mais comum é quase sempre a estática.

Como exemplos em Portugal que se enquadram neste tipo de apoios podemos referir os Innovation Relay Centers – IRCs Portugueses com delegações em vários pontos do País[4]. Outros

---

[4] Os IRCs em Portugal começaram por estar associados a instituições de acolhimento como o Instituto da Soldadura e Qualidade – ISQ e a Agência de Inovação – AdI. Actualmente a AdI juntamento com o Instituto de Engenharia de Sistemas e Computadores – INESC-Porto e TecMinho – Associação Universidade-Empresa para o Desenvolvimento, dinamizam a actividade dos IRCs Portugueses.

exemplos são as Acções de Demonstração, em particular a medida DEMTEC no PRIME, os Encontros de Intermediação (Brokerage Events) organizados pela Agência de Inovação e os gabinetes de serviços de liasion criados em algumas universidades.

Começando pelos IRCs, o mais antigo deste centros é o da Agência de Inovação criado como Centro Value, em 1993. Todos estes centros pertencem à rede Europeia de Relay-Centers. A sua acção de intermediação consiste na articulação de informação sobre resultados tecnológicos do lado da oferta, com necessidades de utilização do lado da procura (empresas) e justifica-se porque as capacidades da oferta na Europa, e em Portugal em particular, se encontram excessivamente desarticuladas e separadas em termos territoriais e institucionais. Ou seja, as actividades destes centros IRC, centram-se apenas na transmissão organizada de informação sobre "oferta" e "procura" de tecnologias. Os resultados concretos na forma de novos negócios ou de contractos nacionais ou internacionais de transferência de tecnologia, que possam ter nascido directamente das actividades destes centros em Portugal, são no entanto, muito reduzidos.

Um outro mecanismo de apoio à transferência e comercialização de tecnologia bastante usado em Portugal são as Acções de Demonstração. No contexto dos programas de apoio da tutela da economia as acções de demonstração envolvem o apoio à fase de pré-comercialização, incluindo demonstração e produções piloto de projectos de desenvolvimento tecnológico. Contudo, um problema com este tipo de incentivo, é que a sua eficácia depende de como o conceito é definido na prática. No caso do programa PRIME a medida DEMTEC definiu "demonstração" como, apoio à "transição dos resultados de trabalhos de I&DT para um ambiente industrial no sentido de serem demonstradas a um público alargado as vantagens económicas desses resultados" (Portaria 436/2003 de 27 de Maio). Contudo, a definição da medida refere apenas "transição dos resultados de I&DT" não explicitando se se trata de resultados conseguidos através da iniciativa privada e sem apoios públicos, ou através de projectos financiados ou executados por infraestruturas públicas, incluindo universidades. Trata-se de uma distinção essencial, uma vez que, em princípio, o apoio à "demonstração" fará sentido quando a tecnologia desenvolvida com meios públicos carece de difusão. Quando a tecnologia foi desenvolvida por entidades privadas pelos seus próprios meios estas, em caso de sucesso, quererão apropriar o valor tecnológico pelo que a intervenção pública não tem sentido.

Um outro exemplo da utilização, deste tipo de instrumentos de apoio à transferência de tecnologia, são os Encontros de Intermediação organizados pela Agência de Inovação. Quer numa lógica sectorial, quer em alguns casos com um âmbito mais alargado e com abrangência internacional, como foi o caso dos Brokerage no âmbito do Programa Eureka[5], os Encontros de Intermediação consistem na organização de encontros bilaterais entre "emissor" (detentor de capacidades e resultados de I&D científica e tecnológica) e "receptor", neste último caso uma empresa que, ao colaborar com o "emissor", se dispõe a explorar comercialmente os eventuais resultados dos desenvolvimentos já efectuados. Trata-se, porém, de um processo como uma muito baixa eficácia. Das centenas de empresas que participam neste tipo de eventos, são raros os casos onde haja efectivamente, formação de parcerias para desenvolvimento e transferência de tecnologia.

Finalmente, um outro exemplo deste tipo de instrumentos em Portugal, são os Serviços de Liasion criados em algumas universidades. Incluímos aqui não só estruturas mais especializadas como o GrupUNAVE na Universidade de Aveiro, o Galtec no IST, e a TecMinho na Universidade do Minho, mas também os mais recentes GAPIs (acima referidos), associados a universidades ou instituições de interface universitárias e cuja

---

[5] Referimo-nos aos eventos "Eureka Meets Ásia" organizados em1998 e 2000 pela Agencia de Inovação em parceria com Centro de Produtividade e Transferência de Tecnologia de Macau – CPTTM.

214 | Uma nova política de inovação em Portugal

função pode também incluir apoio na negociação da transferência de tecnologia da universidade para as empresas (negociação de franquias e/ou royalties).

Como veremos a seguir, há outros tipos de apoio à ligação e transferência de tecnologia entre o sistema público de I&D e o mercado, que se traduzem em infraestruturas e incentivos especificamente orientados para o apoio à criação de empresas com base em resultados de I&D científica e tecnológica. Estes apoios são, porém, incluídos a seguir nos apoios à incubação e criação de novas empresas de base tecnológica.

Em resumo, a forma como estes apoios são implementados em Portugal, indicia que se trata quase sempre de uma abordagem neoclássica, ainda baseada na distinção entre processos de "inovação" e processos de "difusão" ou adopção, onde as razões de intervenção centram-se na necessidade de difundir informação sobre tecnologias e sobre resultados de I&D. Embora essas medidas possam ser usadas para induzir algum efeito sistémico *i.e.* para promover um maior grau de interacção entre os actores, em Portugal a perspectiva tem sido quase sempre a de "transmissão de informação" entre dois actores, e não a de "transferência" ou "transformação de tecnologia" no sentido sistémico.

6.7 Incubação e criação de novas empresas de base tecnológica – Geração de spin-offs

Um outro instrumento de apoio à transferência de tecnologia que, dependendo da forma como é operacionalizado, pode ser "estático", ou conter elementos indutores de aprendizagem são os centros de incubação. Se em 1992 havia apenas 5 Centros de Incubação em Portugal (Laranja 1995), localizados em Lisboa e Porto, hoje tem-se mais de 15 infraestruturas desse tipo localizadas nos mais variados pontos do país. Com efeito, a par da criação de diferentes tipos de infraestruturas tecnológicos, que referimos em secções anteriores, também muitos

6. As políticas, as medidas e os instrumentos de apoio à inovação... | 215

centros de incubação foram sendo criados ao longo dos anos 90, com o apoio dos fundos comunitários. A implementação deste tipo de apoio é, contudo, quase sempre justificada com base na impossibilidade do mercado, por si só, criar as necessárias condições para a aparecimento de novas empresas. Quase todos os centros de incubação existentes são, por isso mesmo, instrumentos de apoio estáticos, isto é: fornecem espaço, atendimento telefónico, fax, acesso Internet, etc., e pouco mais. O critério de incubação de empresas tecnológicas também nem sempre está presente, sendo apenas exigido que a ideia de negócio seja inovadora ou criativa.

Há, contudo, outras formas de implementar o apoio à incubação no sentido mais dinâmico. O projecto COHiTEC é um exemplo de como isso pode ser feito. Lançado pela COTEC em 2004 o COHiTEC é um projecto de cooperação entre universidades, instituições financeiras e gestores, que tem por objectivo estimular a criação e a adição de valor, a partir do conhecimento gerado pelos investigadores de universidades portuguesas, em particular através da criação de novas empresas de base tecnológica. O projecto envolve uma parceria entre a COTEC, os operadores de capital de risco nacionais e o centro HiTEC da North Carolina State University. Este último, introduz pela primeira vez em Portugal uma metodologia de valorização e comercialização de tecnologia, que no essencial, se traduz num curso de formação onde participam equipas multidisciplinares, nomeadamente: investigadores de universidades (em áreas tecnológicas), estudantes de pós-graduação de cursos de gestão, executivos de empresas de capital de risco e docentes universitários associados ao ensino da gestão da tecnologia e inovação. Se na primeira edição foram identificados 8 spin-offs de tecnologias desenvolvidas nas universidades portuguesas, a segunda edição, em 2005, identificou 7 projectos. Não sendo de estranhar os relativos baixos números, face à focalização específica da iniciativa e às dificuldades efectivas de encontrar resultados das actividades de I&D nas universidades, que sejam de facto susceptíveis de ser transferidos para o mercado enquanto negócios viáveis, resta esperar que pelo menos algumas destas empresas, encontrem taxas de crescimento relativamente rápidas e se afirmem nos mercados internacionais.

Um outro exemplo de instrumentos de apoios à incubação, mas neste caso com uma implementação estática é o Programa NEOTEC. Com efeito, em 2004, o governo anunciou que uma das suas medidas emblemáticas seria o apoio à criação de "Oficinas de Transferência de Tecnologia" – NEOTEC. Esta iniciativa lançada pela UMIC com o apoio do POSC[6], visa facilitar a transferência de conhecimento das instituições do Sistema Científico Nacional para o mercado, através do apoio ao desenvolvimento de projectos de criação de novas empresas. Trata-se, portanto, tal como no caso do COHiTEC, de um instrumento especificamente vocacionado para empresas spin-off de base tecnológica. O NEOTEC parte, porém, do pressuposto neoclássico de que existe uma "falha" no mercado de financiamento do processo de criação de novas empresas de base tecnológica, pelo que importava delinear uma intervenção pública cobrindo as diferentes fases desse processo, desde a identificação do potencial de mercado das tecnologias envolvidas, até à fase inicial de operacionalização e comerciallização de resultados. A medida NEOTEC é gerida em regime de concurso público, podendo os projectos a apoiar compreender três fases sequenciais distintas. Uma primeira fase onde se apoia a geração de conceitos de produtos, com base em tecnologias inovadoras, se procede à análise da sua potencial aceitação pelo mercado e em que haverá uma avaliação de potencial que condiciona a passagem do projecto à fase seguinte. Uma segunda fase em que é suposto os promotores trabalharem na análise da viabilidade técnica, económica e financeira do projecto que

---

[6] A Iniciativa NEOTEC enquadra-se na Medida 7.2 "I&D Iniciativas Empresariais na área das TIC", integrada no eixo prioritário 7, "Inovação integrada em TIC" - do Programa Operacional Sociedade do Conhecimento (POS-Conhecimento), do Quadro Comunitário de Apoio III.

foi definido e conceptualizado na fase 1, sendo a passagem à fase seguinte é condicionada pela viabilidade que os promotores conseguirem demonstrar. E, finalmente, o apoio a uma terceira fase onde se incluem todos os procedimentos para a constituição e o arranque da empresa, segundo o projecto definido nas fases anteriores.

6.8 Capital de risco

Como se sabe, Portugal tem um dos mais pequenos mercados de capital de risco da Europa (OECD 2003). Embora o sector seja dominado pelas grandes empresas de capital de risco público criadas pelo programa PEDIP no final dos anos 80, o capital de risco do sector bancário e as empresas de capital de risco associadas a alguns grandes grupos industriais, desempenham também um papel importante.

No âmbito da tutela da Economia, como vimos no capítulo 5, no final dos anos 80 o capital de risco começou a ser encarado como um mecanismo essencial à política de desenvolvimento económico. Criaram-se, nessa altura, duas grandes empresas de capital risco NORPEDIP e SULPEDIP (que em 1999 passam a ser designadas PME Capital e PME Investimentos). O capital de risco público tinha como grande objectivo, a modernização industrial e o estímulo da actividade de Capital de Risco em Portugal, nomeadamente em sindicação com outras Sociedades Capital de Risco SCRs.

Refira-se que, em geral, ao longo dos anos 90, a composição dos investimentos no total das múltiplas SCRs que se foram formando, mostrava uma clara dominância dos projectos de expansão (mais de 50%) e um défice claro na aposta em start-ups, e em particular nos start-ups de base tecnológica. Porém, em 2000, o investimento em start-ups parecia estar a recuperar o atraso, representando nessa altura cerca de 15% do total de capital investido.

No seguimento do PEDIP, o PEDIP II (1994-1999) prossegue com a utilização de fundos estruturais na dinamização do sector de capital de risco. São criados 7 fundos de capital de risco (ver Caixa 6.8.1) de âmbito específico e o governo introduz ajustamentos à estratégia de dinamização do sector capital de risco. A PME Capital passou a concentrar-se em investimentos nas fases iniciais, enquanto que a PME Investimentos concentra-se nas operações mais usuais nos estágios mais avançados, como por exemplo MBO/MBIs. Aparece também o Fundo de Sindicação de Capital de Risco (FSCR), que faz parte de uma estratégia para alavancar o investimento dos operadores privados.

Em 2002 é criado no PRIME um apoio específico para fornecimento de Capital Semente a Novas Empresas de Base Tecnológica – NEST. Com efeito, o NEST é o primeiro programa em Portugal para o "apoio selectivo através de instrumentos de capital semente a jovens empresários que pretendam lançar novos negócios" (Portaria nº 1518/2002 de 19 de Dezembro). Porém, em consequência da forma como a medida NEST foi definida e da operacionalização que lhe foi dada pela Agência de Inovação, a procura tem sido relativamente baixa. Tratando-se de uma medida focalizada apenas em spin-offs de I&D, que são normalmente uma minoria relativamente ao total de empresas de base tecnológica que se formam todos os anos, o NEST tinha até ao final de 2004, mobilizado cerca de 8,7 milhões de Euros para um total de 14 empresas, sendo o investimento total sob forma de Capital de Risco de apenas 3 milhões de Euros.

Em resumo, desde há muitos anos que o capital de risco público é utilizado em Portugal como instrumento no âmbito da política de ciência, tecnologia inovação. Estima-se que as origens de fundos financiadas pelos fundos estruturais da União Europeia, representem mais de 50% do total das origens de fundos de capital de risco em Portugal. Ou seja, o capital de risco público é o principal operador em Portugal. De certa

6. As políticas, as medidas e os instrumentos de apoio à inovação... | 219

Caixa 6.8.1. Programas de Apoio com base na utilização de capital de Risco

As empresas e fundos aqui apresentadas, representam os instrumentos de apoio à utilização do capital de risco.

PME Capital – (originalmente Norpedip). Criada pelo PEDIP no final dos anos 80, é uma empresa de capital de risco com um activo de cerca de 79 Milhões de Euros, que gere os seguintes fundos:
- FRIE/PME Capital – Fundo de âmbito geral para financiamento de empresas com elevado potencial de crescimento em qualquer sector;
- Retex – Fundo para re-estruturação e expansão internacional das pequenas empresas no sector têxtil;
- Global – Fundo que tem como alvo prioritário apoio a empresas start-ups, empresas incubadoras de novos negócios, ou negócios nos seus estágios iniciais de desenvolvimento com elevado potencial;
- Inter-Regional – Fundo para financiamento de start-ups e PMEs no norte de Portugal ou empresas com actividades na região da Galiza-Espanha.

PME Investimentos – (originalmente Sulpedip). Criada pelo PEDIP no final dos anos 80 é uma empresa de capital de risco com um activo de cerca de 76 Milhões de Euros que gere os seguintes fundos:
- FRIE/PME Investimentos – Fundo de âmbito geral para financiamento de empresas com elevado potencial de crescimento em qualquer sector;
- Retex – Fundo para re-estruturação e expansão internacional das pequenas empresas no sector têxtil;
- Tiec – Fundo que tem como alvo prioritário investimentos no sector das tecnologias de informação, comunicação e electrónica, bem como no sector dos conteúdos multimédia e cultura.
- Global – Fundo que tem como alvo prioritário apoio a empresas start-ups, "management buy-outs" e expansão ou revitalização de pequenas com elevado potencial;

Novas Empresas de Suporte Tecnológico (NEST) – Trata-se de um programa no âmbito do Prime especificamente focalizado em spin-offs da actividade de I&D aplicada desenvolvida em entidades do sistema científico e tecnológico nacional. O apoio NEST reparte-se por um operador de capital de risco (até 90% do total), pelo promotor do projecto (num mínimo de 5%) e pela participação do Estado através de um Fundo de Sindicação de Capital de Risco (em percentagem equivalente à do promotor) estando limitado a um máximo de 375000 Euros (Portaria nº 1518/2002 de 19 de Dezembro). A participação do operador de capital de risco é garantida pelo NEST em caso de perda.

Instituto de Financiamento e Apoio ao Turismo (IFT) – Trata-se de uma empresa de capital de risco exclusivamente dedicada a investimentos no sector do turismo. O IFT é também a entidade gestora para empréstimos reembolsáveis e subsídios no âmbito do POE/Prime.

Fonte: OCDE 2003

220 | Uma nova política de inovação em Portugal

forma pode-se argumentar que poderá ser a relativa facilidade de obter subsídios ao investimento (nos programas operacionais), que impede que haja uma maior procura por mecanismos alternativos, como é o caso do capital de risco. Contudo, a predominância do capital de risco com uma missão pública é uma oportunidade para utilizar esse instrumento no âmbito de uma política de tecnologia e inovação e não para continuar com o que a OCDE (2003, p.14) chama a política de "hospital de empresas" em Portugal. Seria necessário, no entanto, criar ligações entre as várias medidas e evitar instrumentos mal definidos, como é o caso do NEST. Em geral, os instrumentos nesta área são ainda demasiado inspirados no argumento da "falha de mercado" ou em detalhes do foro financeiro. É que não havendo falta de capital de risco em Portugal, sobretudo nos operadores com uma missão pública, parece estar claramente a faltar a existência de serviços ex-ante, que facilitem quer a identificação de potenciais iniciativas verdadeiramente inovadoras quer o acesso a capital de risco que seja acompanhado (numa abordagem dinâmica, centrada na aprendizagem) de serviços e apoio à gestão. Como atrás se referiu, a iniciativa COHiTEC da COTEC parece ser uma experiência interessante no que respeita às parcerias e ao apoio em gestão, e encerra certamente algumas lições importantes para o futuro.

Acresce que, numa outra vertente, a utilização de capital semente (aqui encarado como capital utilizado nas fases anteriores à formalização legal da empresa), tem sido e continua a ser praticamente inexistente em Portugal (com excepção do caso AITEC até 1994 que vimos no capítulo 3). De acordo com a EBAN – European Business Angels Network, para além de alguns encontros organizados pela Associação Portuguesa de Capital de Risco – APCRI a partir de 2000, a actividade dos Business Angels em capital semente, em Portugal, é ainda baseada em redes informais e bastante limitada (OCDE 2003). Uma forma eficaz de estimular o capital semente e a acção dos Business Angels, largamente praticada em outros países da Europa

6. As políticas, as medidas e os instrumentos de apoio à inovação... | 221

seria através de incentivos fiscais aos ganhos de capital de longo prazo, correspondentes a investimento reiterado na formação de novas empresas de base tecnológica.

6.9 Colocação de técnicos e investigadores nas empresas e apoio à mobilidade de pessoas

Tal como os instrumentos de apoio à criação e reforço de recursos humanos em actividades de I&D, que vimos anteriormente, um outro mecanismo que tem uma natureza dinâmica e centrada nos factores cognitivos, é o apoio à mobilidade e colocação de quadros técnicos nas empresas. No que se segue passamos em revista as medidas mais importantes nesta área a dois níveis diferentes: colocação de técnicos e quadros superiores nas empresas e, a um nível mais elevado colocação de mestres e doutores como investigadores em actividades de I&D empresariais.

6.9.1 *Colocação de técnicos nas empresas*

A colocação de técnicos qualificados nas empresas é um instrumento de apoio amplamente utilizado em Portugal. Com efeito no PEDIP (1988-1992) existiu a iniciativa Jovens Técnicos para a Indústria – JTI, que patrocinava estágios para jovens recém licenciados em empresas "receptoras" que previamente se inscreviam, junto da entidade gestora do programa. O JTI comparticipava o salário dos jovens colocados a 75%. Durante o PEDIP II 1994-1999 não houve medidas equivalentes, mas a partir de 2002, o programa POE/PRIME, introduz a medida Quadros. Esta medida visa o apoio à introdução nas empresas de licenciados em áreas técnicas ou de gestão. Até meados de 2005, o programa Quadros tinha apoiado 91 projectos e colocado cerca de 200 quadros. A partir de 2005 o PRIME dá um novo impulso nesta área, lançando o programa InovJovem. No final de 2005 o InovJovem havia integrado 69 jovens, prevendo-se números relativamente maiores para 2006.

Note-se que, para além das medidas de apoio financeiro à inserção de técnicos qualificados, um outro mecanismo que poderia adquirir uma importância vital para a transferência de tecnologia para as empresas, é a circulação ou mobilidades de técnicos entre as infraestruturas tecnológicas e as empresas. Definindo mobilidade como uma deslocação, com uma duração não inferior a 1 mês nem superior a 6 meses, de técnicos de empresas em infraestruturas ou cedência temporária às empresas de técnicos especialistas por parte das infraestruturas, um estudo realizado para o PEDIP II pela Deloite & Touche et al (2000), incidindo no universo das ITs (os CTs, INTs e CTTs), permitiu concluir que a mobilidade de quadros técnicos é muito fraca. Contudo, o mesmo estudo refere que começam a ser relativamente mais frequentes os casos em que as empresas encaram os Centros Tecnológicos sectoriais – CTs e alguns institutos de interface com a Universidade, como uma importante fonte de recrutamento de técnicos altamente especializados.

6.9.2 Colocação de Mestres e Doutores nas empresas

Quanto à colocação de mestres e doutores (investigadores) para realização de actividades de I&D nas empresas, tem existido também em Portugal, medidas específicas de apoio. Este tipo de instrumento foi pela primeira vez utilizado no Programa PRAXIS. De 1997 a 1999 o Praxis conseguiu colocar cerca de 52 investigadores. Porém, de 2000 para cá, com a continuação desse tipo de apoios no programa POCTI/POCI esse número tem vindo a crescer significativamente.

Também no que respeita à mobilidade, a FCT fornece apoios para trabalhos conducentes ao grau de doutoramento em ambiente empresarial. Os temas da investigação devem focar assuntos relevantes para a empresa receptora e a bolsa é atribuída por um máximo de 4 anos. As bolsas atribuídas têm normalmente três componentes: uma prestação mensal para o bolseiro (partilhada entre a FCT e a empresa), um financiamento à inscrição e propinas de doutoramento na universidade e um subsídio final para a publicação da tese.

Um outro exemplo, de um instrumento com impacto nas capacidades dinâmicas, é o apoio à inserção de investigadores qualificados para realização de I&D nas empresas. Desde 2003 (Portarias 441/2003 de 28 de Maio e 911/2003 de 30 de Agosto), a medida Núcleos de I&D implementada pelo PRIME, que apoia a constituição de "núcleos" formais de I&D nas empresas (apoio a um máximo de três pessoas dedicadas unicamente à actividade de I&D), tem-se constituído como uma oportunidade para trazer mais empresas para o sistema de I&D. Trata-se de empresas que faziam I&D informal (em muitos casos sem o declarar no Inquérito ao Potencial Científico e Tecnológico Nacional IPCTN do OCES) e que passam a formalizar para poderem ter acesso ao NITEC. Até meados de 2005, esta medida havia já apoiado 38 projectos permitindo antever para o final do programa pelo menos o dobro do número de projectos apoiados.

Finalmente, um outro instrumento importante, mas que é quase inexistente em Portugal, é a mobilidade de docentes universitários (mestres e doutores) para as empresas (sabáticas na indústria), ou a colocação de quadros das empresas em posições de ensino. A rigidez da legislação sobre as carreiras universitárias tem sido, na prática, uma das barreiras a este tipo de mobilidade. A componente de apoio aos recursos humanos no regime de "patrocínio" científico e cultural lançada em 2004, onde se previa a possibilidade de apoio à transferência temporária de investigadores e peritos entre empresas e universidades (ou institutos públicos e laboratórios de I&D), foi talvez uma das poucas medidas públicas de incentivo a este tipo de mobilidade. Os patrocinadores seriam compensados através de uma certificação do Programa POCTI/POCI, de forma a poderem beneficiar de incentivos fiscais. No seu breve período de funcionamento, até à entrada em vigor do novo regime de incentivos fiscais em Agosto de 2005, este instrumento terá tido, porém, uma aderência muito reduzida.

Em resumo, embora estas medidas tenham um importante impacto na construção de capacidades dinâmicas, quer a nível dos actores individualmente, quer a nível do funcionamento do sistema de inovação, em geral, os instrumentos de apoio à inserção de técnicos e investigadores em Portugal, têm sido implementados com base na necessidade colmatar falhas de mercado, relativas ao nível de recursos que o sector privado escolhe colocar nestas actividades. Note-se que os Programas Quadros ou InovJovem de inserção de jovens, não têm qualquer preocupação específica, relativamente ao perfil de funções a realizar, e sua adequação aos problemas da empresa, nem qualquer meio de incentivar que, após o estágio, o técnico fique efectivamente na empresa, pelo que seu impacto, no que respeita à indução de novas competências e comportamentos nas empresas, poderá ser reduzido. Contrastando com a implementação estática que é dada à inserção de técnicos ou ao apoio à I&D através de subsídios ou incentivos fiscais, como vimos em secções anteriores, o NITEC é um instrumento que, por natureza, irá certamente ter impactos na aprendizagem e na capacidade dinâmica das empresas. Ao formalizar o reforço das competências internas da empresa, esta medida está efectivamente a contribuir para indução de novos comportamentos empresariais, podendo a longo prazo vir a ter um efeito de aumento da procura por parte das empresas, relativamente à utilização de capacidades disponíveis nas infraestruturas tecnológicas.

6.10 Medidas de apoio a clusters e redes de colaboração

Em Portugal não tem havido uma abordagem explícita a este tipo medidas. Como referimos no Capítulo 5, em 1993 as análises da equipa do Prof. Michael Porter no estudo "Cons-

6. As políticas, as medidas e os instrumentos de apoio à inovação... | 225

truir as Vantagens Competitivas de Portugal", conduziram à identificação de 6 clusters estratégicos: indústria automóvel, calçado, malhas, produtos de madeira, turismo e vinho. No seguimento desta iniciativa foi criado o Forúm da Competitividade, mas não houve medidas de apoio específicas, do tipo daquelas que enunciámos no capítulo 3 e que visam o desenvolvimento de vantagens competitivas ao nível regional, focando sectores específicos e as condições que facilitam a sua afirmação no mercado global.

É certo que no âmbito dos Programas de apoio da tutela da Economia, podemos identificar um conjunto de medidas de incentivo à "cooperação", ao "voluntarismo" ou à formação de "parcerias público-privado" que de certo forma se cruzam com os mesmos objectivos de uma política de promoção de redes, clusters ou pólos de competitividade. É o caso dos chamados projectos "voluntaristas" no PEDIP e PEDIPII, mais recentemente as Parcerias e Iniciativas Públicas no POE e as Parecias Empresariais no PRIME. Um olhar mais atento sobre a tipologia de projectos apoiados pode revelar, porém, que as questões associadas à política de Ciência, Tecnologia e Inovação não são as mais comuns neste tipo de apoios e sobretudo as questões de concentração regional de recursos tem estado ausente.

No contexto do PROINOV houve também, como vimos no capítulo 5, uma interessante abordagem à identificação de clusters sectoriais. O Programa incluía o lançamento de espaços de reflexão prospectiva associados ao lançamento de políticas e medidas dirigidas ao que se chamou na altura "mega-clusters" (conjunto agregado sectores). Embora no âmbito dos clusters-PROINOV duas iniciativas específicas tinham sido lançadas: uma para o calçado e outra para o software, na prática, com a alteração de governo no final de 2001 não houve qualquer seguimento e, portanto, não chegou a haver acções concretas.

Finalmente, no âmbito dos apoios à cooperação, onde se incluem nas medidas de âmbito mais geral de apoio a clusters, há uma recente medida denominada SICE – Sistema de Incentivos à Cooperação Empresarial (DL nº 516/2004, de 20 Maio),

226 | Uma nova política de inovação em Portugal

que tem como objectivos (a) a dinamização da cooperação das empresas ao longo da cadeia de valor, incluindo desenvolvimento e design de produtos, logística, marketing e distribuição (incluindo a criação de marcas) e, (b) a dinamização de sistemas de inovação regionais ou sectoriais. Os beneficiários não são empresas individuais mas sim entidades que materializem a associação entre diferentes tipos de actores. Sendo ainda muito cedo para poder apreciar os efeitos desta nova medida, continuam a faltar em Portugal medidas de apoio e serviços públicos, que de facto promovam uma colaboração regional que transcenda o âmbito das cadeias de valor e inclua outras lógicas centradas na parceria com as entidades do sistema público de ciência e tecnologia e, em particular, com as Universidades.

6.11 Serviços de Apoio Tecnológico

Um instrumento fundamental no contexto da Economia Portuguesa, onde o tecido empresarial é constituído por PMEs de menor capacidade tecnológica, são os serviços públicos de apoio tecnológico. No âmbito dos serviços de apoio tecnológico incluímos, serviços de consultoria técnica, que sejam prestados por infraestruturas públicas e semi-públicas de apoio tecnológico (centros tecnológicos, institutos e laboratórios públicos, etc.).

Face à grande diversidade de diferentes tipos de infraestruturas tecnológicas que foram sendo criadas em Portugal desde o final dos anos 80, é pois importante analisar até que ponto estas infraestruturas têm servido como "fornecedores" de serviços deste tipo. Segundo a Deloite & Touche e outros (2000), os Centros Tecnológicos – CTs, os Institutos de Novas Tecnologias – INTs e Centros de Transferência de Tecnologia CTTs, independentemente da sua dimensão ou da sua orientação sectorial, apresentam um baixo nível de facturação de serviços a clientes. Um número significativo de ITs, apresentava no final dos anos 90 valores de prestação de serviços inferiores a

6. As políticas, as medidas e os instrumentos de apoio à inovação... | 227

500.000 Euros. Como referimos no capítulo 5, isto é consequência da reduzida procura por parte das empresas. No que respeita à concentração da facturação, verificava-se que a concentração de receitas nos cinco principais clientes representava, em média, era cerca de 40%. Ou seja, a prestação de serviços de apoio técnico, estava concentrada num número limitado de clientes, o que sugere um reduzido alcance do apoio à transferência de tecnologia prestado pelas infra-estruturas. Por outro lado, as empresas que já utilizaram os serviços prestados pelas ITs, declaravam que os serviços prestados, tiveram reduzido impacto nos seus projectos.

Outros indicadores importantes, relativamente ao nível de serviços efectivamente prestados pelas infraestruturas CTs, INTs/CTTs, podem ser obtidos, não junto das infraestruturas mas sim junto do seu mercado potencial de empresas. Indicadores como o conhecimento que as empresas têm dessas infraestruturas, a utilização que fazem dos seus serviços, e o impacto relativo desses mesmos serviços no desenvolvimento da empresa, são questões que têm sido abordadas em vários inquéritos à inovação, nomeadamente o inquérito SOTIP realizado pelo CISEP[7] ou o projecto LISTART[8]. Em geral, esses estudos mostram que embora as infraestruturas sejam razoavelmente conhecidas, os serviços efectivamente disponíveis em cada uma não são muito utilizados. Também no estudo realizado por Oliveira (2002), conclui-se que existe uma baixa aderência das empresas aos serviços das infraestruturas: apenas 15,9% das 687 empresas inquiridas responderam manter contactos com infra-

---

[7] O projecto SOTIP, lançado em 1997, reporta-se ao período 1994-96. Alguns resultados foram publicados em. José Monteiro Barata, "Inovação na Indústria Transformadora Portuguesa: alguns resultados de inquérito recente", em M. M. Godinho e J. Caraça (eds), *O Futuro Tecnológico: Perspectivas para a Inovação em Portugal*, Oeiras, Celta, 1999.

[8] O Projecto LISTART consistiu na realização do Plano Tecnológico e de Inovação da Região de Lisboa e Vale do Tejo em 1999 e envolveu um inquérito com cerca de 150 respostas.

228 | Uma nova política de inovação em Portugal

estruturas tecnológicas. Segundo a mesma autora, tais contactos residem essencialmente em testes de produtos e de equipamentos e em contactos informais com investigadores.

Embora, por um lado, estes resultados apontem para uma efectiva baixa densidade de ligações de transferência de tecnologia entre as ITs e as empresas, por outro lado, há que ter em conta que, em casos como por exemplo os Centros Tecnológicos sectoriais, a localização da infraestrutura junto de potenciais PMEs utilizadoras, embora não se traduza em prestação de serviços mediada pelo mercado, releva para a ligação "informal" e para a participação das ITs nos "círculos locais de socialização", contribuindo assim para a difusão local de conhecimentos.

Como se referiu no início deste capítulo, a relativa facilidade com que as ITs ligadas à tutela da Economia obtém subsídios à manutenção da sua capacidade instalada, é também um factor que não incentiva a sua aderência às necessidades das empresas. Acresce que, têm sido poucos os casos em que as medidas e instrumentos orientadas para o estímulo às interacções entre empresas e fornecedores públicos de serviços especializados de apoio tecnológico, foram correctamente operacionalizadas. Em geral, os instrumentos não actuam de forma a se incentivar a utilização das infraestruturas pelo lado da procura (não pelo lado dos apoio directos às infraestruturas). Não obstante, para ilustrar como é que esse tipo de apoio pode funcionar de forma eficaz e orientado às empresas, referimos a seguir alguns exemplos nacionais, que embora não centrados especificamente em serviços de apoio tecnológico, ilustram a diferença no modo de operacionalização dirigido à procura.

Referimo-nos ao Programa In-PME e ao Programa Infante nos anos 90, por exemplo. Estes projectos dinamizados por Associações Empresariais foram centrados em questões associadas à gestão de operações e qualidade, dando grande relevância às temáticas da estratégia, gestão da qualidade total e reengenharia. A julgar pelas muitas centenas de PMEs que a eles aderiram, terão tido certamente algum efeito de indução de novos comportamentos e conhecimentos, contribuindo para que,

6. As políticas, as medidas e os instrumentos de apoio à inovação... | 229

sobretudo as pequenas empresas, aumentassem a sua capacidade tecnológica. Programas deste tipo, se realizados em parceria com infraestruturas tecnológicas, e versando outro tipo de temáticas centradas na tecnologia, poderiam ter um importante efeito de criação de ligações de serviço entre as empresas e as infraestruturas.

Um outro instrumento importante para promover a utilização de serviços de apoio das infraestruturas tecnológicas são os programas de auditoria tecnológica a que aludimos no capítulo 3. Programas nacionais de auditorias tecnológicas geridos pelas infraestrututas tecnológicas, podem também contribuir de forma explícita para incentivar um maior número de empresas a recorrer a serviços de apoio. A este respeito veja-se o programa Auditorias Tecnológicas TEC+, dinamizado pelo ITEC no final dos anos 90 (Selada et al 1999) que embora abrangendo um número relativamente reduzido de empresas no sector dos componentes automóvel, poderá ter contribuído para dinamizar a interacção entre estas empresas e as infraestruturas de apoio envolvidas no programa.

Fora da tutela da Economia podemos também encontrar outros exemplos de intervenção pública, que podemos apontar como excelentes ilustrações da forma como deviam ser implementadas as medidas de promoção de serviços de apoio tecnológico. O Programa REDE, financiado através do Programa Operacional do Emprego e Formação Profissional – POEFDS na tutela do Ministério do Trabalho, é um desses exemplos. Com efeito, desde 1997 o Programa REDE é um programa de serviços de consultoria, formação e apoio à gestão de pequenas empresas, concebido e gerido pelo IEFP – Instituto do Emprego e Formação Profissional. Recentemente o REDE foi considerado como uma das cinco boas práticas de Programas deste tipo na Europa. O Programa REDE visa a modernização, sustentabilidade e reforço da capacidade competitiva das pequenas empresas (até 49 trabalhadores), através de apoio em serviços de consultoria e formação que actuem de forma a qualificar o emprego. No essencial, o Programa REDE consiste em disponi-

230 | Uma nova política de inovação em Portugal

bilizar para as empresas, serviços de um consultor em gestão (eventualmente complementado por consultores especialistas em outras áreas), bem como serviços de formação profissional orientados para gestores e trabalhadores, podendo ainda a empresa beneficiária receber um recém-licenciado, por um período de cerca de 9 meses. Como facilmente se percebe, o mesmo tipo de implementação poderia ser pensado não só para consultoria em gestão mas também para serviços de apoio tecnológico, recorrendo a especialistas das infraestruturas já existentes. Em média, uma intervenção do Programa REDE numa empresa, tem uma duração de 12 meses e começa com o diagnóstico estratégico da empresa levado a cabo pelo consultor e pelo empresário, seguido da elaboração de um plano de acção. Segue-se a implementação do plano de acção ao longo do ano, sendo que a empresa deverá nesta fase ter o apoio de um jovem estagiário recém licenciado. Na sequência da intervenção/formação, as empresas são incentivadas a contratar o estagiário[9].

6.12 Serviços de referência e encaminhamento

No âmbito das medidas de apoio tecnológico uma lacuna importante, no actual contexto em que parece ser importante dar prioridade aos instrumentos que incentivam as empresas a utilizar a oferta disponível nas infraestruturas públicas, é a inexistência de serviços de referência e encaminhamento, que possam facilitar o acesso por parte das pequenas empresas com menores capacidades aos serviços já disponíveis. Este tipo de

---

[9] Mais recentemente o IAPMEI lançou nos mesmos moldes que o REDE o programa GERIR, também financiado pelo POEFDS, mas orientado para empresas que estejam a ser financiadas por medidas de apoio ao investimento como é o caso do SIPIE ou o SIVETUR.

6. As políticas, as medidas e os instrumentos de apoio à inovação... | 231

serviços foi descrito no capítulo 3, como consistindo num primeiro atendimento para identificação e despiste de problemas, seguido de um encaminhamento da empresa para o fornecedor de serviços de apoio técnico mais adequado.

Ao contrário do tem sido a experiência de outros países, onde estes serviços são considerados como uma área de intervenção pública no domínio da política de inovação, em Portugal praticamente não existem iniciativas deste tipo. Contudo, uma excepção bastante interessante é a experiência do Centro de Competências do TagusPark. Este centro promove um primeiro atendimento e encaminha depois para fornecedores especializados no sector privado, nomeadamente empresas instaladas nos Parques de Ciência e Tecnologia da região de Lisboa e Vale do Tejo, e em alguns casos infraestruturas públicas. O sucesso que esta iniciativa conseguiu atingir em pouco tempo, é ilustrativo de que este tipo de apoio é um elo importante que está a faltar na cadeia de serviços públicos de apoio. Actualmente o Centro de Competências do TagusPark está a evoluir para uma rede regional de Centros (de atendimento), com quatro Centros de Competências, agrupando a oferta de mais de 300 entidades na região de Lisboa e Vale do Tejo. A rede é suportada por um motor de busca acessível via Internet (http://cct3.taguspark.pt/cct3r/interface/public/inindex.aspx) e por uma pequena equipa de técnicos, que faz o primeiro atendimento. Pela Internet, a actual rede com quatros centros recebe por ano cerca de 150.000 pedidos de atendimento para serviços técnicos e tecnológicos.

6.13 Programas de visitas e comparação de empresas

Como vimos no capítulo 3, um outro instrumento que se pode revelar bastante importante no âmbito de uma política de inovação orientada à progressão das empresas para níveis mais elevados de capacidade tecnológica, são os serviços públicos na

232 | Uma nova política de inovação em Portugal

forma de programas de visitas. Dinamizados por agências ou institutos tecnológicos, estes serviços consistem na organização de missões tecnológicas de empresários a empresas consideradas "best-practice" e localizadas em outros países.

Embora, em Portugal, não tenha havido uma prática sistemática deste tipo iniciativas, que segundo o nosso argumento pode, por imitação, induzir comportamentos inovadores, uma excepção foi o projecto de Benchmarking dinamizado pela Agência de Inovação e pelo IAPMEI entre 1998-2000, com a participação dos principais Centros Tecnológicos. Este projecto piloto teve como resultado a definição de indicadores de benchmarking por sector e conduziu à entrada do IAPMEI no "European Benchmark Index". Posteriormente, o IAPMEI tem vindo a dinamizar um programa de Benchmarking e Boas Práticas – BBP, onde não só se divulgam e promovem estudos e boas práticas, como também se dinamizam diversos índices de Benchmarking numa lógica sectorial. Para esta iniciativa o IAPMEI constituiu uma bolsa nacional de consultores, disponíveis para apoiar as empresas na recolha de informação necessária aos questionários de medição de desempenho, e na interpretação da posição da empresa relativamente às médias publicadas nos relatórios sectoriais de Benchmarking.

6.14 Inteligência Estratégica e Colaboração

Como se viu no capítulo 5, um dos aspectos essenciais para um sistema de governança eficaz é a existência de movimentos ascendentes (bottom-up) e de articulação horizontal entre diferentes tipos de actores e entre diferentes áreas científicas e tecnológicas. Nos anos 80, as iniciativas do então Ministério da Indústria e Energia no que respeita ao estudo da competitividade em clusters, tiveram pouca ou nenhuma continuidade. Também em 2001, o PROINOV que prometia criar alguma dinâmica de articulação estratégica entre os agentes do Sistema

Nacional de Inovação, acaba por não ter continuidade no novo contexto da UMIC. Também a iniciativa "Engenharia e Tecnologia 2000" (ver Tavares *et al* 2000) [10], que se constituía como um exercício de prospectiva envolvendo centenas de diferentes actores em 17 sectores económicos, trouxe mais resultados na forma de relatórios-diagnóstico e livros publicados, do que em termos de dinamização de um efectivo "processo" de articulação estratégica e prospectiva, que pudesse conduzir à formulação de projectos ambiciosos com objectivos de longo prazo nos sectores envolvidos.

Ou seja, ao nível de iniciativas que possam estimular uma maior articulação estratégica entre os actores, no quadro da promoção de "parcerias de cumplicidade" entre as entidades públicas e os interesses empresariais, não tem havido em Portugal uma acção política explícita e eficaz. Note-se que, no quadro dos programas operacionais financiados pelos fundos estruturais, houve intenções de dinamizar o voluntarismo e as parcerias público-privado, mas este instrumento orientava-se mais para implementação de projectos específicos, na lógica da desconcentração da execução, e menos para o efeito que nos preocupa aqui, nomeadamente: para a colaboração ao nível da formulação estratégica e construção de uma visão global e partilhada acerca do futuro. Ou seja em geral, as agências, institutos e entidades públicas que participam nos processos de prospectiva e formulação e políticas de ciência, tecnologia e inovação, não se têm mostrado interessadas em tomar a iniciativa e dinamizar projectos de prospectiva e articulação estratégica. Por outro lado, os Gabinetes de Estudos nos vários Ministérios, quando realizam exercícios de prospectiva e inteligência estraté-

---

[10] Referimo-nos ao projecto de Prospectiva Tecnológica "Engenharia e Tecnologia 2000", apoiado pelo POE e realizado pela Ordem dos Engenheiros, Academia de Engenharia e Associação Industrial Portuguesa (AIP), entre Julho de 1999 e finais de 2000.

234 | Uma nova política de inovação em Portugal

gica, fazem-no quase sempre numa lógica fechada. Ainda que por vezes tais exercício sejam partilhados por uma colaboração entre vários domínios do sector público, trata-se no essencial, de um processo fechado à participação das entidades privadas e da sociedade em geral. Como vimos no capítulo 3, uma forma relativamente eficaz de o fazer, seria através de projectos de clínicas tecnológicas, ou em projectos mobilizadores de desenvolvimento tecnológico prospectivo e aplicado. Como referimos no capítulo 5, a experiência dos Planos Tecnológicos e de Inovação a nível regional, demonstram que é possível, no domínio da Ciência e da Inovação, um outro tipo de inteligência estratégica assente em projectos bottom-up e com participação de uma alargada tipologia de actores.

6.15 Conclusões

Neste capítulo pretendemos apresentar um breve resumo de alguns dos instrumentos que têm sido usados na política nacional de Ciência, Tecnologia e Inovação. A Figura 6.15.1 resume a classificação que fizemos dos diferentes instrumentos no quadro de referência com dois eixos, que introduzimos no capítulo 2 e ilustrámos na Figura 4.6.2 (no capítulo 4).

Começamos por rever os apoios concedidos no sentido de dinamizar as actividades das infraestruturas tecnológicas. No seguimento da análise que fizemos no capítulo 5, fica aqui ainda mais claro que, sobretudo a partir dos anos 90, os instrumentos reflectiam a preocupação das tutelas com a sustentabilidade das infraestruturas criadas em décadas anteriores. É também claro que os instrumentos encontrados para apoiar essa sustentabilidade, não foram os melhores. Na tutela da Economia, optou-se por medidas de apoio orientadas às ITs em vez de se incentivar as empresas a utilizarem a capacidade disponível.

Por outro lado, a tutela da Ciência encara o desafio de sustentabilidade de uma outra forma. A seguir às medidas de cria-

6. As políticas, as medidas e os instrumentos de apoio à inovação... | 235

Figura 6.15.1 Classificação de alguns dos instrumentos analisados

Recursos input **(instrumentos estáticos e reactivos)**	**Adicionalidade de comportamentos** **(instrumentos dinâmicos e pro-activos)**
Criação e Reforço de Infraestruturas (PEDIP, POE, PRIME) Incentivos ao Investimento em Modenização (SINDEPEDIP, PEDIP II-Eixo 2, SIPIE, SIME) Incentivos Fiscais à I&D (SIFIDE) Subsídios de I&D às Empresas (POCTI, IDEIA-PRIME) Medidas de Incentivo à Propriedade Industrial (SIUPI) Incubação - infraestruturas ou centros (NEOTEC, Oficinas de TT) Capital de Risco s/ intervenção (NEST) **A**	Criação e reforço de recursos humanos em I&D (POCTI/POCI 1.1 e 1.2, POSI/POSC 1.1) Colocação de Investigadores nas empresas (NITEC-PRIME, FCT Mestres e Doutores nas empresas) Serviços de apoio tecnológico (consultoria) (REDE, TEC+, In-PME) Programas de visitas - Benchmarking (Proj. de Benchmarking do IAPMEI) Incubação - programas de formação (COHiTec) Capital de risco c/ intervenção **B**

Serviços de liasion, intermediação
– estáticos
 	
(DEMTEC-PRIME, Encontros Intermedia-
ção AdI
 	
Gabinetes GAPI, IRCs, etc)
Serviços de Apoio Tecnológico
(Serviços prestados pêlos Centros Tecno-
lógicos)
Serviços de referência e re-encaminha-
mento
(Centros de Competências do TagusPark)
        C
	Subsídios de I&D – Projectos Mobilizadores
	(Projectos Mobilizadores, PEDIP II e PRIME)
	
	Serviços de intermediação – dinâmicos
	(não há exemplos – Clinicas Tecnológi-
	cas)
	
	Apoios a clusters
	(Proinov)
	Inteligência Estratégica
	(RIS/RITTS - PRAIs)
	
	        D

ção e reforço dos ICs no CIENCIA, usam-se instrumentos de apoios às actividades de I&D, e posteriormente inicia-se uma política de consolidação e classificação dos centros e unidades de I&D. Com a classificação de unidades de I&D, para financiamentos no Programa de Financiamento plurianual e com a criação da figura de Laboratórios Associados aos objectivos da política do Ministério da Ciência, criam-se instrumentos de consolidação e concorrência entre as infraestruturas existentes.

Mas se os instrumentos de apoio às infraestruturas, em particular as ITs na tutela da Economia, poderiam ter sido outros, por outro lado, o facto é que o forte aumento da capacidade instalada nas infraestruturas públicas de apoio, não foi acompanhado por uma cuidadosa orientação dos instrumentos de apoio às empresas, de acordo com os seus escalões de capacidade tecnológica. É certo que houve uma clara diferenciação entre instrumentos para empresas que fazem I&D e empresas que não fazem I&D. As empresas que não fazem I&D são apenas "clientes" dos apoios ao investimento em factores tangíveis – enquanto compra de máquinas e equipamentos tecnológicos avançados - sendo relativamente mais baixa a sua preferência por outros factores de competitividade, associados a alterações organizacionais e mudanças para atitudes empreendedoras mais favoráveis à inovação.

Para as empresas que fazem I&D, e que estão nos escalões mais altos de capacidade tecnológica, o instrumento mais amplamente usado no âmbito da política nacional de ciência tecnologia e inovação, é o incentivo fiscal. Trata-se, no essencial, de um instrumento cuja elevada procura só pode ser justificada pela relativa morosidade e pela pesada burocracia associada à operacionalização dos subsídios à I&D empresarial. Enquanto que os incentivos fiscais, poderão estar a contribuir para uma melhor actualização do conhecimento acerca das empresas executoras de I&D, os subsídios a consórcios de I&D têm também a sua importância vital, pois incentivam uma maior colaboração das empresas com universidades, e com outras entidades do sistema científico e tecnológico nacional.

Mais recentemente, aposta-se nos apoios à utilização da protecção da propriedade industrial, mas também aqui as ini-

6. As políticas, as medidas e os instrumentos de apoio à inovação... | 237

ciativas parecem carecer de eficácia, em termos de valor acrescentado para as empresas, uma vez que os montantes a apoiar são reduzidos face aos custos das patentes internacionais.

Ora face à situação criada, no que respeita à grande diversidade de infraestruturas de apoio tecnológico já existentes, um desafio essencial para o futuro será o de estimular os diferentes tipos infraestruturas a funcionar como agentes mediadores e facilitadores da aprendizagem nas empresas. Porém, como vimos, os instrumentos usados no domínio da intermediação e transferência de tecnologia não são os mais eficazes. A Agência de Inovação, por exemplo, tem apostado na intermediação passiva, demasiado centrada no fornecimento de informação e organização de brokerages, etc. Uma vez que a relação de inter-mediação não se resume a uma transmissão de informação, o que determina a eficácia da acção mediadora será a capacidade do agente mediador promover, e em certos casos coordenar e estimular, diferentes processos de aprendizagem interactiva, conduzindo à acumulação colectiva de conhecimentos e aptidões necessárias para despoletar processos de inovação tecnológica.

O Capital de Risco, enquanto instrumento de política económica em Portugal tem sido amplamente desenvolvido por operadores públicos. Contudo, a sua acção, quer no que respeita ao apoio a Novas Empresas de Base Tecnológica, quer num plano mais geral, no âmbito de investimentos em inovação e tecnologia, tem sido muito insuficiente. A formatação desajustada de medidas como o NEST, por exemplo, no Programa PRIME, também não ajuda a criar uma maior ligação entre as novas empresas e o capital de risco/semente.

No que respeita aos instrumentos de colocação de técnicos qualificados nas empresas, os resultados são interessantes. Ao sucesso inicial dos JTI, junta-se o programa Quadros no POE e o renovado interesse no mais recente programa InovJovem no PRIME. A colocação de mestres e doutores nas empresas no âmbito dos apoios do POCTI/POCI, bem como a colocação de investigadores no âmbito do NITEC no Programa PRIME, pode,

238 | Uma nova política de inovação em Portugal

no entanto, ser considerada, à escala da dimensão do grupo de beneficiários alvo, um relativo sucesso.

Quanto aos serviços de apoio tecnológico, enquanto instrumento ao serviço de uma política de tecnologia e inovação, podemos concluir ter havido algumas iniciativas de sucesso (sobretudo o Programa REDE), mas há ainda um longo caminho a percorrer para que efectivamente se incentive, pelo lado da empresas, uma maior utilização das capacidades disponíveis nas infraestruturas tecnológicas, conseguindo-se por esta via uma maior adicionalidade de comportamentos.

Um instrumento que poderá desempenhar um papel importante na necessária viragem na política de sustentabilidade das infraestruturas e no comportamento das empresas, são certamente os esquemas de referência e encaminhamento (de que apontamos exemplos no capítulo 3) e que, em Portugal, tirando o caso do Centro de Competências do TagusPark, são praticamente inexistentes.

Refira-se também que parece ser mais ou menos evidente que os instrumentos utilizados não formam um sistema coerente. Parece haver ausência de pontes, ligações e referências cruzadas entre medidas. Por exemplo, reflectindo a estrutura de governança sectorializada e compartamentalizada a que aludimos no capítulo 5, também a os Programas POCTI e POE, embora convergentes no âmbito dos objectivos gerais traçados para o QCA III, não tinham quaisquer pontes ou possibilidade de referência cruzada entre si. Por outro lado, a experimentação de medidas é ainda limitada. Não existem medidas experimentais, e face à repetição das mesmas medidas em diferentes QCAs, não parece haver aprendizagem relacionada com os instrumentos. Veja-se, por exemplo, a repetição de medidas muito semelhantes ao longo dos programas PEDIP, PEDIP II, POE, PRIME, ou a semelhança de medidas entre o PRAXIS e o POCTI/POCI.

Por último, refira-se que existe actualmente em Portugal um claro enviusamento para instrumentos tipo A – ver Figura

6.15.1 e um défice de instrumentos tipo C e D, situação que importa reequilibrar. Tal como referimos no capítulo 4, será ao nível das acções C e D, que uma política de proximidade com os actores, numa óptica desconcentrada e promovida pelas autoridades regionais, poderá ter um papel relevante. Nas acções tipo C e D a proximidade importa para melhor executar as funções de "intermediação", "aprendizagem" e construção de recursos com adicionalidade cognitiva. No domínio D, há em Portugal uma particular notória ausência de instrumentos que possam ajudar a promover uma "inteligência estratégica", com base numa lógica participada e privilegiando o movimento ascendente (bottom-up). Isto está também associado ao problema da ausência de governança vertical ascendente, como vimos no capítulo 5, onde a voz do cliente beneficiário no nível 4 não é ouvida no desenho das políticas e dos instrumentos. Note-se ainda que, a lógica de intervenção programática integrada é em alguns casos confundida com a concentração da gestão de medidas no mesmo organismo, como é o caso da Agência de Inovação que recentemente passou a concentrar a gestão de medidas de apoio da tutela da Economia no âmbito do POE/ /PRIME, com medidas da tutela da Ciência no âmbito do POCTI/POCI. Resumindo, existe em Portugal um défice claro na natureza dos instrumentos e medidas de apoio à Ciência. Tecnologia e Inovação, que está de alguma forma associado não só ao processo de governança que vimos no capítulo 5, mas também à preferência por determinadas formas específicas de operacionalização dos instrumentos, como vimos neste capítulo. No capítulo seguinte, iremos ver como o progresso em termos de resultados e evolução no País no domínio da Ciência e Tecnologia e Inovação é também ainda algo insuficiente.

7.

A evolução das capacidades tecnológicas e de inovação nas empresas portuguesas

7.1 Introdução

Como vimos nos capítulos anteriores, as políticas de ciência, tecnologia e inovação têm já uma longa tradição em Portugal. Existem porém problemas de governança, que se traduzem sobretudo numa falta de articulação horizontal, e problemas no que respeita ao importante movimento ascendente, onde actores no nível 4, possam ser envolvidos na concepção das estratégias para este domínio. Em resultado, tem-se um efeito global desequilibrado e um aparato institucional que, embora completo em termos das tipologias de actores que o compõem, demonstra falta de ligação e coerência. Por outro lado, vimos que, sobretudo depois da chegada dos Quadros Comunitários de Apoio no final dos anos 80, desenvolveu-se um vasto elenco de medidas e acções que foram sendo implementadas nas últimas décadas, mas onde as justificações dominantes têm por base o modelo neoclássico e onde faltam, portanto, acções orientadas para diferentes tipos de empresas, para indução de novos comportamentos e para a construção de interacções, efeitos sistémicos e inteligência estratégica.

Como se verá neste capítulo, o resultado de tudo isso é uma performance menos conseguida quando comparada com a

242 | Uma nova política de inovação em Portugal

de outros países. Neste capítulo apresenta-se uma análise baseada em estudos e avaliações disponíveis[1], dos efeitos e resultados das políticas no domínio ciência, tecnologia e inovação, e das actividades das empresas neste domínio nas últimas décadas. Pretende-se mostrar as realizações globais mais salientes e relevantes, produto das políticas seguidas e da evolução do aparato institucional de apoios, bem como das estratégias seguidas pelos actores privados.

7.2 Um aumento substancial mas insuficiente nas actividades de I&D

O nível de actividades de I&D num País, diz pouco acerca da respectiva capacidade de inovação, já que a inovação pressupõe ainda a comercialização nos mercados internacionais, de produtos/serviços novos ou melhorados. Contudo, os indicadores de I&D, servem como medida do esforço que cada país faz para construir e actualizar o seu stock de conhecimentos avançados que alimenta os processos de inovação.

Na Figura 7.2.1, compara-se a evolução de vários países europeus no que respeita a Pessoal total em I&D em percentagem da população activa e Despesas com I&D em percentagem do PIB, no período que vai desde o final dos anos 80 até 2003. Como se viu no capítulo 5, o início deste período corresponde a uma nova fase das políticas de ciência, tecnologia e inovação em Portugal, caracterizada pela disponibilidade de novos instrumentos financiados pelos fundos comunitários e,

---

[1] Neste capítulo utilizam-se dados mais actualizados e textos desenvolvidos pelo autor no âmbito de alguns trabalhos prévios, nomeadamente: para o estudo da "Competitividade Territorial e Coesão Económica e Social" coordenado por Augusto Mateus e Associados Lda para o Observatório do QCA – Ministério das Finanças.

7. Evolução das capacidades tecnológicas... | 243

Figura 7.2.1 – Recursos Humanos em I&D em % da População Activa, Despesa Total com I&D em % do PIB

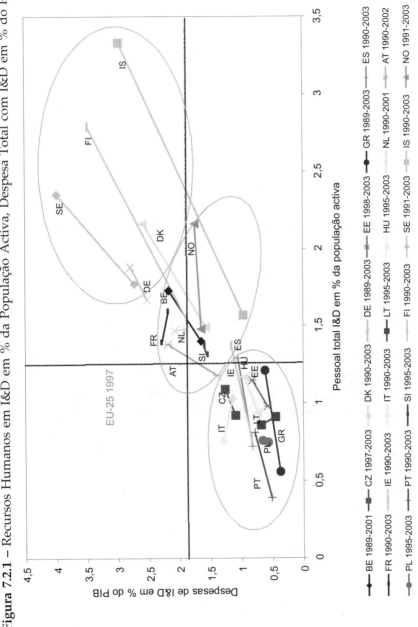

244 | Uma nova política de inovação em Portugal

portanto, até certo ponto, seria a partir do final dos anos 80, que se esperaria uma forte evolução de Portugal no nível de recursos utilizados com actividades de I&D. Note-se que incluímos alguns dos novos países de leste, que parecem estar ao mesmo nível que Portugal, mas para estes países os dados disponíveis dizem respeito ao período do final dos ano 90 e inicio dos anos 2000.

Uma primeira conclusão que decorre da Figura 7.2.1 é que, no período considerado, a maioria dos países da Europa conheceram um crescimento moderado nos seus recursos humanos e financeiros utilizados em actividades de I&D.

Uma segunda conclusão é que países importantes como a Alemanha, França, Itália e Holanda regrediram no nível de recursos utilizados com I&D. Na Alemanha esta diminuição resulta da integração da ex-Alemanha de leste em 1991, já que os níveis de despesa com I&D e recursos humanos tem vindo a subir desde meados dos anos 90 até ao presente. Na França e na Holanda, a regressão dá-se essencialmente no nível de despesas com I&D, sendo que os recursos humanos se mantém mais ou menos constantes no período considerado.

Em terceiro lugar, se compararmos com a média EU-25 em 1997, *i.e.* sensivelmente a meio do período 1990-2003 (e assinalada na Figura 7.2.1 pelos traços horizontal e vertical), podemos classificar os países em três grupos mais ou menos distintos (assinalados pelos círculos na Figura 7.2.1). Um primeiro grupo com Portugal, Grécia, Espanha, Irlanda e Itália, todos abaixo da média, e onde podemos incluir também países como a Polónia, Lituânia, Estónia, Republica Checa e Hungria. Neste primeiro grupo só a Espanha e a Irlanda se destacam com fortes taxas de crescimento no período considerado, conseguindo mesmo aproximar-se do segundo grupo (segundo círculo). A Itália também se destaca mas pela negativa já que apresenta uma diminuição de recursos empregues com I&D. No segundo grupo temos países que estão, ou estavam, abaixo da média em despesas com I&D mas acima da média em recursos humanos. Neste grupo, a que poderíamos chamar países em transição para níveis de recursos empregues com I&D acima da média, incluem-se a França, a Bélgica, a Holanda a Áustria, a Eslovénia e a Noruega. Deste grupo é de destacar a Islândia, a Finlândia e a Dinamarca, pois se no final dos anos 90 estes países estavam "em transição", no final do período estão já claramente no primeiro grupo de países muito acima da média. O mesmo tipo de evolução, embora com menor expressão parece estar a ser conseguido pela, Bélgica, Áustria e Noruega, com evolução muito positiva ao longo dos anos 90 mas insuficiente para apanhar o primeiro grupo. A França regride mas mantém-se neste grupo. Note-se que a Alemanha entra neste segundo grupo pela negativa, pois cai do primeiro grupo onde estava em 1989 para este segundo grupo em 2003. Finalmente, podemos identificar um terceiro grupo de países com níveis muito elevados de recursos humanos e financeiros empregues em I&D e dos quais se destacam a Suécia, a Finlândia, a Islândia e a Dinamarca.

Finalmente, importa notar que, apesar de ter feito um importante esforço de crescimento, Portugal não melhora significativamente a sua posição relativamente aos restantes países, mantendo-se no primeiro grupo. Acresce que, a partir do final dos anos 90, Portugal passa a partilhar esse primeiro grupo com os novos países de leste que, como é o caso da Estónia e da Hungria, por exemplo, parecem estar a apostar mais fortemente em actividades de I&D. Como se referiu no capítulo 5, o esforço nacional realizado é desde logo o resultado da forte aposta na formação de recursos humanos em I&D, através das bolsas de estudo atribuídas pelos programas, CIENCIA, PRAXIS XXI e mais recentemente pelo POCTI/POCI. Com efeito, o progresso da posição de Portugal no eixo horizontal, ao longo da década de 90, traduz-se num aumento de recursos humanos em I&D (medidos em Equivalentes de Tempo Integral) em cerca de 73%.

Num exercício para projecção de qual poderia ser a posição de Portugal, em recursos humanos e financeiros utilizados

246 | Uma nova política de inovação em Portugal

nas actividades de I&D em 2010, caso se continue a crescer a taxas semelhantes às dos últimos anos, elaboramos a regressão que apresentamos na Figura 7.2.2. Note-se que a relação no tempo entre as variáveis consideradas pode não ser linear, uma vez existe tendência para que, na fase em que Portugal está, os recursos humanos cresçam mais depressa do que cresce a correspondente despesa com I&D. Na nossa estimativa para 2010, Portugal poderá ter cerca de 30.000 pessoas (Pessoal total em I&D ETI). Ora, ao alcançarmos esse valor teremos certamente ultrapassado a meta dos 1% do PIB nacional em despesas de I&D, mas relativamente aos outros países – ver figura 7.2.1 – estaremos ainda dentro do primeiro grupo. A passagem para o segundo grupo só se dará quando atingirmos cerca de 45.000 pessoas em I&D (Pessoal total em I&D, ETI) (que corresponderia a uma despesa de cerca de 1,8% do PIB em I&D), o que é cerca do dobro do valor de 22645 já atingido em 2001. Ou seja, o arranque de Portugal rumo ao grupo de países no segundo grupo, que chamamos países "em transição", implica duplicar até 2010 o pessoal total em I&D.

Para que não se compare a evolução das actividades de I&D apenas em termos de recursos humanos e financeiros iremos de seguida utilizar como indicador de output de actividades de I&D, a evolução da produção científica (número de publicações científicas por milhão de habitantes) em Portugal, relativamente a outros países europeus. A Figura 7.2.3 sugere que, partindo de uma base muito baixa, Portugal fez um notável progresso durante a década de 90, mas mantém a sua posição relativa. O crescimento médio no número de publicações científicas em Portugal (para o período 1995 – 2002) é de cerca de 40%, o que constitui a taxa de crescimento mais alta da Europa para esse período. Note-se que, tal como na Figura 7.2.1, no final dos anos 90 países de leste como a Estónia, a Hungria ou a Republica Checa têm uma produção cientifica superior à nossa.

Figura 7.2.2 – Estimativa da posição de Portugal no que respeita a Recursos Humanos em I&D (Pessoal total em ETI) e Despesa Total com I&D (x1000 Euros) no ano de 2010

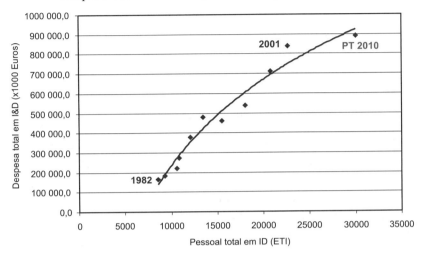

Figura 7.2.3 – Número de publicações científicas por Milhão de habitantes

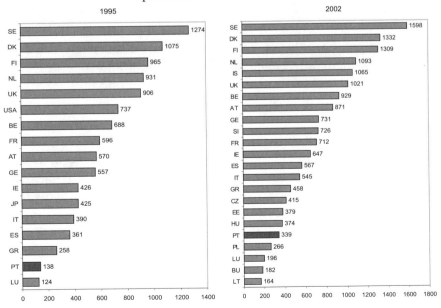

7.3 A manutenção de uma estrutura de I&D com reduzida participação das empresas

O insuficiente aumento dos recursos empregues com I&D não chega, contudo, para explicar a desvantagem relativa que Portugal mantém no domínio da inovação, ciência e tecnologia, relativamente a outros países Europeus. Há também que ter em conta a ineficácia na distribuição e utilização desses mesmos recursos pelos diferentes sectores. Os Quadros 7.3.1 e 7.3.2, que abrangem o período entre o início dos anos 80 e o final dos 90, período esse que cobre no essencial as transformações políticas e institucionais no domínio da ciência tecnologia e inovação em Portugal, que vimos nos capítulo 5 e 6, permitem tirar as seguintes conclusões.

Uma primeira conclusão é que, no contexto de um forte aumento do total das despesas em valor em absoluto, e ao contrário do que seria de esperar, a estrutura de financiamento e execução das actividades de I&D mantém-se praticamente inalterada. Com efeito, quer no início dos anos 80 quer no final dos anos 90 a relação entre as origens de fundos do Estado e das Empresas em Portugal era de cerca de 60/30, enquanto em outros Países a relação é mais ou menos a inversa 20/70 (ver por exemplo CE 2003, p.23). Isto é, nos outros países as empresas assumem um papel muito mais importante nas despesas I&D, os laboratórios do estado e as universidades não são financiados pelo governo a taxas tão altas. O Estado dá mais financiamentos às empresas do que dá às universidades ou aos seus próprios laboratórios.

Em segundo lugar, note-se que a manutenção desta estrutura de financiamento e execução no sistema de I&D nacional coincide com um período de alterações institucionais e de fortes financiamentos de dois quadros comunitários de apoio (o primeiro entre 1988-1992 e o segundo entre 1994-1999). Ou seja, como se viu no capítulo anterior, a política de reforço das infraestruturas tecnológicas e dos recursos humanos em I&D, seguida de uma orientação para a sustentabilidade através do

Eurostat. New Cronos

7. Evolução das capacidades tecnológicas... | 249

Quadro 7.3.1 – Estrutura de Execução e Financiamento da Despesa total em I&D em Portugal por sector (1982)

Financiamento	Execução				
	Empresas	Estado	Ensino Superior	IPSFL	Total financiamento
Empresas	93	0	0	19	30
Estado	2	97	94	0	62
Ensino Superior	0	0	2	0	0
IPSFL	0	0	3	81	4
Estrangeiro	6	3	2	0	3
Total Execução	31	44	21	5	100

Fonte. OCDE 1986

Quadro 7.3.2 – Estrutura de Execução e Financiamento da Despesa total em I&D em Portugal por sector (2001)

Financiamento	Execução				
	Empresas	Estado	Ensino Superior	IPSFL	Total financiamento
Empresas	94	3	1	5	32
Estado	2	92	90	75	61
Ensino Superior	0	0	0	0	0
IPSFL/Outras Fontes	0	0	3	10	2
Estrangeiro	4	4	6	10	5
Total Execução	32	21	37	11	100

Fonte. OCES, IPCTN 2003

financiamento a projectos de investigação (com os programas CIENCIA 1989-1993 e PRAXIS XXI 1994-1999, por exemplo), terá contribuído para manter o peso do Estado no sistema de I&D, de alguma forma superando os esforços que as empresas têm feito para incrementar as suas despesas com I&D, sobretudo no final dos anos 90. Note-se que em 2001, o Estado continua responsável por elevadas taxas de financiamento a si próprio e às universidades, e ao contrário do que fazia em

250 | Uma nova política de inovação em Portugal

1982, financia também fortemente os institutos semi-públicos, que em muitos casos correspondem aos vários tipos de infraestruturas tecnológicas referidos no capítulo 5. Um outro dado importante é que, apesar do forte envolvimento das universidades portuguesas em projectos de I&D financiados pelos Programa Quadro desde o final dos anos 80, os dados de 2001 sugerem que esse tipo de actividades representa nas universidades apenas 6% do total dos financiamentos que recebem.

Em terceiro lugar, e no seguimento deste forte peso do financiamento público, note-se que um outro problema é que as ligações (fluxos de financiamento) entre os sectores em Portugal continuam muito fracas. Isto sugere que as políticas e os instrumentos, que descrevemos nos capítulos 5 e 6, terão tido um efeito sistémico muito limitado e reforça a necessidade de criar instrumentos orientados para o estímulo a ligações entre os sectores, sobretudo ligações onde o Estado financie prioritariamente as empresas (e não a si próprio e às universidades), e as empresas por sua vez financiem as infraestruturas tecnológicas públicas e/ou as universidades. Sobre este último aspecto note-se que em 2001 as empresas financiavam apenas 1% das actividades de I&D executadas nas universidades.

7.4 Uma reduzida alteração da estrutura produtiva em direcção a sectores de maior intensidade tecnológica

Como vimos na secção anterior, durante os anos 90 Portugal manteve no essencial uma estrutura de financiamento e execução de I&D, inversa à da maioria dos países Europeus mais avançados. Ou seja, o crescimento da despesa com I&D executada nas empresas, que subiu desde os cerca de 51 Milhões de Euros em 1982 para cerca de 267 Milhões de Euros em 2001 (a preços constantes), não chegou para aumentar o pequeno peso que a I&D empresarial em Portugal representa, relativamente ao crescimento que os outros sectores conheceram no mesmo período e, em particular, o crescimento da I&D executada pelo Estado. O resultado é que, em termos relativos, a I&D empresarial em Portugal continua a ter uma expressão reduzida. Em 2001 existiam em Portugal cerca de 565 empresas que declaram ter actividades de I&D, o que é um número ainda baixo.

Uma explicação para os reduzidos valores da I&D empresarial em Portugal ao longo dos anos 90, passa pelo facto de no perfil económico nacional não existirem (nas mesmas proporções que existem em outros países) sectores com elevada intensidade de I&D (em % do volume vendas). Uma contabilização do peso relativo que teria o perfil nacional na diferença de intensidades de I&D, relativamente à média dos países da OCDE[2], realizada no inicio dos anos 90, concluiu que 71% da diferença de intensidade de I&D na economia nacional é devida ao perfil de especialização enviesado para sectores tradicionais menos I&D-intensivos (*efeito estrutura*) e 29% devido *de facto* ao menor esforço posto na I&D por parte das empresas Portuguesas em sectores idênticos (*efeito intensidade*).

Nas economias mais avançadas, os ganhos de competitividade são por vezes conseguidos à custa da estrutura do output económico, no sentido em que actividades com maior intensidade tecnológica (em particular os serviços de maior intensidade tecnológica e os serviços conhecimento intensivos), passam a ter um maior peso relativo. Dados relativos ao peso de sectores de média e elevada tecnologia no PIB da economia portuguesa – Quadro 7.4.1, mostram que o Valor Acrescentado nos sectores de média e elevada intensidade tecnológica tem vindo a aumentar lentamente. Contudo, no final dos anos 90, o peso no PIB Português destes sectores era ainda cerca de metade, relativamente à média desses mesmos pesos nos países da União Europeia, e pouco mais que 1/3 relativamente a Países como a Alemanha.

---

[2] Efectuada pelos serviços de estatística da antiga JNICT/SEFOR.

252 | Uma nova política de inovação em Portugal

Quadro 7.4.1 – Valor Adicionado em Sectores de Média
e Elevada Tecnologia (em % do PIB)

	1995	1996	1997	1998	1999	2000
EU15	8,1	7,92	7,98	7,92	7,77	nd
BE	7,84	7,84	7,83	7,71	7,11	nd
DK	6,98	6,75	7,04	6,35	nd	nd
DE	10,85	10,72	10,9	11,04	10,87	nd
GR	2,04	2,07	1,81	1,89	1,71	1,74
ES	nd	nd	nd	nd	5,57	5,56
FR	6,78	6,57	6,74	6,76	6,81	6,97
LU	2,67	2,59	2,5	2,48	2,31	2,07
NL	6,06	5,67	5,71	5,47	5,16	5,28
AT	6,36	6,33	6,5	6,89	7,11	7,26
PT	3,51	4,34	4,4	4,15	4	nd
FI	6,98	7,49	8,02	8,53	8,96	9,99
UK	8	7,75	7,64	7,27	7,03	6,68
NO	3,25	3,04	3,04	3,08	3,03	nd
CH	nd	nd	9,05	9,54	9,41	nd

Fonte: Eurostat, New Cronos

Ou seja, tanto quanto os dados permitem observar, não parece que nos anos 90 tenha havido uma alteração significativa da estrutura económica, no sentido em que sectores com maior intensidade de tecnologia estejam a ganhar relevância na estrutura produtiva. Por outras palavras, o baixo nível de despesas de I&D no sector empresarial pode ainda, em parte, ser atribuído à composição da estrutura de sectores económicos, onde faltam sectores de maior intensidade tecnológica.

7.5 Inovação

Nesta secção apresenta-se a evolução das empresas no domínio da inovação, definida como introdução no mercado de produtos ou serviços novos ou melhorados. Esta evolução não pode ser dissociada do insuficiente aumento da I&D nas empresas, ou da composição sectorial do produto económico, como vimos atrás. Contudo, uma vez que a inovação não é um processo linear, não se pode afirmar que *mesmo que tivesse havido aumentos mais substanciais nas actividades de I&D nas empresas, isso se teria traduzido automaticamente em mais inovação*. Por outro lado, níveis insuficientes de I&D não podem ser a única e principal justificação para a performance em inovação já que, sobretudo no contexto de economias menos desenvolvidas, onde o tecido produtivo é composto essencialmente por PMEs, se tem um predomínio de capacidades nos níveis 5-8 que introduzimos no capítulo 2, e que não envolvem I&D mas sim actividades como o design industrial, a especificação de produtos, gestão de operações e logística, gestão da qualidade, engenharia reversível, etc. (Laranja 2005).

Utilizando os dados disponíveis dos Inquéritos Europeus à Inovação, CISII 1996 e CISIII 2000, começamos por analisar indicadores de "input" para o processo de inovação nomeadamente "despesas das empresas com inovação" e "fontes de informação para a inovação". Seguidamente tentamos comparar a performance da economia nacional com a de outros países europeus em termos de taxas de inovação *i.e.* inovações de produto e processo efectivamente introduzidas no mercado e nas empresas. Como se sabe, os resultados desses inquéritos devem ser interpretados com algum cuidado pois existem problemas conceptuais e práticos em classificar os vários graus de inovação, e em interpretar o juízo subjectivo das empresas relativamente a esses diferentes graus e respectivas despesas associadas. Por exemplo, pode acontecer que num determinado país as empresas tenham tendência para sobreavaliar o seu empenho com a inovação, fazendo, portanto, com que os resultados desse país pareçam melhores do que são na realidade.

Ainda assim, a vantagem destes inquéritos (relativamente às tradicionais estatísticas de I&D no quadro do Manual de Oslo, que vimos nas secções anteriores) é que, salvaguardadas as dificuldades de comparação entre países e sectores, eles incluem despesas com a inovação num sentido amplo[3]. Note-se que devido a dificuldades de comparação do CISII com o CISIII – ver Caixa 7.5.1 – utilizamos os resultados desses inquéritos para comparar os diferentes países em dois instantes de tempo, evitando quaisquer comparações longitudinais que digam respeito à evolução do mesmo país ao longo do tempo.

Relativamente à composição das despesas com inovação, os dados recolhidos através dos inquéritos Europeus à inovação CIS II e CIS III, realizados entre 1996-1998 e entre 2000-2002 respectivamente, mostram que as despesas com inovação das empresas portuguesas, parecem estar essencialmente centradas na aquisição de tecnologia incorporada (compra de máquinas equipamentos – activos tangíveis).

Com efeito, os Quadros 7.5.2 e 7.5.3 sugerem que:

- as empresas portuguesas são as que têm uma percentagem de despesas mais elevadas com tecnologia incorporada ("tangíveis");
- na segunda metade dos anos 90 as empresas portuguesas parecem estar a diminuir o seu volume de despesas com tecnologia incorporada. De 68% no CISII para 42% no CISIII;
- as despesas com "outros intangíveis", parecem manter, nesse mesmo período, a sua grande importância;

---

[3] De acordo com as definições dos Manuais de Oslo, os inquéritos à inovação incluem as chamadas actividades "associadas à I&D", por vezes classificadas como "outras actividades de Ciência e Tecnologia" (OACT), incluindo: concepção e desenvolvimento de produto, actividades de geração de conceitos, engenharia de operações e produção, actividades de design industrial, actividades de controlo, monitorização e implementação de sistemas de garantia da conformidade e qualidade, actividades de planeamento de marketing e teste de conceitos e produtos antes do seu lançamento na produção e no mercado, etc. No nosso entendimento, estas OACTs são tão ou mais relevantes para a inovação que a I&D em sentido estrito, daí a utilidade e importância dos inquéritos CIS, apesar das dificuldades de comparação entre países.

Caixa 7.5.1 – Dificuldades de comparação CIS II com CIS III

A comparabilidade de respostas entre os inquéritos CISII e CISIII é algo limitada. Isto deve-se a um conjunto de alterações no que respeita, não só às populações alvo mas também a questões metodológicas relacionadas com as técnicas de inquirição e com a definição de indicadores utilizadas nos dois inquéritos.

No CISIII a definição de inovação foi alterada. Enquanto no CISII se utilizou a expressão "inovação tecnológica" no CISIII utilizou-se apenas "inovação", se bem que a base tecnológica da inovação tenha permanecido no texto que define inovação no questionário. É provável que o efeito desta alteração por si só, seja o de aumentar o número de empresas que respondem de forma afirmativa às questões relacionadas com a existência de actividades de inovação. Esta alteração é particularmente relevante quando se considera o número de empresas que declara a prática de actividades inovadoras no sector dos serviços.

Uma outra importante alteração é que, ao contrário do que sucedeu no CISII, o CISIII utilizou o mesmo questionário para empresas industriais e empresas de serviços. A utilização do mesmo questionário melhorou consideravelmente a comparabilidade das respostas entre estes dois tipos de empresas.

Também a dimensão dos dois questionários foi substancialmente diferente. O CISIII tinha cerca de 50% mais perguntas para as empresas que declaram a prática de actividade inovadoras, e cerca de três vezes mais perguntas para empresas que declaram não praticar actividades inovadoras.

O âmbito das actividades económicas cobertas pelo CISIII é também mais vasto relativamente ao do CISII. Nomeadamente incluíram-se no CISIII a indústria extractiva (NACE secção C) bem como os sectores de transportes, armazenamento e comunicação (NACE 63 e 64), o sector de investigação de desenvolvimento (NACE 73) e o de análise técnicas e testes (NACE 74.3).

No que respeita à cobertura por escalões de dimensão, no inquérito CISIII incluíram-se todas as empresa com 10 ou mais empregados, enquanto do CISII só se incluíam empresas com 20 ou mais empregados na indústria e 10 ou mais empregados nos serviços. Isto significa que os resultados ventilados por escalões de dimensão só podem ser comparáveis nos dois inquéritos para empresas médias e grandes em alguns sectores da indústria enquanto que para os serviços os resultados são comparáveis em qualquer escalão de dimensão

Fonte: CISII e CIS III

256 | Uma nova política de inovação em Portugal

Quadro 7.5.2 -**Composição das despesas com Inovação,**

CISII -1996	Tangíveis	Intangíveis		
Países		I&D intramuros	I&D extramuros	Outras intangíveis
Bélgica	35	42	6	17
Dinamarca	44	35	5	16
Alemanha	13	63	11	13
Espanha	32	37	8	23
França	12	65	10	13
Irlanda	44	33	5	18
Italia	45	27	7	21
Holanda	33	46	6	15
Austria	33	47	5	15
Portugal	**68**	**7**	**4**	**21**
Finlândia	27	43	10	20
Suécia	17	50	9	24
Reino Unido	41	31	2	26
EU-15	22	53	9	16

Fonte: Eurostat, (theme9/innovat/inn_cis2).CISII Inquérito à Inovação
todos os países 1994-1996, Portugal, 1995-97

Notas: Despesas tangíveis inclui: despesas com aquisição de máquinas e equipamentos. Outras despesas intangíveis inclui despesas com: aquisição de tecnologia no exterior, design industrial, preparação da introdução no mercado de novos serviços ou novos métodos, marketing e formação directamente relacionada com inovação tecnológica e introdução no mercado.

- as actividades de I&D parecem ter vindo a aumentar na segunda metade dos anos 90, sobretudo os gastos com projectos de I&D contratados ao exterior. Ficando mais ou menos constante as despesas com "outros intangíveis", este aumento parece ser conseguido à custa da diminuição das despesas com tecnologia incorporada.

Note-se que, para o período em causa, as diferenças entre o CISII e o CISIII em Portugal denotam uma mudança demasiado rápida para que possa ser tomada como a realidade. Com efeito há uma descida acentuada do peso das despesas com tangíveis e uma correspondente subida do peso das despesas com I&D. No seguimento das notas que fizemos na Caixa 7.5.1, é provável que haja, para Portugal, diferenças substanciais na composição das amostras usadas no CISII e CISIII, sendo que na amostra usada para o CISIII os executores de I&D poderão ter um maior peso.

Não obstante, mesmo sabendo que as diferenças na composição dos respondentes nos dois inquéritos poderão estar a dificultar a correcta interpretação destes resultados, podemos concluir com razoável segurança que, despesas como aquisição de tecnologia no exterior, design industrial, preparação da introdução no mercado de novos serviços ou novos métodos,

Tabela 7.5.3 – **Composição das despesas com Inovação,**
% do total das despesas com Inovação – CIS III 2000

CISIII - 2000	Tangíveis	Intangíveis		
Países		I&D intramuros	I&D extramuros	Outras intangíveis
Bélgica	29	36	10	25
Dinamarca	5	45	6	43
Alemanha	28	47	4	21
Espanha	36	35	9	21
França	1	62	26	11
Italia	47	27	6	19
Holanda	21	49	12	17
Portugal	**42**	**11**	**19**	**28**
Finlândia	16	59	11	14
Islândia	31	55	3	10
Noruega	14	54	18	13
Luxemburgo	28	44	6	22

Fonte: Eurostat, (theme9/innovat/inn_cis3).**CISIII** Inquérito à Inovação todos os países 1999-2000

Notas: Despesas tangíveis inclui: despesas com aquisição de máquinas e equipamentos. Outras despesas intangíveis inclui despesas com: aquisição de tecnologia no exterior, design industrial, preparação da introdução no mercado de novos serviços ou novos métodos, marketing e formação directamente relacionada com inovação tecnológica e introdução no mercado.

258 | Uma nova política de inovação em Portugal

marketing e formação directamente relacionada com inovação tecnológica, etc., podem pesar até cerca de 60% (despesas tangíveis e outras intangíveis) no total das despesas com o processo de inovação nas empresas portuguesas, enquanto que a I&D (intramuros e extramuros) pesa os restantes 40%.

Ou seja, estes resultados poderão ser interpretados como um sinal de que, *de facto*, a inovação que as empresas portuguesas declaram fazer, está essencialmente relacionada com aquisição de tecnologia materializada no exterior, por um lado, e com intangíveis que vão desde o design industrial, preparação da introdução no mercado de novos produtos/serviços, marketing e formação directamente relacionada com inovação tecnológica e introdução no mercado, por outro lado. De alguma forma, este resultado corrobora a relativa grande procura que os instrumentos de apoio ao investimento em modernização têm tido, como vimos no capítulo 6, relativamente à menor procura sentida pelos apoios dirigidos às actividades de I&D.

Por outro lado, a ventilação das despesas com inovação por sectores, utilizando apenas os dados do CISIII – 2000 para Portugal – ver Quadro 7.5.4 – não esclarece totalmente se este padrão de despesas poderá estar associado ao perfil sectorial da economia portuguesa. Note-se que em todos os sectores, as percentagens de empresas que declaram despesas com aquisição de maquinaria e equipamentos são relativamente elevadas. As percentagens de empresas com despesas de I&D intra e extra-muros são baixas em todos os sectores, excepto no sector da "Informática, I&D, Engenharia, Consultoria, Ensaios e testes técnicos". As percentagens de empresas que declaram "outras despesas intangíveis" são relativamente baixas, mas dentro desta categoria de despesas, note-se que a percentagem de empresas que declara fazer formação directamente relacionada com a inovação tecnológica e introdução no mercado é relativamente mais elevada.

Um outro aspecto também importante, como input para o processo de inovação, são as fontes de informação para inovação que as empresas declaram utilizar. Como se pode ver no

Quadro 7.5.4 – Empresas com actividade inovadora: percentagem de empresas do sector com as especificadas despesas com inovação – CIS III 2000

	Total	Indústria	Industria Extractiva	Industria Transforma dora	Produção Distrib. Electricidad e, Gás e Água	Serviços	Comércio por grosso	Transportes e Comunicações	Actividades Financeiros	Informática I&D Engenharia Consultoria Ensaios e testes técnicos
I&D intramuros	38	38	16	39	43	36	34	14	51	74
I&D extramuros	26	18	2	18	36	42	51	20	46	22
Aquisição de maquinaria e equipamentos	74	73	99	73	84	76	77	87	58	71
Aquisição de outros conhecimentos externos	27	15	16	15	33	50	63	21	27	44
Formação	37	31	16	31	33	51	55	23	60	66
Indrodução de inovações no mercado (marketing)	20	16	2	17	20	27	26	12	47	40
Design, projecto industrial e outros tipos de preparação para a produção ou distribuição de inovações	12	14	2	14	0	8	8	5	6	18

Fonte: Eurostat, NewCronos (theme9/innovat/inn_cis3).

Gráfico 7.5.5 – Comparação das fontes de informação para inovação em Portugal com a média Europeia (% das empresas, CIS II – 1996 e CIS III – 2000)

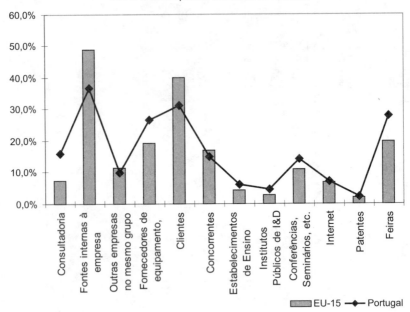

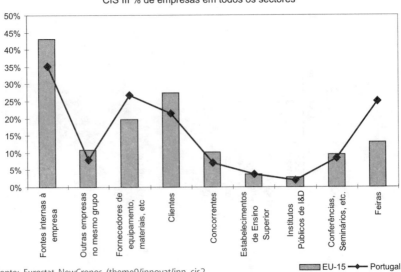

Fonte: Eurostat NewCronos (theme9/innovat/inn_cis2 e inn_cis3). CIS II e CIS III

Gráfico 7.5.6 – Comparação das Barreiras à inovação em Portugal com a média Europeia (% das empresas, CIS II – 1996 e CIS III – 2000)

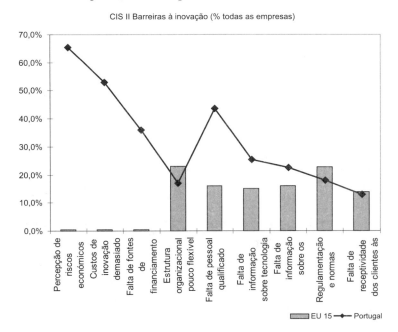

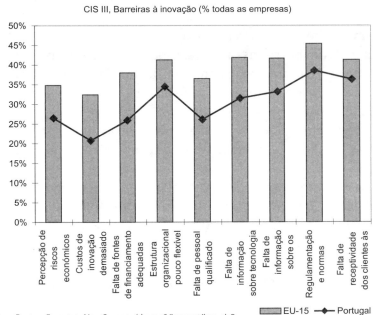

Fonte: Fonte: Eurostat NewCronos (theme9/innovat/inn_cis2 e inn_cis3). CIS II e CIS III

Gráfico 7.5.5, o perfil de utilização de fontes de informação para a inovação das empresas em Portugal apresenta algumas diferenças relativamente ao perfil da média EU-15. Assim, parece ser evidente que as fontes de informação internas contam menos para a inovação nas empresas Portuguesas do que contam para as empresas Europeias. Contudo, o recurso a fontes de informação externas como feiras, fornecedores e clientes, parece ser maior nas empresas portuguesas do que nas suas congéneres Europeias. Note-se que quer em Portugal quer nos outros países da EU-15, é relativamente reduzida a percentagem de empresas que declara a utilização de fontes institucionais como as universidades ou infraestruturas públicas de I&D como fontes de inovação

Um outro importante aspecto abordado nos inquéritos à inovação é o dos factores que as empresas consideram como sendo impeditivos da realização de inovação. O Gráfico 7.5.6 mostra que no CISII em 1997, Portugal apresentava um perfil bastante diferente do da média EU-15 no que respeita à proporção de empresas que declara as especificadas barreiras à inovação como sendo importantes. Essa diferença, traduz-se essencialmente numa maior importância que as empresas portuguesas parecem atribuir às barreiras externas à inovação. No CISIII, esse perfil de barreiras à inovação em Portugal parece ter mudado e é já muito semelhante ao da média EU-15. Tal como atrás referimos, esta mudança poderá estar essencialmente associada a diferenças de amostragem nos CISII e CISIII em Portugal e não tanto a uma real alteração das percepções das empresas, no que respeita às suas dificuldades no processo de inovação.

Uma interpretação possível, quando combinamos as respostas obtidas relativamente às "fontes de informação" e às "barreiras à inovação" em Portugal, é que a aparente maior importância dos factores externos (fontes e barreiras) à empresa sugere um défice de capacidade de leitura da envolvente. Ou seja, sem capacidade de posicionamento estratégico a maior parte das empresas não consegue desenhar estratégias de inovação orientadas a oportunidades e operacionalizar projectos concretos de melhoria e desenvolvimento.

A posição de Portugal relativamente à prática da inovação nas empresas, deve contudo ser vista não só pelo lado dos indicadores de input (despesas com inovação, fontes de informação para inovação, barreiras à inovação), mas também pelo lado dos indicadores de resultados (taxas de inovação). Começamos então pela comparação internacional das taxas de inovação em diferentes sectores (% de empresas que declara ter introduzido inovações), ver Quadros 7.5.7 e 7.5.8.

Facilmente se conclui que em Portugal, as taxas de inovação sector a sector são sempre inferiores às taxas médias na Europa e bastante inferiores relativamente a alguns países, como por exemplo a Suécia, Dinamarca e Alemanha. Os baixos níveis em valor absoluto das despesas com inovação e, em especial, a excessiva focalização nos factores tangíveis (como vimos atrás) explicam, pelo menos em parte, esta baixa performance. Note-se no Quadro 7.5.7 que, em sectores importantes para a exportação como "Texteis, Vestuário e Couro", a taxa de inovação é particularmente baixa, o que poderá ficar a dever-se ao fraco domínio, por parte das empresas destes sectores, das fases da cadeia de valor que têm a ver com design, concepção e especificação de produtos, bem como a sua ligação ao processo produtivo.

7.6 Conclusões

O esforço de I&D em Portugal têm crescido muito relativamente a anos anteriores, mas pouco ou de forma insuficiente relativamente aos valores praticados em outros países. O mesmo se aplica no domínio das publicações científicas e das patentes. O aumento substancial das actividades de I&D foi acompanhado por uma quase nula evolução da estrutura financiamento/

264 | Uma nova política de inovação em Portugal

Quadro 7.5.7 – Taxas de inovação por sector económico em vários países (CIS2 1994-1996, Portugal 1995-1997).

	BE	DE	DK	ES	FR	IT	IE	LU	NL	AT	PT	FI	SE	UK	EU	NO
Total	14	24	27	11	20	26	27	21	28	24	**7**	18	25	19	21	14
Por código NACE																
Alimentares, Bebidas, Tabaco	15	17	15	8	13	28	29	15	24	24	**6**	15	13	21	17	11
Têxteis, Vestuário Couro	10	33	34	5	14	14	11	-	26	17	**3**	20	18	15	13	18
Madeira, Pasta Papel, Impressão	6	8	21	6	10	17	18	15	14	12	**8**	9	12	6	10	5
Química, Petrolíferos, Coque	22	28	45	29	33	40	23	42	43	32	**5**	43	34	48	35	25
Borracha e não-metálicos	19	23	22	9	26	27	25	30	31	22	**12**	23	36	18	22	16
Metalúrgia base Produtos Metálicos	12	15	26	8	14	26	28	8	21	19	**8**	11	22	15	17	10
Máquinas e Equipamentos	21	39	16	20	36	42	34	39	47	33	**20**	23	37	17	33	24
Eq. Eléctrico e de Optica	27	37	53	27	33	37	48	41	35	42	**26**	23	39	37	36	32
Material de transporte	12	30	18	20	28	29	21	-	36	37	**3**	21	19	19	24	15
Outras ind. transf. e reciclagem	7	18	43	9	18	32	14	-	24	32	**4**	5	25	13	20	15
Por nível tecnológico Indústria																
Baixa	31	67	50	35	42	52	70	-	55	67	**26**	35	51	60	52	49
Média	27	73	63	44	53	53	73	-	70	64	**32**	40	56	64	58	60
Alta	45	79	89	44	62	57	83	-	79	76	**26**	59	68	72	61	65
Por nível tecnológico - Serviços																
Baixa	30	69	30	-	24	-	47	-	25	100	**34**	42	39	68	53	66
Média	14	54	73	-	24	-	45	-	31	56	**45**	53	42	63	46	46
Alta	19	53	14	-	36	-	54	-	27	28	**36**	36	22	72	44	54

Fonte Eurostat, New Cronos (theme9/innovat/inn_cis2) CISII Inquérito à Inovação, todos os países 1994-1996, Portugal. 1995-97

7. Evolução das capacidades tecnológicas... | 265

Quadro 7.5.8 – Taxas de inovação por sector económico em vários países, Inovadores com Sucesso (CISIII 1998-2000).

	BE	DE	DK	ES	FR	IT	IE	LU	NL	AT	PT	FI	SE	UK	EU	NO	EL
Total	50	50	42	32	36	35	45	45	42	43	**44**	40	40	29	41	35	27
Industria	59	60	49	37	40	38	:	47	51	44	**42**	53	40	32	44	35	26
Industria Extractiva	26	33	38	25	20	35	:	:	38	43	**37**	50	9	19	30	35	8
Industrial Transformadora	59	60	50	37	41	38	49	47	51	44	**42**	44	40	32	44	3	26
Prod. Distr. Electricidade, Gás e Água	48	45	25	30	22	20	:	35	52	34	**70**	25	30	25	32	29	11
Serviços	42	49	34	23	29	24	39	44	36	42	**49**	37	40	26	36	30	32
Comércio por grosso	46	47	35	19	19	20	:	41	37	33	**46**	41	46	22	32	28	29
Transportes e Comunicações	25	32	22	18	40	15	:	34	21	20	**43**	24	18	18	25	13	22
Actividades Financeiras	38	71	39	46	50	40	:	47	44	73	**70**	:	44	31	54	43	21
Informática;I&D: Engenharia e Consultoria: Ensaios e testes técnicos	71	64	51	48	43	46	:	61	52	90	**66**	51	52	42	57	49	60
Por Dimensão de Empresa																	
Pequena	45	47	37	29	27	32	:	39	37	35	**38**	36	36	25	36	30	26
Média	64	67	53	43	46	53	:	52	55	61	**64**	49	49	40	56	40	31
Grande	76	80	65	67	72	68	:	91	73	85	**73**	66	63	52	74	59	44

Fonte Eurostat. New Cronos (theme9/innovat/inn_cis3) CIS III Inquérito à Inovação. 1998-2000

266 | Uma nova política de inovação em Portugal

/execução de actividades de I&D ao longo dos últimos 20 anos. Ou seja, apesar do aumento em quantidade e diversidade, temos na mesma um sistema desequilibrado. A estrutura de execução e financiamento de I&D continua a evidenciar problemas crónicos diagnosticados há 20 anos pela equipa OCDE em 1986[4] nomeadamente, o domínio do financiamento por parte do Estado e o domínio da execução por parte das Universidades, sem que seja claro como é que os conhecimentos gerados por estes actores do sector público, podem efectivamente ser transferidos e traduzidos em benefícios para o tecido económico e social.

Por outro lado, todos os esforços de criação de infraestruturas e medidas de apoio tecnológico e inovação, não parecem conseguir induzir a transição das empresas para níveis significativamente mais altos de capacidade tecnológica. Apesar das dificuldades de interpretação associadas aos inquéritos Europeus à Inovação CISII e CISIII, as diferenças em termos de composição das despesas com inovação das empresas Portuguesas, relativamente às suas congéneres Europeias são notórias, principalmente no que respeita à maior importância atribuída a factores tangíveis, mas também, e talvez em consequência disso mesmo, relativamente às taxas de inovação em geral e sector a sector. Também como vimos, não há ao longo do período considerado uma significativa transformação da estrutura do produto económico, no sentido em que sectores de maior valor acrescentado (seja ou não este valor conseguido por via da inovação e adopção de tecnologias), estejam a assumir um maior peso, ajudando, portanto, assim, a melhorar a performance global nacional em inovação.

---

[4] Ver as análises da OCDE à Política de Ciência e Tecnologia dos Países membros, para Portugal. OCDE 1986, 1993, Reviews of National Science and Tecnology Policy: Portugal

Ou seja, em geral, o esforço realizado no domínio da I&D, não trará maiores benefícios económicos e sociais (inovação e adopção), não tanto por causa do volume de recursos usados ser ainda relativamente pequeno quando comparado com o de outros países, mas sobretudo por causa da ausência de mudanças estruturais, quer no sistema de interacções entre os actores públicos e privados, quer no peso que sectores de maior valor acrescentado tardam a ter no total do produto económico.

8.

A política de apoio à ciência, tecnologia e inovação em Portugal: Os instrumentos e o enquadramento institucional

8.1 Introdução

Neste último capítulo começamos por resumir os principais problemas encontrados na política de ciência, tecnologia e inovação, em Portugal. De seguida, retomamos o quadro de análise, anunciado e explicado em capítulos anteriores, nomeadamente: no que respeita ao necessário equilíbrio entre a perspectiva neoclássica e a evolucionista; o equilíbrio em termos do mix de segmentos alvos e consequente orientação das medidas de intervenção pública; e a questão relacionada com a necessidade de se construir uma nova visão integradora e coerente, quer do ponto de vista das *medidas segmentadas dirigidas a tipologias específicas de beneficiários*, quer do ponto de vista das *medidas dirigidas ao sistema*, levando em conta o contexto particular da sua inserção institucional e da governança política. Os três eixos fundamentais deste quadro de análise são novamente usados, mas agora para dar expressão a diferentes tipos de recomendações.

No primeiro eixo, relativo ao equilíbrio de paradigmas, note-se que para países como Portugal, onde como vimos os recursos humanos e financeiros utilizados em actividades de I&D são relativamente baixos, políticas baseadas no aumento de circulação de informação, na adicionalidade de recursos input, no quadro neoclássico fazem todo o sentido. Contudo, acreditar que esse tipo de políticas é suficiente para induzir maiores níveis de inovação é um erro. Parece ter havido um excessivo enfoque no paradigma neoclássico e nas políticas "technology-push". Ou seja, parecem estar a faltar políticas de promoção de interacções substanciadas em medidas dirigidas às falhas de aprendizagem e ao aumento das capacidades tecnológicas das empresas e aos aspectos cognitivos. No plano institucional, faltam os "tradutores" ou "operadores" de conhecimento, que façam a ligação entre as necessidades das empresas e as capacidades entretanto criadas nos institutos e centros tecnológicos de apoio, sobretudo nas universidades.

O segundo eixo de recomendações, que aponta para a necessidade de se considerar a heterogeneidade de capacidades tecnológicas nas empresas, é particularmente pertinente para a situação da ciência, tecnologia e inovação na economia portuguesa já que, como vimos, as actividades *que não envolvem I&D*, assumem uma importância vital no processo de difusão--inovação, em que se baseia o desenvolvimento tecnológico da grande maioria das empresas portuguesas. Sendo assim, as políticas de inovação não deverão ser centradas apenas na I&D ou no investimento tangível, devendo-se adoptar visões mais abrangentes, levando em linha de conta a necessidade de induzir capacidades intangíveis e melhorias incrementais nas PMEs de menores capacidades. Ou seja, a política de apoio ao necessário progresso tecnológico na economia portuguesa, deverá ser uma política que não se esgote em programas de incentivos orientados ao investimento em equipamentos, em propriedade industrial ou em incentivos à prática de I&D, mas que considere, em simultâneo com esses incentivos, outros apoios na forma de *prestação de serviços públicos* orientados para as actividades de desenvolvimento tecnológico nas PMEs.

8. A política de apoio à ciência, tecnologia e inovação em Portugal... | 271

Por último, no terceiro eixo, iremos referir que no actual contexto político e institucional, não há o tipo de visão integradora, que se argumentou no capítulo 4 ser essencial, e não existem mecanismos dirigidos à inteligência estratégica do sistema.

8.2 O que é que aprendemos com as políticas de inovação em Portugal?

Parece evidente que nas últimas décadas se criou em Portugal uma clivagem acentuada entre política científica e política de tecnologia e inovação. A política de ciência tem sido do pelouro dos Ministérios do Planeamento (anos 80), recentemente com Ministério próprio (segunda metade dos anos 90) e actualmente no domínio do Ensino Superior. Por outro lado, a Política Tecnológica e de Inovação, tem tradicionalmente sido do domínio dos Ministérios da Indústria e da Economia. Esta separação dá origem a tensões e rivalidades entre diferentes tipos de agências, que lutam entre si por um maior protagonismo orçamental, maior alcance das suas acções e medidas, e maior controlo de recursos (Caraça 1999). Por outro lado, a referida clivagem, reflecte-se na falta de articulação entre as diferentes medidas e respectivos programas operacionais financiados por fundos comunitários. Por exemplo, a não existência de pontes ou ligações entre os programas operacionais da ciência e da educação, ou entre os da economia e os da formação profissional, leva à ausência de oportunidades para integração horizontal e ajustamento da coerência entre objectivos e políticas de diferentes áreas sectoriais.

A par desta clivagem, quer nas tutelas da Ciência quer nas da Economia, subsiste em Portugal uma política de ciência, tecnologia e inovação demasiado associada ao modelo neoclássico. Embora seja verdade que, na Europa e nos EUA, as formas de apoiar a inovação (e sobretudo a terminologia associada aos mais variados mecanismos e medidas), tenham sido mais ou menos estáveis ao longo das últimas décadas, as razões que jus-

272 | Uma nova política de inovação em Portugal

tificam a intervenção pública na regulação das actividades de ciência e inovação, não são hoje exactamente as mesmas e, consequentemente, a forma de operacionalizar as medidas (que só aparentemente parecem ser sempre as mesmas), é hoje bastante diferente.

Em Portugal, existe hoje uma clara necessidade de mudança de paradigma no pensamento de política económica no que respeita aos apoios à ciência, tecnologia e inovação. Como vimos no capítulo 5, a razão de ser da política portuguesa de ciência, tecnologia e inovação tem variado. Do "cienticismo" inicial presente na JNICT dos anos 70, evoluiu-se para uma clivagem entre essa visão e uma outra assente nos "benefícios económicos", visão essa introduzida progressivamente pela tutela da Economia ao longo dos anos 80. Contudo, quer num caso quer noutro, no essencial, a ciência e a tecnologia são consideradas como "informação" sujeita às chamadas "falhas de mercado", falhas essas que justificam e determinam a forma de intervenção. O desenho das políticas e das medidas de intervenção tem sido, portanto, demasiado contaminado pelo modelo linear "technology-push", onde se dá maior atenção à ciência para cientistas, ao número e diversidade de infraestruturas tecnológicas, ou aos subsídios a investimento em factores tangíveis (apoios com conteúdo inovador), e aos incentivos ao registo da propriedade industrial, e menor atenção aos aspectos intangíveis e às necessidades concretas que decorrem dos esforços de progressão das empresas para níveis mais elevados de capacidade tecnológica.

Esta focalização na oferta tecnológica e no investimento, sobretudo no que respeita à criação e sustentação infraeastruturas públicas e semi-públicas de apoio (em grande parte suportada pelos fundos comunitários dos dois primeiros quadros), foi particularmente confortável do ponto de vista das taxas de execução dos fundos comunitários, já que é sempre mais fácil executar financiamentos a edifícios, máquinas e equipamentos para modernização, do que executar financiamentos associados

8. A política de apoio à ciência, tecnologia e inovação em Portugal... | 273

aos factores intangíveis [1]. Uma outra distorção, que se relaciona com o ponto de partida, em termos de capacidades de absorção, é a que são as universidades quem mais beneficiou da disponibilidade de fundos para a ciência e tecnologia, sendo hoje de forma clara, os principais actores do sistema de investigação em Portugal. Por outro lado, não tendo ainda efectuado reestruturações significativas nas suas missões e capacidades, os laboratórios do estado, embora tendo um papel relevante em termos de despesas de funcionamento, têm também à semelhança das universidades, uma reduzida relevância para as necessidades das empresas.

Como sugerimos no capítulo 6, na actual palete de apoios subsiste uma lógica de sustentabilidade e financiamento dos custos de funcionamento das infraestruturas, sem que seja claro como é que esses apoios se traduzem numa maior capacidade efectiva de prestação de serviços de apoio às empresas. Por outro lado, como se viu no capítulo 7, há necessidade de se atingir um novo equilíbrio entre a investigação que se faz no sector público, sobretudo nas universidades, e a que se faz nas empresas. Passados cerca de 20 anos e após três Quadros Comunitários de Apoio, o volume de actividades de I&D, aumentou (ainda que de forma insuficiente face à progressão dos restantes países europeus), mas a estrutura de execução e financiamento de I&D mantém-se praticamente inalterada. Até agora, o enfoque das políticas públicas tem sido no fortalecimento das entidades públicas que executam I&D, tendo como resultado um crescimento desequilibrado entre as capacidades públicas de I&D e a sua tradução em serviços ou projectos que vão de

---

[1] Acresce que os regulamentos dos fundos comunitários, que formam a base do financiamento da política de ciência, tecnologia e inovação em Portugal, favorecem muito mais o investimento em infraestruturas para "condições de enquadramento" da actividade empresarial ou investimento em activos tangíveis nas empresas, do que favorecem os aspectos intangíveis.

encontro ao padrão de necessidades das empresas. Ora a forte aderência aos apoios a investimento em máquinas e equipamentos, como vimos no capítulo 6, e de acordo com o modelo que vimos no capítulo 2, sugere que a maioria das empresas tem necessidades centradas no apoio técnico envolvendo pequenos serviços de assistência técnica em design, gestão da produção, gestão da qualidade, identificação e escolha de fornecedores, etc. e não necessariamente necessidades de apoio em I&D.

Nas últimas duas décadas, os estudos efectuados acerca do processo de inovação têm vindo a mostrar que a inovação tecnológica não é apenas "informação", mas sim um processo de transmissão e partilha de conhecimento e aprendizagem. Esta perspectiva, que está na base da teoria a que chamamos "estruturalista/evolucionista", contém outro tipo de razões pelas quais a ciência, a tecnologia e a inovação devem ser alvo de apoios e, consequentemente, contém outro tipo de interpretações relativamente à forma como esses apoios devem ser implementados, assim como outras formas de analisar a adicionalidade e os efeitos das políticas.

O facto é que subsiste uma fraca participação das empresas, relativamente à dimensão dos seus respectivos segmentos, quer em actividades de I&D quer em actividades de inovação. Como vimos, apesar do aumento de volume de actividades de I&D em agregado, as empresas continuam a representar uma pequena proporção do esforço total de I&D nacional (cerca de 30%) e, no essencial, um grande número de empresas não beneficia dos apoios públicos no domínio da inovação, ciência e tecnologia. Por outras palavras, as empresas continuam a auto-financiar os seus esforços de inovação, ciência e tecnologia. Há pois necessidade de estimular as empresas a investirem nos aspectos intangíveis da capacidade tecnológica e a colaborarem ou contratarem as capacidades já existentes na infraestrutura pública e nas universidades.

Um outro aspecto importante que resulta da análise efectuada em capítulos anteriores, é que não é dada atenção aos

8. A política de apoio à ciência, tecnologia e inovação em Portugal... | 275

problemas do fomento da transferência de tecnologia no quadro do modelo da aprendizagem interactiva entre múltiplos actores e, portanto, fora do quadro limitativo do modelo linear. Com excepção de algumas iniciativas em sentido contrário (e que oportunamente referimos nomeadamente, o Programa REDE – POEFDS, Projecto InPME, e outros), apostou-se em transferência de tecnologia desprovida de valor acrescentado, como por exemplo "encontros de intermediação" ou "brokerages" organizados pela AdI, gabinetes de liasion e de apoio às patentes nas universidades, esquemas de demonstração ou valorização de resultados de I&D, etc. Note-se que nas universidades, que se tornaram o mais importante pólo de excelência científica do país, há também a tentação de implementar uma política que reoriente as suas actividades na direcção da investigação aplicada, esperando assim poder facilitar a transferência de tecnologia para as empresas. Ora, a solução para contra--balançar a fraca procura das empresas por actividades ou resultados de I&D, não está certamente numa política de encorajar as universidades a fazerem mais investigação aplicada. Tem vindo a ser amplamente reconhecido que o principal papel desempenhado pelas universidades (e institutos de interface) é precisamente a sua contribuição para a formação de quadros altamente qualificados (Salter *et al* 2000). A aposta deve ser, portanto, em novos esquemas de apoio à transferência de tecnologia e à mobilidade de técnicos e cientistas.

No essencial, o que argumentamos no capítulo 3, é que é na forma de implementar os mecanismos de transferência de tecnologia que reside a diferença em termos de efeitos de adicionalidade. Os exemplos de serviços de apoio tecnológico que apresentamos podem ser encarados como indutores de novas atitudes, novos comportamentos e novas competências individuais e colectivas, mas para isso precisam de ser geridos por entidades públicas que saibam como "descodificar" e "traduzir" o conhecimento tecnológico, tornando-o mais acessível às empresas de menores capacidades tecnológicas.

276 | Uma nova política de inovação em Portugal

8.3 Equilibrar a perspectiva linear technology-push com um novo quadro de referência

Nos últimos 10 a 20 anos, um número crescente de países tem vindo a abandonar políticas de inovação demasiado focadas nas infraestruturas tecnológicas e na tentativa de "empurrar" tecnologia para cima das empresas, utilizando conceitos hoje ultrapassados como "valorização da I&D" ou "demonstração de tecnologias". De certo modo, isto corresponde ao reconhecimento de que dotar os países/regiões com infraestruturas científicas e tecnológicas de carácter público e apoiar a transferência de tecnologia dessas infraestuturas para as empresas, é condição necessária mas manifestamente insuficiente. Por exemplo, é hoje aceite em vários países que uma política de melhoria das interacções Universidade-Empresas como "pilar" forte da política tecnológica, é uma política demasiado redutora pois assume que todas as empresas são empresas com actividades de I&D, capazes de entender a necessidade de mudança tecnológica e com capacidades para a empreender. A realidade é que, as empresas com actividades de I&D, mesmo nas economias mais evoluídas, são uma minoria. Em economias mais atrasadas, como em Portugal, o número de empresas com I&D é bastante menor[2] e o grosso do tecido empresarial estará distribuído à volta das empresas com actividades de *aquisição de tecnologia* e *desenvolvimento tecnológico* (de acordo com o modelo do capítulo 2).

As políticas de apoio à inovação em Portugal no final dos anos 90 têm privilegiado uma combinação de apoios à sustentabilidade das infraestruturas de ciência e de tecnologia, (as ICs e as ITs a que no referimos no capítulo 5), com apoios orientados ao investimento com conteúdo inovador e com apoios orien-

---

[2] Como vimos no capítulo 7, em 2001 as empresas que declaram ao IPCTN realizar actividades de IxD foram cerca de 565.

tados à minoria de empresas de facto envolvidas em esforços de aquisição e desenvolvimento de conhecimentos tecnológicos próprios através da I&D. A experiência internacional sugere que parece ser essencial evoluir para um mix de medidas e apoios algo diferente do que vem sendo praticado.

Voltando ao quadro de classificação de medidas usado no capítulo 6, o nosso argumento é que é necessário um novo equilíbrio entre a perspectiva estática (quadrantes A e C) e a perspectiva dinâmica (quadrantes B e D). Este novo equilíbrio é um aspecto central na necessária transição para políticas de apoio à ciência, tecnologia e inovação centrados nas empresas e não no sistema público de infraestruturas de I&D e de transfe-rência de tecnologia.

Contudo, a transição para políticas centradas nas empresas não deve ser tomada como equivalente a uma aposta no exclu-sivo financiamento a empresas. Tal como sugerimos anterior-mente, o que está em causa não é apenas uma perspectiva neoclássica baseada no aumento de recursos financeiros input para a prática da inovação na empresas, mas sim o forneci-mento de serviços públicos de consultoria, nas suas variadas formas, consultoria-diagnóstico-acção, consultoria-formação, redi-reccionamento, etc., uma vez que só através destes serviços se poderá atingir um maior grau de adicionalidade nos incentivos meramente financeiros, e maiores resultados em termos da necessária mudança de comportamento nas empresas.

Há pois que reequilibrar o mix de medidas de apoio que vem sendo praticado. Enquanto que, num sentido mais neo-clássico, em que o objectivo é compensar as falhas de mercado, fará sentido prosseguir com medidas de promoção (chamada de atenção das empresas) e apoios à circulação e disponibili-zação de informação, bem como apoios ao investimento em factores tangíveis e em recursos humanos para a prática da inovação, por outro lado, há que lançar novas medidas de inter-mediação activa, no quadro evolucionista, orientadas a falhas de aprendizagem e mais em linha com a relativa desqualificação

278 | Uma nova política de inovação em Portugal

da maioria das PMEs. Por exemplo, apoios na forma de auditorias tecnológicas ou clínicas tecnológicas são particularmente indicados para lidar com pequenas e médias empresas, pois ajudam a identificar e analisar necessidades, fazendo a ligação das empresas com os fornecedores de serviços com competência adequada.

Por outro lado, no quadro das medidas tipo B e D, um outro aspecto essencial, frequentemente ignorado, mas que está a ganhar uma relevância essencial, é a mobilidade de pessoas qualificadas. A importância desta questão começa a ser amplamente reconhecida, pois pessoas qualificadas actuam como portadoras de conhecimentos e de aptidões. Dois tipos de mobilidade merecem hoje uma atenção especial. Em primeiro lugar a mobilidade entre empresas. As empresas não são apenas "agentes empregadores" das habilitações desenvolvidas no sistema formal de ensino. Em geral, as empresas desempenham também um papel importante na criação de capital humano, *i.e.* não são apenas "procura" também são "oferta", na medida em que a formação no local de trabalho (no contexto técnico e tecnológico), desempenha um papel cada vez mais importante. Estudos sobre a mobilidade de engenheiros e técnicos em indústrias de ponta, sugerem que a mobilidade desempenhou um papel crucial no crescimento desses sectores (Arnold and Thuriaux 1997). É portanto necessário chamar a atenção para medidas que possam encorajar a mobilidade de quadros qualificados. No contexto de países menos avançados, a formação de aptidões em empresas estrangeiras, combinada com apoios à mobilidade, pode provar ser um mecanismos essencial na formação de novas empresas de maior capacidade tecnológica. Em segundo lugar, é necessário promover a mobilidade de técnicos e investigadores, nos dois sentidos, entre as entidades públicas de I&D e as empresas. Este tipo de mobilidade não se esgota no tradicional debate sobre a mobilidade de pessoas em carreira universitária, pois inclui também a mobilidade de técnicos entre os vários tipos de infraestruturas tecnológicas (semi-públicas e

8. A política de apoio à ciência, tecnologia e inovação em Portugal... | 279

privadas) e as empresas. É pois necessário aumentar e reforçar fortemente todo o tipo de medidas que apoiem a mobilidade e a colocação de quadros qualificados nas empresas, visando o aumento de qualificações e aptidões nas empresas, sobretudo nas PMEs. Trata-se de um mecanismo que, no longo prazo, irá gerar uma maior aderência das empresas às políticas de apoio que incidem sobre os factores intangíveis.

Também no âmbito das medidas no quadrante D, é necessário começar a integrar os actores beneficiários finais (no nível 4 de governança), no movimento ascendente de formulação de políticas. Por outras palavras é necessário ter medidas dirigidas ao jogo de actores e ao seu funcionamento enquanto sistema dinâmico e não apenas medidas dirigidas à colaboração e estímulo à interacção. Como se viu nos capítulos 5 e 6, não existem mecanismos que estimulem a participação das empresas e das entidades/institutos que mais directamente as apoiam, na análise prospectiva, concepção e formulação de políticas de ciência, tecnologia e inovação. Em larga medida, domina o movimento descendente (ou "top-down") na formulação de políticas. Uma excepção a isto foram os Plano Regionais de Apoio à Inovação – PRAIs, que apareceram na final dos anos 90 com o forte empenho das Comissões de Coordenação e Desenvolvimento Regional nas regiões Portuguesas, e onde se privilegia uma lógica de análise da situação e prospectiva por consenso, entre os actores regionais, acerca das prioridades regionais em política de inovação. À semelhança do que é feito em outros países, deverá também ser dada especial atenção à introdução de novas estruturas de gestão e órgãos consultivos, junto das tutelas com responsabilidades na definição de políticas nesta área, de forma a que diferentes sectores da indústria possam intervir de uma maneira formal.

8.4 Operacionalizar a segmentação de medidas, tendo em atenção as necessidades específicas dos apoios à inovação em empresas de menor capacidade tecnológica

Vista a viragem fundamental, de uma política de adicionalidade estática baseada em aumento de recursos, para uma política de adicionalidade dinâmica baseada em mudança de atitudes e comportamentos, o passo seguinte é saber como induzir a progressão das empresas ao longo dos níveis 1-10 definidos no capítulo 2. Trata-se de induzir um moroso e custoso processo próprio de aprendizagem onde, por exemplo, empresas com actividades tipo 5-8 deverão evoluir para uma procura de apoios à I&D, e para uma inserção mais eficaz em redes de inovação internacionais, garantido assim o progressivo crescimento de necessidades de apoio relacionadas com a prática do processo de inovação e ligando-se então de forma mais eficaz às infraestruturas tecnológicas locais.

Nos capítulos anteriores, a ideia apresentada foi que diferentes tipos de empresas com diferentes tipos de capacidades em diferentes estágios de evolução, devem ser tomadas como alvos (beneficiários) diferentes, e portanto requerem medidas de incentivos diferenciadas. Ou seja, deve-se passar de uma óptica em que os apoios são mais ou menos padronizados, para uma orientação segmentada. Por exemplo, apoios centrados na informação, acções de demonstração e chamada de atenção para a difusão de tecnologia materializada, são claramente dirigidos à grande maioria das empresas. Apoios centrados nos projectos de engenharia e de I&D devem ser orientados para uma reduzida minoria de empresas, mais evoluídas no seu domínio das tecnologias.

Começamos então pelos apoios às empresas de menores capacidades. O argumento que aqui tem sido apresentado é que é necessário apostar em serviços públicos de apoio (e não apenas em subsídios ao investimento com conteúdo inovador), os quais poderão ou não estar associados a financiamentos.

8. A política de apoio à ciência, tecnologia e inovação em Portugal... | 281

Nomeadamente, é necessário operacionalizar os tipos de serviços de apoio tecnológico a que nos referimos no capítulo 3, consultoria-diagnóstico, consultoria-formação, sistemas de primeiro atendimento-diagnóstico e re-direcionamento, auditorias de inovação e tecnologia, clínicas tecnológicas, etc. Contudo, a operacionalização desses serviços, deve ser feita no quadro em que o "operador" (Centro Tecnológico, Instituto, Agencia de Inovação, etc.) assume o papel de "descodificador" de conhecimentos sobre tecnologias e sobre questões organizacionais associadas ao manuseamento do conhecimento tecnológico. Isto requer um novo tipo de competências nos "operadores". É por isso que as infraestruturas públicas quer os laboratórios do estado quer, em alguns casos, as infraestruturas semi-públicas (centros tecnológicos e institutos) devem rever a sua missão.

No caso dos laboratórios de estado é necessária uma nova missão que dê resposta ao padrão de procura de serviços de apoio tecnológico. Como se viu no capítulo 5, a criação destes laboratórios foi baseada num modelo que hoje está claramente ultrapassado. Em outros países da Europa (ver por exemplo Senker 1999), as infraestruturas públicas de apoio tecnológico foram reorientadas para tarefas mais próximas da difusão e da prestação de serviços. Essa reorientação resulta, em parte, de uma política de pressão financeira sobre institutos e laboratórios do estado. A ideia é que essa pressão funciona como incentivo para que estas estruturas passem a fornecer serviços mais adequados à procura, nomeadamente: serviços para resolução de problemas técnicos pontuais, testes de conformidade com normas técnicas ou de qualidade, melhoria da gestão da logística e controlo da cadeia de valor, design de produtos, formação específica, etc.

No caso das infraestruturas semi-públicas (centros tecnológicos e institutos), é necessário garantir que estes se tornam infraestruturas empresariais de apoio tecnológico, onde há uma efectiva participação das empresas na orientação estratégica e na gestão das infraestruturas.

Por outro lado, e considerando agora as empresas de maior capacidade tecnológica (empresas que praticam I&D), parece também importante prosseguir e reforçar os apoios existentes. Há contudo que apostar mais nos subsídios à I&D já que os incentivos fiscais são uma porta de entrada para novas empresas que praticam I&D, mas não é pela via fiscal que se consegue maiores intensidades de I&D.

Por outro lado, uma vez que grande parte dos conhecimentos científicos e competências que poderão ser úteis às empresas avançadas se encontram hoje nas universidades, importa também apostar fortemente em mecanismos que incentivem uma maior colaboração entre universidade e empresas. Evitando os esquemas baseados no modelo linear há que caminhar para esquemas de incentivo onde empresas que praticam I&D só terão acesso a fundos se formarem parcerias com universidades. Ou seja, reconhecidos os benefícios das parcerias na área da I&D, os fundos para apoio a empresas estariam associados a novas condições de elegibilidade nomeadamente a necessidade das empresas colaborarem ou contratarem unidades de I&D nas universidade ou infraestruturas tecnológicas relevantes.

É, porém, importante que se perceba qual a verdadeira importância de, no segmento das empresas que praticam I&D, apostar fortemente no estímulo à colaboração com universidades. As interacções Universidade-Empresas são hoje tão ou mais importantes do que eram, mas os motivos pelos quais são importantes são hoje melhor compreendidos (Salter *et al* 2000). A realidade dos países avançados sugere que as empresas avançadas não procuram na investigação universitária resultados de I&D prontos a ser lançados no mercado, que possam servir de base aos seus futuros negócios (ou seja, não procuram "valorização de I&D"). Uma perspectiva mais realista, é que as empresas que colaboram com a I&D universitária procuram "inputs" para a sua própria I&D. Procuram, por exemplo, ganhar competências para poder realizar os seus próprios projectos de I&D, ou pretendem conhecer melhor questões científicas alegadamente relevantes para projectos futuros. Na verdade, a I&D universitária, com excepção para alguns sectores económicos muito próximos da ciência (a Biotecnologia, por exemplo), raramente chega a resultados que possam ser comercialmente explorados. Claro que esta característica, que é comum a todas as universidades (não só as universidades dos países mais avançados), encontra dificuldades acrescidas no contexto de países como Portugal. Naturalmente, que países menos avançados têm maiores dificuldades em conciliar o modelo de interface Universidade-Empresas dos países mais avançados, com as actividades de I&D do seu sector empresarial. Há ainda a tendência para resolver este problema pedindo às universidades que, dada a reduzida dinâmica da I&D no sector empresas, se orientem para áreas mais aplicadas e próximas do mercado, *i.e.* mais para o "D" que para o "I". Contudo, isso não fará aumentar o número de inovações uma vez que são as empresas que introduzem inovações no mercado, não as universidades, e poderá mesmo por em causa a integridade e o empenho das universidades nas questões verdadeiramente científicas.

Em Portugal a I&D do sector empresas é bastante mais fraca que nos países mais avançados. Ou seja, não há grande motivação por parte das empresas para procurar interacções com as universidades. Uma fraca I&D empresarial faz também com que os instrumentos da política de incentivos do Estado à colaboração U-E, sejam muito pouco selectivos e orientados para um pequeno número de empresas[3].

---

[3] Para Portugal, a prova dessa fraca procura está nos reduzidos números de apoios concedidos pela Agência de Inovação a consórcios de I&D em programas, como o Praxis 1994-1999, POCTI 2000-2006, ver em www.adi.pt

8.5 Visão e integração. Como se faz a inserção institucional?

Até aqui, as recomendações têm-se centrado na lógica programática da definição e operacionalização de medidas. Contudo, uma terceira direcção de mudança nas políticas de ciência, tecnologia e inovação, tem a ver com a necessária integração de medidas, de forma a se obter um sistema coerente e articulado com a inserção das medidas nos respectivos agentes que as gerem e/ou executam. Como vimos no capítulo 4, a par de uma maior especialização de medidas (e respectivos contextos institucionais para sua execução) há também uma maior necessidade de integração e coordenação política a nível agregado, *i.e.* há uma maior necessidade de garantir a coerência interna e externa em todo o sistema de apoio, acompanhando a progressão das empresas para níveis de desenvolvimento tecnológico e de inovação mais elevados.

Mais ainda, a mudança não está só na especialização dos instrumentos e na integração programática e institucional mas também, como vimos, na necessidade de procurar uma nova adicionalidade nas políticas de ciência, tecnologia e inovação. Adicionalidade essa que está essencialmente dependente de "como" se implementam as medidas no terreno e não da perfeição, complexidade ou integração das medidas *per se*.

Em Portugal, a prática geral nas últimas décadas, tem sido a de utilização de gabinetes gestores para gerir modelos de elegibilidade e selectividade, centrados em questões administrativas e financeiras. No domínio da ciência, tecnologia e inovação subsistem critérios de apoio que favorecem a comparticipação pública no investimento privado em factores tangíveis, em questões de propriedade industrial ou, em alternativa, a ideia de que só é inovação o que estiver associado a elevadas despesas com I&D. Ora a actual distribuição de capacidades das empresas, aconselha a que se usem agências capazes de fornecer serviços que acrescentem valor aos financiamentos, privilegiando a lógica da indução de comportamentos de risco inerentes à

8. A política de apoio à ciência, tecnologia e inovação em Portugal... | 285

inovação, e a indução de resultados não só em termos de produtos e processos novos, mas também em termos de geração de conhecimentos, competências e novos modelos organizacionais. Se por outro lado, a fragmentação da gestão de programas e medidas por vários gabinetes em diferentes ministérios (capítulo 5), não facilita o agenciamento integrado, por outro lado a concentração de medidas numa mesma entidade, também não significa necessariamente um maior grau de integração[4]. Isto porque, falta às entidades actuais saber articular diferentes elegibilidades/selectividades em diferentes medidas e falta operacionalizar a execução das medidas, com fornecimento de serviços qualificados antes, durante e após o concurso de diferentes entidades beneficiárias alvo.

Seguindo a tendência internacional, a função de "gestão" das medidas de intervenção no domínio da ciência, tecnologia e inovação, deve procurar ser muito mais do que uma "assistência técnica". Esta gestão terá que rapidamente adoptar conhecimentos sobre metodologias rigorosas para avaliação e monitorização das medidas que executa. O valor acrescentado que as agências de inovação podem oferecer, reside precisamente no conhecimento que terão de ter (e que actualmente não têm), acerca das características do tecido empresarial, no que respeita a diferentes capacidades tecnológicas e, consequentemente, no que respeita a diferentes necessidades e diferentes formas de apoio (a este respeito ver o relatório TAFTIE das Associação Europeia das Agências de Inovação). É partindo destes conhecimentos que se pode oferecer maiores garantias de

---

[4] O caso da Agência de Inovação, que referimos no capítulo 5, é um bom exemplo. A recente concentração nesta agência, de medidas de apoio à inovação dos dois programas operacionais nas tutelas da Economia e da Ciência, não teve como efeito uma maior integração dessas medidas, quer do ponto vista estratégico, na interligação entre as duas tutelas, quer do ponto de vista operacional, criando pontes e ligações horizontais entre os dois programas.

contribuição dos sistemas de incentivos para os objectivos políticos globais, e para os objectivos ao nível de cada programa.

O que há a fazer é, portanto, introduzir uma nova lógica de gestão integrada de vários tipos de medidas. Esta gestão integrada abrange, apoios orientados à investigação e desenvolvimento tecnológico e outros apoios e serviços mais orientados para actividades de melhoria incremental, onde as necessidades se traduzem em acesso a informação, financiamentos, consultoria-diagnóstico, etc.

A gestão integrada que se pretende está, como facilmente se percebe, em rotura com as actuais estruturas de gestão, assentes numa lógica de procedimentos de administração pública, que conduz ao aumento da complexidade do processo, aumento de prazos de apreciação e aceitação de projectos, e aumento da irritação e desmotivação dos potenciais beneficiários. Nesse sentido, é aconselhável que as agências encarregues de implementar a gestão das medidas de apoio à inovação passem a colaborar com agentes semi-privados (como as associações industriais ou os centros tecnológicos), ou mesmo agentes privados externos, com competência em matéria de gestão de inovação. O quadro das parcerias público-privado pode e deve ser usado, não numa lógica de execução de projectos, mas antes numa lógica de "agenciamento" e descentralização das políticas de ciência, tecnologia e inovação.

Nessas parcerias há um novo papel a desempenhar pelas Associações Empresariais. À semelhança do que acontece em outros países, as Associações Empresariais devem reforçar a sua acção enquanto espaços de articulação de visões estratégicas, de articulação de interesses tecnológicos, e de liderança em projectos ambiciosos de I&D e orientados de forma prospectiva. São cada vez mais as Associações que tomam a iniciativa de formular consórcios e apresentar propostas de desenvolvimento tecnológico, de forma a satisfazer necessidades dos seus associados. Temos os exemplos das Associações sectoriais de I&D no Japão, as "Research Associations" na Inglaterra, ou as Associações Industriais de Investigação e Desenvolvimento na Alemanha.

As Associações Empresarias têm também vindo cada vez mais a desempenhar um papel importante na articulação de diferentes tipos de serviços públicos de apoio. Temos aqui o exemplo da Pera UK (associação empresarial privada), das Câmaras de Comércio Francesas, do Instituto Steinbeis em Baden-Wurttemberg ou das Câmaras de Comércio e Indústria Alemãs. Em Portugal, pode-se aqui lembrar que o bom desempenho tecnológico do sector do Calçado, nos últimos 15 anos, se deve, em parte, à acção da respectiva Associação do sector (a APPICAPPS). Mas este caso é a excepção, já que em muitos outros sectores, a capacidade de mobilização das respectivas associações e centros tecnológicos sectoriais, para projectos estratégicos a nível do sector, ou para articulação local de diferentes tipos de serviços e apoios públicos tem sido reduzida.

Uma gestão que aumente a integração e a eficácia das medidas, num contexto de maior diversidade e especialização de actores requer, também, por outro lado, um novo "reordenamento institucional", envolvendo não só as agencias de gestão de medidas de apoio e respectivas parcerias público-privado, mas também a orgânica da infraestrutura tecnológica pública de apoio. Nos países mais avançados, a par de uma proliferação rápida de vários tipos de apoios e instrumentos, veiculados por diferentes tipos de entidades que intervêm nos apoios à tecnologia e à inovação (diversidade institucional crescente), assiste-se a uma especialização dessas mesmas instituições.

Esta diversidade e especialização pode ser regional e/ou sectorial. Por exemplo, em sectores tradicionais, os arranjos institucionais que apoiam a difusão e a inovação, são bastante diferentes dos instrumentos e acções orientadas para as indústrias de processo (*p.e.* pasta de papel na Finlândia) ou das acções utilizadas para os sectores de elevada intensidade tecnológica. Ou seja, não há soluções universais. Mais ainda, arranjos institucionais que podem ter sido eficazes para uma determinada fase do desenvolvimento económico de uma região ou país, e num determinado sector, tornam-se desadequados em fases posteriores, pelo que há que mudá-los. Certamente que as recentes alterações na Irlanda, onde à Forbairt sucedeu a Entreprise Ireland, ou na Suécia onde o Nutek se cindiu em três novas instituições, são exemplos que sugerem que, no domínio da ciência, tecnologia e inovação, há ainda muito a fazer no necessário "reordenamento institucional".

A especialização não é, contudo, exclusiva dos diferentes tipos de institutos públicos que distribuem diferentes tipos de instrumentos, apoios e serviços. A tendência internacional aponta também para uma maior clarificação dos papeis que devem ser atribuídos a Ministérios com o pelouro da Ciência e a Ministérios com o pelouro da Economia e das empresas. A tendência actual é que as agências afectas a Ministérios da Economia (agências de apoio a PMEs, indústria, comércio externo, qualidade, etc.), fiquem responsáveis por apoios e serviços públicos que incidem sobre as actividades do processo de inovação que estão mais próximas do mercado. Por outro lado, as agências afectas a Ministérios com o pelouro da Ciência, ficam com a responsabilidade dos apoios que incidem sobre as actividade de I&D básico e prospectivo, visando a formação de competências e cientistas, no sentido lato.

A política dual em Portugal deve, portanto, afastar-se da bipolarização existente entre política económica de inovação e tecnologia e política de ciência (e educação ao nível do ensino superior), e adoptar uma perspectiva de especialização com gestão integrada. Um outro aspecto importante é que a escala de planeamento para as estratégias nacionais no domínio da ciência, tecnologia e inovação, precisa também de ser aumentada. Isto diz respeito aos períodos em que os fundos estão disponíveis e em que os projectos financiados podem decorrer. Existem situações em que os fundos estão disponíveis em períodos demasiado curtos, favorecendo pequenos projectos de curto prazo, e prejudicando o planeamento estratégico das unidades de I&D e das empresas relativamente à estabilidade necessária para alcançar bons resultados no longo prazo. Por outro lado, um correcto planeamento estratégico e acompanhamento da gestão integrada, implica melhorar a actual colecção de dados

8. A política de apoio à ciência, tecnologia e inovação em Portugal... | 289

estatísticos sobre I&D e sobre inovação a nível nacional e regional [5].

No que respeita à avaliação de programas, trata-se de uma função que tem de começar a ser encarada como um instrumento de gestão fundamental. Os exames e escrutínios realizados aos programas nas fases ex-ante, intercalar, e ex-post devem ser sujeitos a discussão pública e validados com os beneficiários, alimentando o processo de reflexão e formulação de estratégias. Deve ser implementada uma forte componente de avaliação on-going, sobretudo no que respeita à recolha permanente de indicadores de execução e de resultados (realmente adequados aos objectivos da política e dos programas). As avaliações ex-post, ao contrário do que sucedido até agora, devem ser orientadas para a avaliação de adicionalidade, no que respeita a resultados e efeitos concretos, mas também adicionalidade de comportamentos e atitudes face à inovação.

8.6 Discussão final

Começámos por chamar a atenção para as particularidades da política de ciência tecnologia e inovação em Portugal, nomeadamente o facto de que desde o final dos anos 80 se ter apostado numa abordagem linear "technology push", centrada na construção e desenvolvimento de infraestruturas tecnológicas, no apoio à I&D e ao investimento tangível nas empresas. No final dos anos 90, pretendia-se adoptar uma abordagem sistémica, mais de acordo como o modelo dos Sistemas Nacionais

---

[5] Em geral, as estatísticas de I&D, ocorrem de dois em dois anos, mas publicadas com dois anos de atraso (as estatísticas de 1999 são conhecidas em 2001, as de 2001 em 2003, etc). O mesmo no que respeita aos indicadores sobre inovação, já que nem as patentes nem os inquéritos CIS, podem ser tomados como indicadores representativos e comparáveis entre países e regiões.

de Inovação, mas, no essencial, essa viragem não foi conseguida pois exigia uma maior integração de diferentes sectores de política bem como, a nível operacional, uma maior integração na gestão dos diferentes Programas Operacionais de apoio.

Para começarmos a desenvolver pistas e sugestões acerca de como orientar a política nacional ciência, tecnologia e inovação, propusemos de seguida um modelo sobre actividades tecnológicas (ou de construção de capacidades tecnológicas) que estarão na base do processo de difusão-inovação tecnológica nas empresas. A ideia base desse modelo é que, para além das actividades de I&D orientadas a tecnologias avançadas, há nas empresas muitos outros inputs igualmente importantes para o processo de difusão-inovação, como a engenharia de produtos, gestão de operações e logística, gestão da criatividade, design, formação profissional, etc. É precisamente nesses inputs que começa o "progresso" das empresas, em direcção a níveis de capacidade tecnológica intangível mais elevados. Acresce que, na perspectiva sistémica do processo de inovação, nos níveis mais baixos de capacidade, são as interacções das empresas entre si que importa priorizar e não as interacções das empresas com as universidades e/ou com outras infraestruturas tecnológicas e de conhecimento científico. De acordo com o nosso argumento, são precisamente estes "outros inputs" que, no essencial, têm ficado de fora das políticas e programas de apoio à inovação nas empresas.

Vimos seguidamente que a actual situação portuguesa no domínio da tecnologia e inovação, sugere que há ainda muito por fazer. As estatísticas de I&D e os dados dos Inquérito Europeu à Inovação, mostram as melhorias aparentemente conseguidas, a distância que ainda nos separa dos outros países, e chamam a atenção para a importância em Portugal, das actividades de inovação que não envolvem I&D.

Propomos portanto que, de acordo com o Quadro 4.6.2 referido no capítulo 4, que se procure um equilíbrio diferente relativamente às políticas e respectivos instrumentos que se deseja implementar nos quadrantes A, B, C e D. Estes qua-

8. A política de apoio à ciência, tecnologia e inovação em Portugal... | 291

drantes são definidos pela opção entre instrumentos reactivos (reforço de recursos) e instrumentos pro-activos (adicionalidade de comportamentos) por um lado, e por instrumentos dirigidos a actores individuais e instrumentos dirigidos ao funcionamento do sistema, por outro lado.

No âmbito do equilíbrio entre instrumentos estáticos e dinâmicos, recomenda-se uma maior focalização em apoios dinâmicos e orientados a actividades que não envolvem I&D. Com efeito, se são as actividades *que não envolvem I&D*, que assumem uma importância vital no processo de difusão-inovação em que se baseia o desenvolvimento tecnológico da economia portuguesa, então as políticas de tecnologia e inovação deverão não só apoiar a I&D mas também privilegiar os "serviços de apoio tecnológico" à adopção, utilização de tecnologias e melhorias incrementais, etc. Como vimos, este tipo de apoios parece ser essencial para que as empresas ganhem capacidades intangíveis associadas à manipulação do conhecimento nas mais variadas áreas. Ou seja, uma importante orientação para o novo QREN 2007-2013 é que a política de apoio ao necessário progresso tecnológico na economia portuguesa seja uma política centrada na difusão, isto é; que não se esgote em programas de incentivos orientados à ciência e à I&D e que considere, para além dos apoios financeiros, apoios na forma de prestação de serviços orientados para as actividades de desenvolvimento tecnológico. Como vimos no capítulo 3, há várias formas de formatar esses apoios e os exemplos de outros países são particularmente sugestivos de como se poderia implementar esses apoios em Portugal. Por outro lado, a implementação de uma lógica dinâmica e diferenciada, com recurso às infraestruturas já existentes, irá requerer o "reordenamento" dos papeis dos diferentes actores do sistema institucional, privilegiando a diversidade e especialização regional/sectorial, à semelhança do que já acontece em outros países. É nesse quadro que procurámos discutir o papel de diferentes actores, nomeadamente os laboratórios do estado, as agências, as associações empresariais, etc. Os laboratórios do estado, por exemplo, à semelhança do que tem acontecido em outros países, devem procurar desenvolver um espectro de serviços onde estejam incluídas as necessidades das PMEs nos níveis mais baixos de capacidade. As agências de apoio à inovação e às PMEs, devem procurar deixar de ser apenas gabinetes de gestão de fundos comunitários e orientar-se para uma tipologia de serviços de diagnóstico e reencaminhamento, ou mesmo para serviços de consultoria pública. As universidades têm também um papel muito importante, pois é com elas que a "minoria" de empresas com I&D procura colaborar. Um dos instrumentos proactivos, que parece ter hoje uma importância acrescida, são os sistemas apoio à mobilidade de pessoas qualificadas entre empresas e entre diferentes tipos de actores, já que as pessoas qualificadas actuam como portadores de conhecimentos tecnológicos relevantes para o esforço de inovação nas empresas.

No âmbito do equilíbrio entre instrumentos dirigidos a actores individuais e instrumentos dirigidos ao funcionamento do sistema, recomenda-se uma maior focalização nos instrumentos dirigidos ao sistema. Com efeito, da análise realizada nos capítulos 5 e 6 ressalta, para além das já referidas clivagens ao nível 1, um claro défice de consertação estratégica entre os actores. Existem instrumentos no quadrante D que podem ajudar a resolver esse défice. Referimo-nos a fóruns de inteligência estratégica, exercícios de prospectiva, ou clínicas tecnológicas, por exemplo. Recorde-se que, no essencial, a acção dos Conselhos Superiores de Ciência Tecnologia e Inovação não se tem situado nesses domínios. Á semelhança do que acontece em outros países, há porém que estimular um maior envolvimento das Associações Empresariais neste domínio. As Associações Empresariais em Portugal, em particular as associações sectoriais, podem e devem procurar desenvolver visões estratégicas acerca dos desenvolvimentos tecnológicos que antevêem como essenciais para as empresas dos seus respectivos sectores, procurando a partir daí formular propostas de projectos mobilizadores estratégicos para o sector.

9.

Bibliografia

ABREU, T. (1991), A Investigação Portuguesa à Porta da Europa: os primeiros passos, Colóquio Ciências nº 7, Março.

AUGUSTO MATEUS e Associados, CISEP, Price Waterhouse Coopers (2005), Actualização da Avaliação Intercalar do PRIME, relatório para o Gabinete Gestor do PRIME, Ministério da Economia e da Inovação

ARNOLD E. e B. THURIAUX (1997), Supporting Companie's Technological Capabilities, mimeo Technopolis Ltd, Brighton

ARNOLD, E., BELL, M., BESSANT, J., BRIMBLE (2000), Enhancing Policy and Institutional Support for Industrial Technology Development in Thailand: The Overall Policy Framework and the Development of the Industrial Innovation System, Report to the National Science and Technology Development Agency of Thailand by Technopolis, SPRU, Centrim, and Broker Group, in www.technopolis-group.com/downloads/201vol1.pdf

ARROW, K. J. (1962), Economic Welfare and the Allocation Of Resources For Invention, The Rate and Direction Of Inventive Activity, Princeton University Press, Princeton, pp. 609-625.

BACHTLER, J. e BROWN, R. (2004), Innovation and Regional Development: Transition to the Knowledge Economy, report from the European Policies Research Centre, University of Strathclyde, Glasgow, UK

BARNEY, J.B. (1986), The resource-based theory of the firm. *Organization Science* 5, pp. 469–470.

BELL, M. (1993), Integrating R&D with Industrial Production and Technical Change: Strengthening Linkages and Changing Structures, United Nations Economic and Social Council, Economic and Social Commission for Western Asia, Workshop on Integration of Science and Technology in the Development Planning and Management Process, 27-30 September, Amman Jordon.

294 | Uma nova política de inovação em Portugal

BELL, M. e K. PAVITT (1993), 'Technological Accumulation and Industrial Growth: Contrasts between Developed and Developing countries', *Industrial and Corporate Change* Vol.2, No.2, pp.157-210

BENNEWORTH, P., DANSON, M., RAINES, P. AND WHITTAM, G. (2003), Confusing Clusters? Making Sense of the Cluster Approach in Theory and Practice, *European Planning Studies, vol.11* (5), pp.511-520

BOEKHOLT, P. e E. ARNOLD (2002), Research and Innovation Governance. Report for the Ducth Ministry of Economic Affairs, em Boekholt, P., Background paper for the Trend Chart Policy Workshop on "Ensuring Policy Coherence by improving the governance of innovation Policy", Brussels 27-28 April 2004

BUSH, V. (1945), Science: The Endless Frontier. Washington, DC: US Government Printing Office

CARAÇA, J. e PINHEIRO, J. (1981), Identificação de áreas prioritárias para I&D, JNICT

CARAÇA, J. (1999), A Prática de Políticas de Ciência e Tecnologia em Portugal, em M. Godinho e J. Caraça (orgs) O Futuro Tecnológico: Perspectivas para a Inovação em Portugal, Celta Oeiras

CE (2003), "Key Figures 2003-2004 Towards a European Research Área: Science Technology and Innovation", European Commission, DG-Resarch, p.23

CLARYSSE, B. e DUCHÊNE. V. (2000), Participation of SMEs in Government R&D programmes: Towards a Segmented Approach, Working Paper presented at the OECD-Working Group on Innovation and Technology Policy, 20-21 June 2000, Paris

COHEN, W. e D. LEVINTHAL (1989), 'Innovation and Learning: the two faces of R&D' *The Economic Journal*, vol.99 pp. 569-596

COHENDET, P. (1996), Transfer of Technology to Small and Medium Enterprises (SMEs) Conceptual Changes and Lessons from the Two Banks of the Rhine, em M.Teubal et al (eds.), Technological Infrastructure Policy, pp.271-283, Kluwer Academic Publishers, Netherlands

COUPER, R, (2003), Purpose and Performance of the Small Business Innovation Research (SBIR) Program, *Swall Business Economics*, 20, pp. 137-151.

CPA/MIT (1983), Technological development in Portuguese Industry, relatório MIT CPA/83-01 apresentado ao LNETI Ministério da Indústria e Energia em preparação do Plano Tecnológico

DANKBAAR, B. (1993), Research and Technology Management in Enterprises: Issues for Community Policy: Overall Strategic Review, SAST Project Nº 8, Monitor, Brussels

DAHLMAN, C. e L. WESTPHAL (1982), Technological effort in industrial development – an interpretative survey of recent research, em F. Stewart e J. James (orgs.), *The Economics of New Technology in Developing Countries*, Frances Pinter: London

DALHMAN, C., B. ROSS-LARSON e L. WESTPHAL (1987), Managing Technological Development: lessons from the Newly Industrialising Countries,
World Development, vol.15 No.6, pp.759-775

DELOITE & TOUCHE, HP e Intersismet (2000), Avaliação parcelar no domínio
do reforço das infraestruturas de apoio à indústria do Programa Estratégico de Modernização da Indústria Portuguesa – PEDIP II, para o
período 1994-1999, Relatório de avaliação apresentado ao Gabinete
Gestor do PEDIP II, Lisboa

EGREJA, F. (2003), O Papel das Infraestruturas Tecnológicas no Sistema de
Inovação, em M. J. Rodrigues, A. Neves e M. Godinho (orgs), Para
uma Política de Inovação em Portugal, Publicações Dom Quixote, Porto

FAHRENKROG, G., SELMAN, C., BOEKHOLT, P., MURRAY, G., WUPPERFELD U., e
DURET, I. (1993), SPRINT/EIMS Policy Workhops: Public Support for
New Technology Based Firms, EIMS Publication No. 7, EIMS.

FREEMAN C. (1987), *Technology Policy and Economic Performance: lessons from
Japan*, Pinter: London.

FREEMAN F. E C. PEREZ (1986), The Diffusion of Technical Innovation anf
Changes of Tehcnology Paradigm, comunicação apresentada à "Conference on Innovation Diffusion", 17-21 Março Veneza.

GALLI, R. and M. TEUBAL (1997), "Paradigmatic Changes in National Innovation Systems", in C. Edquist (eds) *Systems of Innovation: Technologies,
Institutions and Organisations*, (Pinter: London).

GEORGHIOU, L., RIGBY J., CAMERON H. (orgs) (2002), Assessing the Socio-eco-
nomic Impacts of the Framework Programme (ASIF), report to DG-Re-
search, Policy Research in Engineering Science and Technology PREST,
University of Manchester, England

GIBBONS, M. et al (1997), The New Production of Knowledge, Londres, Sage.

GODINHO, M. e J. CARAÇA (orgs), *O Futuro Tecnológico: Perspectivas para a Inovação em Portugal*, Oeiras, Celta, 1999.

GODINHO et al (2003), *Utilização da Propriedade Industrial em Portugal*, CISEP/
ISEG, INPI, Lisboa.

GONÇALVES, F. e CARAÇA, J.(1986), "A mutação tecnológica e o potencial inovador da indústria transformadora", *Análise Social*, 94 (pp. 929-939).

HENRIQUES, L. (1999), Sistemas Consultivos e Estratégias de Selecção de
Projectos de I&D, Portugal nos últimos 20 anos, em M. Godinho e
J. Caraça (orgs) *O Futuro Tecnológico: Perspectivas para a Inovação em Por-
tugal*, Celta Editora Oeiras

HOWARD, H., HOBDAY, M., BESSANT, J., ARNOLD, E. MURRAY, R. (1999*), Technology Institutes: Strategies for Best Practice*, Routledge – London

JNICT (1981) Prioridades em Ciência e Tecnologia – Identificação de áreas
prioritárias para I&D, JNICTLisboa

296 | Uma nova política de inovação em Portugal

JUSTMAN, M. e M. TEUBAL (1995), 'Technology Infrastructure Policy (TIP): creating capabilities and building markets', *Research Policy* 24 pp.259-281

KOVÁCS, I., M. CERDEIRA, M. BAIRRADA, A. MONIZ (1994), *Qualificação e Mercado do Trabalho*, IEFP – Instituto do Emprego e Formação Profissional, Lisboa

LALL, S. (1992), Technological capabilities and Industrialisation, *World Development*, Vol.20, No2, pp.165-186

LARANJA, M. (1995), Small firm entrepreneurial innovation: the case of electronic and information technologies in Portugal, Dphil thesis, University of Sussex Science Policy Resarch Unit

LARANJA, M. (1999), Diagnóstico da Inovação em empresas inovadoras: alguns resultados de um programa de auditorias, em M. Godinho e J. Caraça (orgs), *O Futuro Tecnológico: Perspectivas para a Inovação em Portugal*, Oeiras, Celta,

LARANJA, M. (2004), Innovation Systems as Regional Policy Frameworks: the Case of Lisbon and Tagus Valley, *Science and Public Policy*, volume 31, number 4, August, pp. 313-327.

LARANJA, M. (2005), A Inovação que não passa pela I&D: Sugestões para uma política de Inovação Tecnológica Centrada na Procura, *Análise Social*, vol XL (175) pp.319-343, Instituto de Ciências Sociais, Lisboa

LISTART (1999), LISTART Supply side Analysis: Initial Report, Technopolis e AdI, Lisboa.

LUNDVALL B. A. (1992), *National System Of Innovation, Towards A Theory Of Innovation and Interactive Learning*, London, Pinter & Publisher.

LUNDVALL B. A. E BORRÁS S. (1997), The Globalising Learning Economy: Implications For Innovation Policy, Eur 18307 En, TSER / Science, Research And Development/ EC, Luxembourg.

MARCIANO DA SILVA, C. (1989), A Investigação Científica. Uma Questão Pública, *Colóquio Ciências*, nº 3 Outubro, pp.90-104

MCT (1999), 1995-1999 MCT Ministério da Ciência e Tecnologia, editado pelo OCT – Observatório das Ciências e Tecnologias

METCALFE, J. S. (1998), Innovation as a Policy Problem: New Perspectives and Old On The Divisions of Labour In The Innovation Process, SME and Innovation Policy: Networks, Collaboration and Institutional Design, 13th November, Robinson College, Cambridge.

MONITOR (1993), A Competitividade de Portugal: Desenvolver a autoconfiança, Monitor consultores e CEDINTEC, Lisboa

MONIZ, A. e KOVACS I. (1997), *Evolução das Qualificações e das Estruturas de Formação em Portugal*, IEFP Estudos 19, Lisboa

MOURA, F. e CARAÇA, J. (1993), A aposta no saber: a ciência e o desenvolvimento, *Análise Social*, 120 (pp. 135-144).

9. Bibliografia | 297

NAUWELAERS, C., e REID, A. (1995) Innovative Regions? A Comparative Review of Methods of Evaluating Regional Innovation Potential, RIDER, Belgium

NAUWELAERS, C. e WINTJES, R. (2003), Towards a new paradigm for regional policy? em B. Asheim, A. Isaksen, C.Nauwelaers and F. Todling *Regional Innovation Policy for Small-Medium Enterprises*

NELSON R. R., WINTER S. G., (1982), *An Evolutionary Theory Of Economic Change*, Cambridge,Harvard University Press

NOOTEBOOM B., C. COEHOORN e A. VAN DER ZWAAN (1992), The purpose and Effectiveness of Technology Transfer to Small Businesses by Government-sponsored Innovation Centres, *Technology Analysis & Strategic Management*, Vol.4, No.2, pp.149-166

OCDE (1968), *Science and Policy Development – National Reports of the National Teams*, Paris

OCDE (1986), *Reviews of National Science and Technology Policy: Portugal*, DSTI/ /STP December 1986, Paris

OCDE (1993), *Reviews of National Science and Technology Policy: Portugal*, DSTI/ /STP December 1993, Paris

OCDE (1996), *Fiscal Measures to Promote R&D and Innovation*; Paris, OCDE/GD (96)165

OCDE (1997), *Government Venture Capital for Technology Based Firms*, Unclassified OCDE/GD(97) 201, Paris

OECD (2003), *Venture Capital Policy Review: Portugal*, STI Working Papers 2003/18

OLIVEIRA, T. (2002), As IC&T e o sector Produtivo em Portugal – Génese e Dinâmicas de Colaboração, Dinâmia WP nº 2002/26, Novembro de 2002

PAVITT, K. (1984), Sectoral patterns of technical change: Towards a taxonomy and a theory, *Research Policy*, Vol. 13, pp.343-373

PRD (1999), Portugal: Plano de Desenvlvimento Regional 2000-2006, Ministério do Planeamento, Lisboa, 1999.

PENROSE, E. (1959), *The Theory of the Growth of the Firm*, Basil Blackwell: London

PEREIRA, T. S., MENDONÇA, S. e GODINHO, M. (2004), A propriedade industrial em Portugal e no mundo, Janus, www.janusonline.pt

PISANO, G. (1996), *The development factory: Unlocking the potential of process innovation*, Harvard Business School Press, Boston, Mass

QUINTAS, P., D. WIELD e D. MASSEY (1992), Academic-industry links and innovation : questionning the Science Park model, *Technovation* Vol.12, No.3, pp.161-175

ROBERTS, E. B. (1991), *Entrepreneurs in High Technology: Lessons from MIT and Beyond*. Oxford University Press.

298 | Uma nova política de inovação em Portugal

ROLO, J. (1977), Capitalismo, Tecnologia e Dependência de Portugal, Editorial Presença: Lisboa.

ROTHWELL, R. (1993), The Changing Nature of the Innovation Process: Implications for SMEs, paper presented at the conference on New Technology Based Firms in the 1990s, Manchester Business School, June 1993.

ROTHWELL, R. e M. DODGSON (1989), Technology-based small and medium sized firms in Europe: the IRDAC results and their public policy implications, Science and Public Policy, Vol.16, No.1, February pp.9-18

RUIVO, B. (1998), As Políticas de Ciência e Tecnologia e o Sistema de Investigação, Lisboa, INCM.

RUSH, H., M. HOBDAY, J. BESSANT, E. ARNOLD, R. MURRAY (1999), Technology Institutes: Strategies for Best Practice, Routledge

SALTER, A., PABLO D'ESTE, KEITH PAVITT, ALISTER SCOTT, BEN MARTIN, ALDO GEUNA, PAUL NIGHTINGALE, and PARI PATEL (2000) Talent, Not Technology: The Impact of Publicly Funded Research on Innovation in the UK, report by, SPRU University of Sussex

SECT (1995), Ciência e Tecnologia 1993/1994, Secretaria de Estado de Ciência e Tecnologia, Ministério do Planeamento de Administração do Território, Editora Celta, Lisboa

SENKER J. (1999), European Comparison of Public Research Systems, Report on the EC-project: Chaning Structure, Organization and Natures of the European PSR Systems (TSER-SOE1-CT96-1036), Brighton, SPRU, University of Sussex.

SELADA, C. (1996), As Infraestruturas Tecnológicas do Sistema de Inovação em Portugal, Tese de Mestrado, ISEG, Lisboa

SELADA, C., VELOSO, F., VIDEIRA, A., FELIZARDO, J. (1999), A Metodologia de Auditoria Tecnológica e de Inovação Tec+: Aplicação a uma empresa do sector de componentes automóvel em Portugal, em M.Godinho e J.Caraça (orgs), O Futuro Tecnológico: Perspectivas para a Inovação em Portugal, Celta Editora Oeiras

SIMÕES, V.C. (2003), European Trend Chart on Innovation : Country report Portugal, period covering September 2002 to August 2003, EC, DG Enterprise

SMITH, K. (1996), Systems Approaches To Innovation: Some Policy Issues, em Research Project Final Report On "Innovation Systems And European Integration (ISE)", Funded By The Tser/4th FP, Dg Xii/EC (Contract Soe1-Ct95-1004, Dg Xii Sols).

SOETE, L. (1985), Internacional Diffusion of Technology, Industrial Development and Technological Leapfrogging, World Development, Vol.13, No.3, pp.409-422

STOREY, D. (1997a), Public Policy Measures to Support New Technology-
-Based Firms in the European Union, report of the study commissio-
ned by the European Innovation Monitoring System (EIMS), Centre
for Small & Medium Sized Enterprises / University of Warwick

STOREY, D. (1997b), Innovation Management Tools: a review of selected
methodologies, EC-DGXIII D-4, The Innovation Programme

SOETE, L (2000), Europe and National Technology Policies: New Challenges
In Search of a European Knowledge Society, comunicação apresentada
no Colóquio Sociedade, Tecnologia e Inovação Empresarial, Gulbenkian 7-8 Fevereiro, Lisboa.

TAVARES, L.V. (org) (2000), A Engenharia e a Tecnologia ao Serviço do
Desenvolvimento de Portugal: Prospectiva e Estratégia, Academia de
Engenharia, Ordem dos Engenheiros, AIP – Associação Industrial Por-
tuguesa, Editora Verbo, Lisboa.

TEECE, D. (1986), Profiting from technological innovation: implications for
integration, collaboration, licencing and public policy, *Resarch Policy* 15,
285-305

TEECE, D. e G. PISANO (1994) The dynamic capabilities of firms: an introduc-
tion, *Industrial and Corporate Change*, vol.3, pp.537-556

TEUBAL, M. (1998), Policies For Promoting Enterprise Restructuring in NSI:
Triggering

Cumulative Learning and Generating System Effects, em OECD, 1998.

UNESCO (1977), Methods for priority determination in science and technology, Science Policy Studies and Documents, Nº 40, Paris

UNESCO (1978), National Science and Technology Policies in Europe and
North America, Science Policy Documents Series nº 43, Paris

VELOSO, F. (1996), Auditoria Tecnológica nas empresas: um modelo a aplicar pelas infraestruturas tecnológicas, Tese de Mestrado, ISEG, UTL

VERNON, R. (1988), Key Factors in the Application of Industrial Technology
in Developing Countries, EDI working paper, The Economic Development Institute of the World Bank, June 1988 Washington.

WESTHEAD, P. e STOREY, D. (1994), An Assessment of Firms Located On and
Off Science Parks in the United Kingdom, HMSO, London.

WESTPHAL, L., Y. RHEE, G. PURSELL (1981), Korean Industrial Competence:
Where it Came From, Workd Bank Staff Working paper No.469,
Washington

Índice

Prefácio 5

1. A importância da tecnologia, da inovação e das políticas de inovação ... 7

2. Conceitos e perspectivas fundamentais para uma política de inovação ... 17

   2.1 Introdução 17

   2.2 As falhas de mercado como princípio orientador de uma política de ciência, tecnologia e inovação 20

   2.3 As falhas de aprendizagem como princípio orientador de uma política de ciência, tecnologia e inovação 25

   2.4 A necessidade de segmentar a intervenção pública dirigida a empresas... 32

   2.5 Coerência da intervenção pública e governação da política de Ciência, Tecnologia e Inovação 44

   2.6 Sumário conclusivo 48

3. Estudo selectivo de instrumentos de apoio à inovação e difusão tecnológica 51

   3.1 Introdução 51

   3.2 Criação e reforço de infrestruturas de apoio à tecnologia e à inovação 54

   3.3 Incentivos ao investimento em modernização 55

   3.4 Incentivos às actividades de I&D... 58

   3.5 Medidas de incentivo à utilização do sistema de protecção de propriedade industrial 62

   3.6 Serviços de liaison, intermediação e transferência de tecnologia 63

   3.7 Incubação, criação de novas empresas de base tecnológica e geração de spin-offs 69

302 | Uma nova política de inovação em Portugal

3.8 Capital de risco	73
3.9 Colocação de técnicos e investigadores nas empresas e apoios à mobilidade	77
3.10 Medidas de apoio a clusters e redes de colaboração	79
3.11 Serviços de apoio tecnológico	82
3.12 Serviços de referência e encaminhamento	90
3.13 Programas de visitas e comparação de empresas	92
3.14 Inteligência estratégica em colaboração	95
3.15 Conclusões	98

4. Modelos para coordenação e integração de instrumentos e medidas de apoio à ciência, tecnologia e inovação — 103

4.1 Introdução	103
4.2 Os apoios à inovação e as capacidades do contexto institucional: um sistema coerente de apoios	105
4.3 Como construir um sistema de distribuição que entregue os apoios ao alvo adequado?	109
4.4 Coerência e grau de adicionalidade nos apoios à inovação ..	111
4.5 A forma e a focalização dos apoios à inovação	113

5. As políticas e a evolução do sistema de governança da ciência, tecnologia e inovação em Portugal — 117

5.1 Introdução	117
5.2 As origens da política portuguesa de Ciência, Tecnologia e Inovação	120
5.3 O agravamento da estrutura sectoralizada	127
5.4 Um novo impulso com a adesão à Comunidade Europeia	131
5.4.1 A Ciência e Tecnologia no Planeamento e Administração do Território	135
5.4.2 O Ensino Superior e os centros de investigação universitários	139
5.4.3 A política tecnológica do Ministério da Indústria e Energia	141
5.4.4 As mudanças ao nível da execução e implementação da política de ciência, tecnologia e inovação	145
5.4.5 Uma nova fase que resulta da adesão à Comunidade Europeia	146
5.5 As mudanças da segunda metade dos anos 90	149
5.5.1 A criação do novo Ministério da Ciência e Tecnologia	151
5.5.2 A continuação da política económica de tecnologia e inovação	156
5.5.3 Afinal o que é que mudou no período entre 1994 e 1999?	158

5.6 O surgimento da "inovação" ao nível da estratégia nacional. Um aprofundamento da estratégia mas sem reflexo na estrutura de governança 160

    5.6.1 As mudanças na política de Ciência 161

    5.6.2 Terá havido mudanças na política económica de tecnologia e inovação? 163

    5.6.3 A recuperação da dimensão regional nas políticas de Ciência, Tecnologia e Inovação 165

    5.6.4 Um aprofundamento da estratégia anterior 167

5.7 O Programa Integrado de Apoio à Inovação – PROINOV 168

5.8 Grandes mudanças ou pequenos ajustes? O período 2002--2004 172

    5.8.1 As novas responsabilidade de coordenação das áreas da inovação, sociedade da informação, e-government e a criação da UMIC 173

    5.8.2 A criação do Ministério da Ciência e do Ensino Superior 178

    5.8.3 As alterações no Ministério da Economia 180

    5.8.4 Outras alterações no âmbito da política dos Ministérios 181

    5.8.5 Resumo 182

5.9 O (novo) Plano Tecnológico 183

5.10 Conclusões ....

6. Os programas, as medidas e os instrumentos de apoio à Inovação, Ciência e Tecnologia em Portugal 191

6.1 Introdução 191

6.2 Criação e reforço das infraestruturas de apoio à inovação e tecnologia 193

    6.2.1 As infraestruturas do CIENCIA: Criar as bases do desenvolvimento científico 193

    6.2.2 As infraestruturas de apoio à tecnologia na tutela da Economia 195

    6.2.3 Criação e reforço dos recursos humanos em ciência e tecnologia 199

6.3 Incentivos ao investimento em modernização 200

6.4 Incentivos às actividades de I&D 203

    6.4.1 Incentivos fiscais 203

    6.4.2 Subsídios à I&D nas empresas 205

6.5 Medidas de Incentivo à utilização da Protecção da propriedade Industrial – PI 208

304 | Uma nova política de inovação em Portugal

6.6 Serviços de liaison, intermediação e transferência de tecnologia 211

6.7 Incubação e criação de novas empresas de base tecnológica – Geração de spin-offs 214

6.8 Capital de risco 217

6.9 Colocação de técnicos e investigadores nas empresas e apoio à mobilidade de pessoas 221

    6.9.1 Colocação de técnicos nas empresas 221

    6.9.2 Colocação de Mestres e Doutores nas empresas 222

6.10 Medidas de apoio a clusters e redes de colaboração 224

6.11 Serviços de Apoio Tecnológico 226

6.12 Serviços de referência e encaminhamento 230

6.13 Programas de visitas e comparação de empresas 231

6.14 Inteligência Estratégica e Colaboração 232

6.15 Conclusões 234

7. A evolução das capacidades tecnológicas e de inovação nas empresas portuguesas 241

7.1 Introdução 241

7.2 Um aumento substancial mas insuficiente nas actividades de I&D 242

7.3 A manutenção de uma estrutura de I&D com reduzida participação das empresas 248

7.4 Uma reduzida alteração da estrutura produtiva em direcção a sectores de maior intensidade tecnológica 250

7.5 Inovação 252

7.6 Conclusões 263

8. A política de apoio à ciência, tecnologia e inovação em Portugal: Os instrumentos e o enquadramento institucional 269

8.1 Introdução 269

8.2 O que é que aprendemos com as políticas de inovação em Portugal? 271

8.3 Equilibrar a perspectiva linear technology-push com um novo quadro de referência 276

8.4 Operacionalizar a segmentação de medidas, tendo em atenção as necessidades específicas dos apoios à inovação em empresas de menor capacidade tecnológica 280

8.5 Visão e integração. Como se faz a inserção institucional? 284

8.6 Discussão final

9. Bibliografia 293